王乐安　韩　跃　刘圣晶　主编

合并报表实战
——从入门到精通

HEBING BAOBIAO SHIZHAN

—— CONG RUMEN DAO JINGTONG

中国财经出版传媒集团

经济科学出版社

Economic Science Press

图书在版编目（CIP）数据

合并报表实战：从入门到精通／王乐安，韩跃，刘圣晶主编．—北京：经济科学出版社，2023.6
ISBN 978 - 7 - 5218 - 4908 - 0

Ⅰ.①合… Ⅱ.①王… ②韩… ③刘… Ⅲ.①企业合并 – 会计报表 Ⅳ.①F275.2

中国国家版本馆 CIP 数据核字（2023）第 122056 号

责任编辑：杜　鹏　武献杰　常家凤
责任校对：郑淑艳
责任印制：邱　天

合并报表实战
——从入门到精通
王乐安　韩　跃　刘圣晶　主　编
经济科学出版社出版、发行　新华书店经销
社址：北京市海淀区阜成路甲 28 号　邮编：100142
编辑部电话：010 - 88191441　发行部电话：010 - 88191522
网址：www. esp. com. cn
电子邮箱：esp@ esp. com. cn
天猫网店：经济科学出版社旗舰店
网址：http：//jjkxcbs. tmall. com
固安华明印业有限公司印装
787 × 1092　16 开　20.5 印张　420000 字
2023 年 8 月第 1 版　2023 年 8 月第 1 次印刷
ISBN 978 - 7 - 5218 - 4908 - 0　定价：88.00 元
（图书出现印装问题，本社负责调换。电话：010 - 88191545）
（版权所有　侵权必究　打击盗版　举报热线：010 - 88191661
QQ：2242791300　营销中心电话：010 - 88191537
电子邮箱：dbts@ esp. com. cn）

前　言

企业集团编制"合并财务报表"看起来是个"高大上"的工作，事实上也的确如此，没有一定功力很难胜任此工作，即使取得中国注册会计师证书的同仁，没有一两年的磨炼也无法弄清楚诸多特别是合并附注的勾稽关系。基于此，我们团队借鉴和研究了同类专著，自行立项，目标是能推出真正有意义的作品。团队汇聚了实务界、理论界和会计师事务所三方的集体智慧。其中王乐安具备高校、上市公司、会计师事务所二十年综合经验，从 2008 年开始编制合并报表；韩跃担任山东财经大学会计学系主任、会计学院院长助理，任职四家上市公司独立董事；刘圣晶长期在证券资格会计师事务所从事审计工作，具备丰富的审计经验。

本书特点：

1. 逻辑性强。从基本准则讲起，强调权责发生制的地位，这是理解资产负债表债务法进行所得税处理的基础。接着严格区分长期股权投资的几个概念、强调长期股权投资解决的是个别报表的会计处理；解释企业合并准则，落脚点在合并实务。本书最后将"反向购买"作为一个专题进行讲述，对难以理解的"借壳上市"模拟发行进行阐释。

2. 实务案例丰富。本书介绍了大量实务案例，力求说明合并的"经济后果"及博弈的底线在于相互理解，在边界范围之内达成一致意见。合并底稿来源于会计师事务所的底稿。

3. 按照最新准则编著。长期股权投资准则与企业合并、金融工具准则修订时间上有些差异，本书按照最新准则进行讲解，如六种方法的转换。此外，概念及案例经过多次底稿检验，尽量减少错误。

4. 对部分概念进行了"源头追踪"。书中有部分链接，本着"刨根问底"原则，对似是而非的某些问题进行了厘清。如所谓"应税合并"和"免税合并"，此概念产生的原文已经失效，不应再提及；长期股权投资准则解决的是控股合并问题。

适用人群：

合并报表工作人员、高校讲授此部分教师、财会专业高年级学生和硕士研究生、注册会计师全国统一考试和会计专业技术资格考试的备考者及其他人员。

本书编写分工如下：第一章和第四章由韩跃编写，第八章由刘圣晶编写，第二、第三、第五、第六、第七章由王乐安编写。

书中难免有错讹之处，欢迎读者批评指正并感谢交流，再版时将予以修正。

编　者

2023 年 6 月

目　　录

第1章　企业会计准则——基本准则 ………………………………… *1*

1.1　会计准则体系 …………………………………………………… *1*

1.2　基本准则 ………………………………………………………… *6*

1.3　合并财务报表涉及的准则 ……………………………………… *16*

第2章　所得税 ……………………………………………………… *21*

2.1　计税基础及暂时性差异 ………………………………………… *21*

2.2　所得税豁免 ……………………………………………………… *30*

2.3　产生递延所得税的常见情形 …………………………………… *44*

2.4　企业合并中递延所得税典型案例 ……………………………… *67*

第3章　长期股权投资 ……………………………………………… *75*

3.1　基本概念 ………………………………………………………… *75*

3.2　长期股权投资初始确认和计量 ………………………………… *80*

3.3　长期股权投资的后续确认和计量 ……………………………… *88*

3.4　六种核算方法的转换 …………………………………………… *97*

3.5　长期股权投资终止确认和计量 ………………………………… *107*

第4章　企业合并 …………………………………………………… *109*

4.1　合并日/购买日判断 …………………………………………… *109*

4.2　同一控制下企业合并 …………………………………………… *111*

4.3　非同一控制下企业合并 ………………………………………… *127*

第5章　合并财务报表 ……………………………………………… *136*

5.1　合并理论 ………………………………………………………… *136*

5.2 合并范围 ·· 138

5.3 合并财务报表前期准备 ································ 141

5.4 合并程序 ·· 146

5.5 合并抵销内容 ·· 154

第6章 合并实务 ·· 158

6.1 合并财务报表的组织 ·································· 158

6.2 合并前勾稽关系与内部交易记录合理性检验 ·········· 161

6.3 合并实务常见的合并抵销（调整）分录 ················ 194

6.4 合并定稿 ·· 216

本章附录 ·· 217

第7章 合并综合案例 ······································ 222

7.1 案例基本情况简介 ···································· 222

7.2 2020年合并抵销及合并报表 ·························· 223

7.3 2021年合并抵销、合并报表及合并比较报表 ·········· 273

第8章 反向购买 ·· 311

8.1 模拟发行 ·· 311

8.2 合并调整 ·· 313

8.3 上市公司实务案例 ···································· 319

第1章　企业会计准则——基本准则

【内容提要】《企业会计准则——基本准则（2014）》是企业会计准则体系的概念基础，在准则体系中处于核心和基础地位。基本准则统驭和指导具体会计准则，并为尚未完全规范的新问题提供处理依据。厘清、掌握基本准则内在逻辑，对整个准则体系的理解至关重要。其中企业会计的确认基础"权责发生制"是理解所得税处理采用资产负债表债务法的钥匙；掌握了所得税的会计处理，理解企业合并中采用"免税合并"的会计处理便水到渠成了。

1.1　会计准则体系

1.1.1　我国会计制度的变迁

"历史者，所以说明社会进化的过程者也"①。制度的诞生离不开当时所处的社会环境。推而言之，会计制度的变迁也难以背离基本经济制度的演进。所谓"经济越发展，会计越重要"。我国会计制度的变迁概览如表1－1所示。

表1－1　　　　我国基本经济制度的演进与会计制度的变迁

项目	1949～1978年	1979～1996年	1997～2001年	2002～2006年	2007～2022年
重要事件	党的十一届三中全会/1978年	党的十四大/1992年	党的十五大/1997年	党的十六大/2002年	党的十七大至党的二十大
基本经济制度	社会主义改造、单一公有制	公有制为主体、多种经济成分共同发展	公有制为主体、多种所有制经济共同发展	巩固和发展公有制经济；鼓励、支持和引导非公有制经济发展	重申并强调坚持完善基本经济制度和两个"毫不动摇"

---

① 吕思勉《中国通史》。

续表

项目	1949～1978 年	1979～1996 年	1997～2001 年	2002～2006 年	2007～2022 年
会计法		1985 年颁布《会计法》/1993 年第一次修正	1999 年修订		2017 年第二次修正
会计制度	1952 年颁布《国营企业统一登记会计簿记填制会计凭证办法》；1966 年颁布《行政事业单位会计制度》	1992 年印发"两则两制"："两则"即《企业财务通则》《企业会计准则》；"两制"即 13 个分行业的会计制度和 10 个分行业的财务制度	1997 年颁布第一个具体会计准则：《企业会计准则——关联方关系及其交易的披露》，至 2001 年底颁布 16 项具体准则；2000 年颁布《企业会计制度》	2001 年颁布《金融企业会计制度》；2004 年颁布《小企业会计制度》和《民间非营利组织会计制度》；2006 年 2 月 15 日，财政部发布企业会计准则，包括一项基本准则和 38 项具体准则	从 2015 年起，财政部相继出台了《政府会计准则——基本准则》和 6 项具体准则，以及固定资产准则应用指南，2017 年 10 月 24 日，财政部印发《政府会计制度——行政事业单位会计科目和报表》，标志着具有中国特色的政府会计标准体系初步形成。2020 年颁布《民间非营利组织会计制度》若干问题的解释。修订、颁布了若干《企业会计准则》；出台若干企业准则解释（具体见表 1–2）

  会计作为一种"商业语言"，按照不同的会计制度生成的会计信息并不"通用"。在改革开放的大背景下，我国开始学习、借鉴、研究国际会计惯例。1979 年，第五届全国人民代表大会第二次会议审议通过《中外合资经营企业法》，同年 11 月，财政部制定了《关于中外合资工业企业财务会计问题的若干规定》，这是引入国际会计惯例的标志性起点。在借鉴国际会计准则，结合我国国情的基础上，1993 年 7 月 1 开始实施"两则两制"；2001 年 1 月 1 日起实施的《企业会计制度》将不同所有制、不同行业企业的会计制度统一，并实现了与国际会计惯例的充分协调。其间，1997～2001 年还颁布了 16 项具体准则。这段时间属于"准则和制度并行"的阶段。此后，到底走"准则导向"还是"制度导向"的路线引起广泛讨论，从 2001 年底到 2006 年初，四年多的时间财政部没有颁布新的具体准则。直至 2006 年 2 月 15 日，财政部在京举行会计审计准则体系发布会，发布了 1 项基本准则和 38 项具体会计准则，这标志着适应我国市场经济发展要求、与国际惯例趋同的企业会计准则体系正式建立。

"准则导向"英文可翻译为 principal-based，国际会计准则理事会（IASB）采用 standards oriental 词汇，principal 有"原则"的内涵，standards 有"标准"的含义；"制度导向"英文可翻译为 rule-based，rule 有"规则"的内涵。从英文对应的词汇也能说明两者的区别："准则导向"基于难以穷尽所有经济业务的会计处理，给出"原则性"的规范和指导；"制度导向"倾向于尽量对所有经济业务给出具体的会计处理方案。显然，随着大量新的经济业务出现，"准则导向"更具有前瞻性、包容性和现实性。同时，"准则导向"由于有些经济业务在准则中无法直接找到"标准答案"，需要根据准则核心要义"主动"作出会计判断，对会计从业人员的职业判断能力提出更高要求。

我国选择"准则导向"并与国际会计准则实质性趋同的路径顺应了改革开放的滚滚潮流。是历史的也是现实的必然选择。20 世纪 90 年代初，我国资本市场逐渐成长，上海证券交易所和深圳证券交易所成立。1992 年，邓小平同志南方谈话提出"三个有利于"判断标准，同年，党的十四大明确提出，我国经济体制改革的目标是建立社会主义市场经济体制，这大大激发了企业活力，企业蓬勃发展，同时也带来资本短缺的问题。通过资本市场解决资本短缺成为重要、有效和众多企业家心向往之的途径。除了在上交所和深交所上市融资，政府鼓励企业到国际资本市场上融资。1992 年 10 月，华晨中国汽车控股有限公司在美国纽约证券交易所挂牌上市，股票代码为 CBA。1993 年 7 月 15 日，青岛啤酒股票（0168）在香港交易所上市交易。按照我国会计制度编制的财务报告海外资本市场不认可，存在所谓"语言不通"，需要重新表述为按照国际会计准则或当地资本市场认可的财务报告，而转换成本高、代价大（注：1997 年香港回归后，港交所也属于国际资本市场，并遵循国际会计准则）。2001 年 11 月，经过长达 15 年的谈判，中国成为世界贸易组织（WTO）的第 143 个成员国，可谓"经济地理大发现"，中国进入了新的开放时代，为产业资本与金融资本在世界范围内的融合开辟了宽阔的道路。毋庸置疑，会计选择准则体系及与国际会计准则实质性趋同为此提供了有力支撑。

2010 年 4 月，财政部印发《中国企业会计准则与国际财务报告准则持续趋同路线图》，阐明会计准则国际趋同是一个国家经济发展和适应经济全球化的必然选择，旨在实现中国企业会计准则与国际财务报告准则的持续趋同。该文件明示：一是中国企业会计准则已实现与国际财务报告准则趋同。2005 年 11 月 8 日，中国财政部会计准则委员会（CASC）与 IASB 签署联合声明指出，中国制定的企业会计准则体系实现了与国际财务报告准则的趋同。同时，IASB 确认了中国特殊情况和环境下的一些会计问题，涉及关联方交易的披露、公允价值计量和同一控制下的企业合并。二是应对国际金融危机，中国支持建立全球统一的高质量会计准则，积极推进中国企业会计准则持续国际趋同。三是中国企业会计准则与国际财务报告准则持续趋同的时间安排。中国企业会计准则将保持与国际财务报告准则的持续趋同，持续趋同的时间安排与 IASB 的进度保持同步。这意味着中国不仅参与国际财务报告准则的制定，而且国际准则一旦发生变化，无论是颁布新准则还是修订原来的准则，财政部会组织人员及时进行翻译、研究、征询意见，并考虑中国国情制定或修订相应准则。

【链接1-1】国际会计准则理事会（International Accounting Standards Board，IASB，官方网址：https：//www.ifrs.org/）的前身是成立于1973年的国际会计准则委员会（International Accounting Standards Committee，IASC），在2000年进行全面重组并于2001年初改为国际会计准则理事会。14名委员，其中12人全职，成员来自100多个国家的代表。来自中国的张为国教授从2007年7月1日开始担任国际会计准则理事会理事，任期五年，IASB至此有了来自中国的声音。国际会计准则理事会旨在制订高质量、易于理解和具可行性的国际会计准则，准则要求向公众披露的财务报告应具明晰性和可比性。国际财务报告准则包括国际财务报告准则IFRS、国际会计准则IAS以及解释公告IFRIC。截至2022年6月，IASB共发布了17项IFRS17、IFRIC23项、2001年之前原有IAS41项。IFRS逐渐替代IAS，没有替代或修订的IAS继续有效。IASB属于非营利组织，制定的准则不具有强制性。

1.1.2 会计准则体系现状

我国企业会计准则包括基本准则和具体准则（见表1-2），基本准则是会计准则体系的概念基础，在准则体系中处于核心和基础地位。基本准则统驭和指导具体会计准则，并为尚未完全规范的新问题提供处理依据。具体准则一般由准则本身和应用指南两部分组成；在发布新的具体准则后会出台应用指南，以帮助对具体准则的理解。另外，财政部还会根据反馈印发准则解释。

表1-2 企业会计准则体系

基本准则（2006）
38项具体准则
其中：《企业会计准则第18号——所得税》
《企业会计准则第20号——企业合并》
会计准则应用指南
企业会计准则解释（一）
企业会计准则解释（二）
企业会计准则解释（三）
企业会计准则解释（四）

续表

基本准则（2006）
企业会计准则解释（五）
企业会计准则解释（六）
《企业会计准则第 39 号——公允价值计量》
修订《企业会计准则第 30 号——财务报表列报》
修订《企业会计准则第 9 号——职工薪酬》
修订《企业会计准则第 33 号——合并财务报表》
《企业会计准则第 40 号——合营安排》
修订《企业会计准则第 2 号——长期股权投资》
《企业会计准则第 41 号——在其他主体权益的披露》
修订《企业会计准则第 37 号——金融工具列报》
《企业会计准则——基本准则》（2014）
企业会计准则解释（七）
企业会计准则解释（八）
修订《企业会计准则第 22 号——金融工具确认和计量》
修订《企业会计准则第 23 号——金融资产转移》
《企业会计准则第 42 号——持有待售的非流动资产、处置组和终止经营》
修订《企业会计准则第 37 号——金融工具列报》
修订《企业会计准则第 16 号——政府补助》
企业会计准则解释（九）
企业会计准则解释（十）
企业会计准则解释（十一）
企业会计准则解释（十二）
修订《企业会计准则第 14 号——收入》
修订《企业会计准则第 21 号——租赁》
修订《企业会计准则第 7 号——非货币性资产交换》
修订《企业会计准则第 12 号——债务重组》
企业会计准则解释（十三）
修订《企业会计准则第 25 号——保险合同》
企业会计准则解释（十四）
企业会计准则解释第（十五）

自 2006 年 2 月颁布 1 项基本准则和 38 项具体准则以来，遵循与国际财务报告准则持续趋同的路线图，伴随着 IASB 发布 IFRS 的节奏，结合我国现状陆续修订或发布了一些新的准则。

截至 2022 年 6 月，财政部共颁布了 1 项基本准则，42 项具体准则和 15 项准则解释。基本准则提供了概念基础，在准则体系中处于核心和基础地位，因此深刻理解基本准则，从而对具体准则的掌握就显得非常重要了。

1.2　基本准则

基本准则包括十一章五十条，是准则体系的概念基础，具体准则的制定应当遵循基本准则。规范的核心内容包括财务会计报告目标、会计假设、会计基础、会计信息质量要求、会计要素、计量属性、财务会计报告七个方面。

1. 财务会计报告目标。财务会计报告的目标是向财务会计报告使用者提供与企业财务状况、经营成果和现金流量等有关的会计信息，反映企业管理层受托责任履行情况，有助于财务会计报告使用者作出经济决策。财务会计报告目标兼顾了"受托责任观"，落脚点为"决策有用观"；强调提供的财务报告应能满足财务信息使用者的相关决策。这要求提供高质量的会计信息，不能是虚假、对决策产生误导的"无用"甚至"负向作用"的会计信息。

2. 会计假设。会计假设是进行会计正常处理的前提条件，类似数学上的"公理"。例如，我们数学上学习的第一个公理是"两点之间线段最短"，从一点到另一点可以划折现、弧线，但人类普遍经验均认可线段最短，无须证明也无法证明。同理，在正常的会计处理情况下暗含了一些前提，对这些前提进行理性概括，即为四个会计假设。

会计主体假设：企业应当对其本身发生的交易或者事项进行会计确认、计量和报告。一般来说，一个法律主体必然是一个会计主体，但一个会计主体未必是法律主体。一个分公司可以有自己的一套账，可以作为一个会计主体；但分公司不是完整意义上的法人，总公司才是，因而不是一个法律主体。一个企业集团的母公司通过产权安排控股各子公司，母公司、各子公司分别是法律主体和会计主体，但将整个集团视为一个"特殊的会计主体"编制合并报表时，这个"特殊的会计主体"本身不是法律主体，但其包含若干个法律主体和会计主体。

持续经营假设：企业会计确认、计量和报告应当以持续经营为前提。企业在可预见的未来将按照当前的规模和状态持续经营下去，不会破产清算，也不会终止经营。如果不再符合持续经营假设，就应当改按清算会计处理。例如，企业对固定资产每个月进行折旧，暗含的前提就是持续经营；反过来，假定企业进入破产程序，就不能再计提折旧，因为不再符合持续经营假设。

会计分期假设：企业应当划分会计期间，分期结算账目和编制财务会计报告。会计期间分为年度和中期。中期是指短于一个完整的会计年度的报告期间。月报、季报、半年报都属于中期报告。我国一个完整的会计年度是从公历的 1 月 1 日到 12 月 31 日。

货币计量假设：企业会计应当以货币计量。货币计量因其具有综合性和方便性而成为会计的主要计量属性。此外，在会计工作中，还有其他辅助计量如实物计量、劳动时间计量等。

会计主体假设规范了会计核算的空间范围，持续经营假设规范了会计核算的时间范围，会计分期是为了便于及时提供财务会计报告进行的人为划分，货币计量属于会计的主要计量属性。随着大量新经济业务的出现，四个会计假设均出现"松动"，如网店的"空间范围"如何界定？新冠疫情的出现导致许多小微企业不确定性大增，能"持续多久"？随着信息技术的发展，财务软件的普遍应用，月报是不是滞后了？在通胀或紧缩的环境下，货币计量导致价值补偿和实物补偿的分离如何修正？

会计面临的诸多挑战往往来源于最初的会计假设，例如，如何看待"控股权溢价"源于会计的货币计量假设。

3. 会计基础。企业应当以权责发生制为基础进行会计确认、计量和报告。会计基础有权责发生制和收付实现制之分，涉及收入和费用的确认时点。收付实现制也称现金制，收入和费用的确认以收到现金或支出现金为标准，收到"现金"确认收入，支付"现金"确认费用。权责发生制也称应收应付制，权责发生制是以权利和责任的发生来决定收入和费用归属期的一项原则。凡是本期内已履行责任所得到的收入和已形成权利所应当负担的费用，不论其款项是否收到或支出，都作为本期的收入和费用处理；反之亦然。

正因为有了会计分期假设和采用权责发生制，企业会计才有了所谓的应收应付、预收预付的问题。简而言之，如企业采用大量的赊销，则会产生巨额的应收款项，企业的收入、利润和现金流产生背离也就在所难免了。

4. 会计信息质量要求。服务于财务会计报告目标，企业应当提供高质量的会计信息。基本准则规范了 8 项信息质量要求。其中前 4 项属于首要的质量要求，后 4 项属于次级质量要求；次级质量要求并不意味着不重要。

可靠性：企业应当以实际发生的交易或者事项为依据进行会计确认、计量和报告，如实反映符合确认和计量要求的各项会计要素及其他相关信息，保证会计信息真实可靠、内容完整。"实际发生的交易或事项"是会计处理的依据，交易或事项真实发生、客观存在，不能是虚假的或编造的交易；"如实反映"要求会计人员按照会计准则的要求，"翻译"成会计语言，应反映的不能不反映、也不能歪曲反映，科目正确、数字准确，以保证会计信息"真实可靠、内容完整"。

相关性：企业提供的会计信息应当与财务会计报告使用者的经济决策需要相关，有助于财务会计报告使用者对企业过去、现在或者未来的情况作出评价或者预测。这是站在会计信息使用者角度而言的，如果提供的会计信息与信息使用者决策不相关，显然是"无用"的。除了特殊行业外，我国的财务报表对外披露采用的是通用模式，不分行业、规模，财政部均规范了报表的格式、项目以及各个项目填列的内容。不同的会计信息使用者可以根据自己的需求从通用格式的财务报表摘取感兴趣的信息。

可理解性：企业提供的会计信息应当清晰明了，便于财务会计报告使用者理解和使用。会计是一种"商业语言"，会计工作是将经济业务翻译为会计语言的过程。这要求会计信息提供者按照准则要求进行账务处理、输出信息；但这并不意味着没有任何会计知识的信息使用者可以读懂会计信息，会计专业性较强，读懂会计信息应掌握一定的会计知识。

可比性：企业提供的会计信息应当具有可比性。同一企业不同时期发生的相同或者相似的交易或者事项，应当采用一致的会计政策，不得随意变更。确需变更的，应当在附注中说明。不同企业发生的相同或者相似的交易或者事项，应当采用规定的会计政策，确保会计信息口径一致、相互可比。即可比性有两个层面，一是"纵向可比"，二是"横向可比"。

"纵向可比"要求企业前后各期采用一致的会计政策，不得"随意"变更。有两种情况可以变更：一是会计准则、制度发生了变更，原来是合规的，现在不合规了。如存货的发出计价方法原来有一种"后进先出法"，现在取消了，如果企业原来采用该方法，则不得不变更。二是采用新的会计政策可以提供的会计信息更可靠。实务中，会计政策变更要有合理的理由，须经董事会或类似机构决议。深交所2007年曾发布信息披露工作指引，上市公司自主变更会计政策，对定期报告的净利润的影响或所有者权益的影响比例超过50%的，或致使公司的盈亏性质发生变化的，上市公司应当提交专项审计报告并在定期报告披露前提交股东大会审议。

"横向可比"要求不同企业应当采用"规定"的会计政策。准则并不要求所有企业采用一致的会计政策。由于某些会计政策具有一定的弹性，不是唯一的，只要采用合规的会计政策就符合横向可比的要求。例如，存货发出的计价方法目前有四种会计政策可供选择，即先进先出法、全月一次加权平均法、移动加权平均法和个别计价法。

实质重于形式：企业应当按照交易或者事项的经济实质进行会计确认、计量和报告，不应仅以交易或者事项的法律形式为依据。比如租赁，承租方并不具备租赁资产法律上的所有权，按照租赁准则仍应确认一项使用权资产并和自有资产一样对使用权资产计提折旧。

重要性：企业提供的会计信息应当反映与企业财务状况、经营成果和现金流量等有关的所有重要交易或者事项。重要和不重要可以从性质和数量两个方面来判断。性质上来看，"舞弊动机"无论金额大小都是重要的。因为企业诚信出了很大问题，浮出水面的可能只是冰山一角。如一个企业隐瞒了一笔金额不大的费用，报表经"粉饰"后由亏损变为盈利，当然是重要的。数量上来看，可以从绝对数和相对数两个方面考量。一个规模不大的企业应收账款和收入隐瞒了10万元，而另一个规模巨大的企业无意漏记了同样的金额，很可能前者是重要的，后者未必重要。

谨慎性：企业对交易或者事项进行会计确认、计量和报告应当保持应有的谨慎，不应高估资产或者收益、低估负债或者费用。具体准则中各种减值准备的计提一方面没有低估费用，另一方面没有高估资产，体现了谨慎性要求。

及时性：企业对于已经发生的交易或者事项，应当及时进行会计确认、计量和报告，不得提前或者延后。及时性是可靠性和相关性的制约因素。这要求会计人员及时搜集原始单据、及时生成会计信息、将生成的会计信息及时传递给会计信息的使用者。

5. 会计要素。

（1）资产。资产是指企业过去的交易或者事项形成的、由企业拥有或者控制的、预期会给企业带来经济利益的资源。由企业拥有或者控制，是指企业享有某项资源的所有权，或者虽然不享有某项资源的所有权，但该资源能被企业所控制。预期会给企业带来经济利益，是指直接或者间接导致现金和现金等价物流入企业的潜力，这是资产的本质特征。资产按照其流动性分为流动资产和非流动资产。如果一项资产变现时间在一年以内或超过一年的一个营业周期，则划分为流动资产；否则为非流动资产。

在报表编制过程中，有些资产在非流动资产类科目核算，但可能不符合流动资产定义了，应调整为流动资产项目；如一年内可以收回的长期应收款，应填列在"一年内到期的非流动资产"项目，归属于流动资产的合计范围。

（2）负债。负债是指企业过去的交易或者事项形成的、预期会导致经济利益流出企业的现时义务。现时义务是指企业在现行条件下已承担的义务。未来发生的交易或者事项形成的义务，不属于现时义务，不应当确认为负债。负债按照流动性也就是偿还时间分为流动负债和非流动负债。

同样，有些负债在非流动负债类科目核算，但可能不符合非流动负债定义了，报表编制过程中应调整为流动负债项目；如一年内到期的长期借款，应填列在"一年内到期的非流动负债"项目，归属于流动负债的合计范围。

（3）所有者权益。所有者权益是指企业资产扣除负债后由所有者享有的剩余权益。公司的所有者权益又称为股东权益。所有者权益的来源包括所有者投入的资本、直接计入所有者权益的利得和损失、留存收益等。直接计入所有者权益的利得和损失，是指不应计入当期损益、会导致所有者权益发生增减变动的、与所有者投入资本或者向所有者分配利润无关的利得或者损失。

利得是指由企业非日常活动所形成的、会导致所有者权益增加的、与所有者投入资本无关的经济利益的流入。损失是指由企业非日常活动所发生的、会导致所有者权益减少的、与向所有者分配利润无关的经济利益的流出。区分利得和损失的概念非常重要，关键是要理解日常活动和非日常活动。日常活动是企业为完成其经营目标所从事的经常性活动以及与之相关的活动。例如，一个制造型企业的盈利模式是为市场生产产品取得收入、获取利润，那么从事采购、组织生产、销售都是为此经营目标服务的，那么建造厂房、购买设备、采购材料、招聘员工、生产安排、广告宣传、后勤管理等一系列活动均为日常活动。如果该企业购买了一批材料，持有该批材料的初始目的的确是为了生产终端产品，但由于终端产品市场的变化，材料暂时用不到，为了减少损失，将这批材料销售出去，则为"与经常性活动相关的活动"。又如为了盘活闲置资产，把设备等固定资产暂时出租出去，也属于日常活动。日常活动以外的活动属于非日常活动。如要处置设备等固定资产，对于制造型企业来讲并不是为完成其经营目标所必需的，就属于非日常活动了。因此利得和损失的特点是偶发、意外、一般很难重复发生。属于利得的情况有因自然灾害收到的政府补助、盘盈、接受捐赠以及非货币性资产交换利得和债务重组利得等；属于损失的情况有罚款支出、诉讼赔偿、非常损失、对外捐赠等。利得和损失在日常会计处理有两个去向：一部分计入了损益，从而影响利润，结账后计入所有者权益；一部分不通过损益核算，直接计入了所有者权益。

另外，特别需要提醒的是，与企业日常活动相关的政府补助，应当按照经济业务实质，计入其他收益或冲减相关成本费用。与企业日常活动无关的政府补助，应当计入营业外收支。

根据所有者权益的定义，"资产扣除负债后"即为所有者权益，如果用公式表示则为：

$$资产 - 负债 = 所有者权益$$

移项即得：

$$资产 = 负债 + 所有者权益$$

三个要素构成了资产负债表，这也是资产负债表最重要的勾稽关系。

（4）收入。收入是指企业在日常活动中形成的、会导致所有者权益增加的、与所有者投入资本无关的经济利益的总流入。收入只有在经济利益很可能流入从而导致企业资产增加或者负债减少、且经济利益的流入额能够可靠计量时才能予以确认。

（5）费用。费用是指企业在日常活动中发生的、会导致所有者权益减少的、与向所有者分配利润无关的经济利益的总流出。费用只有在经济利益很可能流出从而导致企业资产减少或者负债增加、且经济利益的流出额能够可靠计量时才能予以确认。

企业为生产产品、提供劳务等发生的可归属于产品成本、劳务成本等的费用，应当在确认产品销售收入、劳务收入等时，将已销售产品、已提供劳务的成本等计入当期损益。

企业发生的支出不产生经济利益的，或者即使能够产生经济利益但不符合或者不再符合资产确认条件的，应当在发生时确认为费用，计入当期损益。

企业发生的交易或者事项导致其承担了一项负债而又不确认为一项资产的，应当在发生时确认为费用，计入当期损益。

收入和费用的概念是对称的，均强调日常活动带来的经济利益的流入或流出。

（6）利润。利润是指企业在一定会计期间的经营成果。利润包括收入减去费用后的净额、直接计入当期利润的利得和损失等。

直接计入当期利润的利得和损失，是指应当计入当期损益、会导致所有者权益发生增减变动的、与所有者投入资本或者向所有者分配利润无关的利得或者损失。

利润金额取决于收入和费用、直接计入当期利润的利得和损失金额的计量。

根据利润的定义，利润包括两个方面内容，一是收入减去费用后的净额，二是直接计入当期利润的利得和损失，用公式表示则为：

利润 =（收入 – 费用）+（直接计入利润的利得 – 直接计入利润的损失）

稍作变换：

$$\underline{（收入 – 费用）}+\underline{（直接计入利润的利得 – 直接计入利润的损失）}=利润$$
$$\uparrow \qquad\qquad\qquad\qquad\quad \uparrow$$
$$日常活动 \qquad\qquad\qquad\qquad 非日常活动$$

收入、费用、利润三个要素构成了利润表，也决定了利润表的基本结构，日常活动形成营业利润，加上直接计入利润的利得和损失，称为利润总额。

【链接1–2】诸多教科书习惯上写成收入 – 费用 = 利润，从概念上来讲并不严谨，没有包含计入利润的利得和损失，写成收入 – 费用 = 营业利润似更合理。

在借贷记账法的记账规则下，实务中的经济业务可能无法通过上述两个会计等式去分析。例如，赊销了一批商品100万元，增值税税率13%，满足哪一个会计等式呢？因此，应有第三个会计等式将前三个要素和后三个要素联系起来：

资产 = 负债 + 所有者权益 +[（收入 – 费用）+（直接计入所有者权益的利得
　　　　– 直接计入所有者权益的损失）]

这样案例分析为左边应收账款这项资产增加113万元，等式右边应交税费负债增加13万元，营业收入增加100万元，会计等式成立。

三个等式的关系：第一个等式将资产、负债、所有者权益联系起来，属于静态会计等式，构成了资产负债表，反映某个时点的财务状况。第二个等式将收入、费用、利润联系起来，构成了利润表，在权责发生制基础上计算某个期间的经营成果；第三个等式将六个要素联系起来，属于动态会计等式。会计结完账后，恢复到第一个会计等式即会计恒等式。第三个会计等式决定了资产负债表和利润表最关键的勾稽关系，即在剔除其他所有者权益自身增减变动的情况下（如增减资、分配利润等），本期净利润的变动应等于本期所有者权益的变动。

6. 计量属性。会计的计量属性主要包括历史成本、重置成本、可变现净值、现值和公允价值。

历史成本。在历史成本计量下，资产按照购置时支付的现金或者现金等价物的金额，或者按照购置资产时所付出的对价的公允价值计量。负债按照因承担现时义务而实际收到的款项或者资产的金额，或者承担现时义务的合同金额，或者按照日常活动中为偿还负债预期需要支付的现金或者现金等价物的金额计量。

重置成本。在重置成本计量下，资产按照现在购买相同或者相似资产所需支付的现金或者现金等价物的金额计量。负债按照现在偿付该项债务所需支付的现金或者现金等价物的金额计量。重置成本是站在现行条件下如果"重新购置"角度来计量。

可变现净值。在可变现净值计量下，资产按照其正常对外销售所能收到现金或者现金等价物的金额扣减该资产至完工时估计将要发生的成本、估计的销售费用以及相关税费后的金额计量。

现值。在现值计量下，资产按照预计从其持续使用和最终处置中所产生的未来净现金流入量的折现金额计量。负债按照预计期限内需要偿还的未来净现金流出量的折现金额计量。现值的计量取决于未来净现金流量（现金流入减去现金流出）时间分布、期限及采取的折现率。

公允价值。在公允价值计量下，资产和负债按照市场参与者在计量日发生的有序交易中，出售资产所能收到或者转移负债所需支付的价格计量。

企业以公允价值计量相关资产或负债，应当假定出售资产或者转移负债的有序交易在相关资产或负债的主要市场进行。不存在主要市场的，企业应当假定该交易在相关资产或负债的最有利市场进行。

主要市场，是指相关资产或负债交易量最大和交易活跃程度最高的市场。

最有利市场，是指在考虑交易费用和运输费用后，能够以最高金额出售相关资产或者以最低金额转移相关负债的市场。

交易费用，是指在相关资产或负债的主要市场（或最有利市场）中，发生的可直接归属于资产出售或者负债转移的费用。交易费用是直接由交易引起的、交易所必需的、而且不出售资产或者不转移负债就不会发生的费用。

运输费用，是指将资产从当前位置运抵主要市场（或最有利市场）发生的费用。

需要注意的是，存在主要市场的，企业不应当因交易费用对该价格进行调整计量公允价值，但在确定最有利市场时，要剔除交易费用。交易费用不包括运输费用。

【例 1 – 1】某公司拥有一项存货，该存货存在主要市场，该市场单价为 30 元，交易费用为 2 元，运输费用为 1 元，由于该项存货存在主要市场，则其公允价值为 28 元（30 – 2）。假定该项存货没有主要市场，但可以在交易量相似的两个不同市场上以不同价格出售，即存在最有利市场，如表 1 – 3 所示。

表 1 – 3　　　　　　　　　　　　交易市场资料　　　　　　　　　　　　单位：元

项目	A 市场	B 市场
价格	31	30
运输成本	3	1
交易费用	2	2
收到的净额	26	27

则该项存货最有利市场是 B 市场，单位存货的公允价值为 27 元。

如果把时间之矢纳入考量的维度，这五种计量属性的内在逻辑关系如图 1 – 1 所示。

图 1 – 1　会计计量属性内在逻辑

历史成本在历史的那个时点上是其公允价值。重置成本是站在如果"重新购置"角度，可变现净值是站在如果"销售"的角度，由于信息不对称和交易费用的存在，重置成本和可变现净值实务中很可能不一致；现值是未来净现金流量的折现；三者从不同的角度计量公允价值。从未来看现在，现在的公允价值又成为历史成本了。

企业在对会计要素进行计量时，一般应当采用历史成本，采用重置成本、可变现净值、现值、公允价值计量的，应当保证所确定的会计要素金额能够取得并可靠计量。实务中历史成本有单据支撑，可靠性强，也是会计人员乐于采取的计量属性。在具体准则中，其他四种计量属性也有不少具体应用，如固定资产盘盈找不到历史成本的情况下可退而求其次按照重置成本入账，存货的期末计价按照成本与可变现净值孰低计量，部分资产减值可收回金额的计量需要测算现值，交易性金融资产应当按照公允价值计量等。

在非同一控制下的企业合并中，被购买方整体股权的价值和被购买方各单项资产的历史成本、公允价值往往存在差异。合并实务中，资产法评估的价值一般作为单项资产的公允价值，市场法或收益法评估的价值作为股权的公允价值。历史成本、资产公允价值、股权公允价值三者之间的差额在编制合并财务报表时要进行恰当处理。

7. 财务会计报告。财务会计报告是指企业对外提供的反映企业某一特定日期的财务状况和某一会计期间的经营成果、现金流量等会计信息的文件。财务会计报告包括会计报表及其附注和其他应当在财务会计报告中披露的相关信息和资料。会计报表至少应当包括资产负债表、利润表、现金流量表等报表。小企业编制的会计报表可以不包括现金流量表。

附注是指对在会计报表中列示项目所作的进一步说明，以及对未能在这些报表中列示项目的说明等。附注的内容庞杂冗长，上市公司的附注可能长达上百页是稀松平常的事情了。对会计信息使用者而言，除了会计报表，更详细的信息可以在附注中去搜索。

资产负债表和利润表的编制基础是权责发生制，现金流量表的编制基础实际上是收付实现制，有人认为现金流量表解释资产负债表第一个项目"货币资金"的增减变动，有一定道理。三张报表包含的内容可以形象地描述为图1-2。

行业决定了企业的"命" 战略决定投资 投资决定资产结构 资产结构决定成本结构		
资产负债表	利润表	现金流量表
◗命	◗运	◗质
拥有哪些资源	资源利用的结果	资源利用结果的质量

图1-2 三张报表画像

1.2.1 权责发生制

无论是2006年发布的基本准则还是2014年重新修订的基本准则，在第一章"总则"中表述制定依据、适用范围、基本准则的地位、财务会计报告目标、四个会计假设后，均在第九条表述"企业应当以权责发生制为基础进行会计确认、计量和报告。"说明作为会计基础的权责发生制跻列到与会计假设等同的地位，这与2006年之前作为十三项"会计原则"之一的提法大相径庭。

【链接1-3】真实性、实质重于形式、相关性、一致性、可比性、清晰性、及时性、权责发生制、配比性、实际成本、谨慎性、划分收益性支出与资本性支出、重要性十三项会计原则。

换言之，权责发生制的地位大大提高。原来的配比原则包括时间配比和范围配比，因违反了配比原则必然违反了权责发生制，权责发生制的地位更高、内涵更丰富，所以取消了该提法。在基本准则中，会计信息质量提出了八项要求，其中"可靠性"代替了"真实性"，真实的未必可靠，但可靠的一定真实，表述更准确；"可理解性"代替了"清晰性"；取消了"一致性"，归入"可比性"的"纵向可比"；实际成本归属于计量属性；取消了"划分收益性支出和资本性支出"。因此，2006 年之后，严谨的表述应为会计基础为权责发生制，会计信息质量有八项要求，不应再随意说违反了哪项会计原则。

基本准则统御和指导具体准则，具体准则的制定应遵循基本准则。由于权责发生制忝列到与会计假设等同的地位，具体准则制定当然也不应违反权责发生制。和本书主题息息相关的所得税的处理显然也应遵循权责发生制。理解此点，也就理解了所得税会计处理的演进，也就理解了为什么采用资产负债表债务法，这就是第 2 章即将介绍的所得税准则。

1.2.2　基本准则的逻辑架构

基本准则除了规范了制定依据、适用范围、基本准则和具体准则的关系外，规范的核心内容包括财务会计报告目标、会计假设、会计基础、会计信息质量要求、会计要素、计量属性、财务会计报告七个方面，本节已进行较为详细的阐述。其逻辑架构如图 1-3 所示。

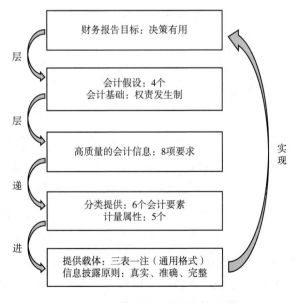

图 1-3　基本准则的逻辑架构

1.3　合并财务报表涉及的准则

　　"合并"一词没有官方的直接定义。上位法《中华人民共和国公司法》（2018 年 10 月 26 日第十三届全国人民代表大会常务委员会第六次会议第四次修正）第一百七十二条规定：公司合并可以采取吸收合并或者新设合并。一个公司吸收其他公司为吸收合并，被吸收的公司解散。两个以上公司合并设立一个新的公司为新设合并，合并各方解散。《企业会计准则第 20 号——企业合并（2006）》第二条规定：企业合并，是指将两个或者两个以上单独的企业合并形成一个报告主体的交易或事项。企业合并分为同一控制下的企业合并和非同一控制下的企业合并。虽然按照合并后的法律地位企业合并分为吸收合并、新设合并和控股合并三种类型，但首先明确的是企业会计准则规范的企业合并限于控股合并，即通过产权安排形成控制与被控制的关系的"企业集团"，合并各方法律地位不变。

　　合并财务报表涉及的相关具体准则包括《企业会计准则第 18 号——所得税（2006）》《企业会计准则第 2 号——长期股权投资（2014）》《企业会计准则第 20 号——企业合并（2006）》《企业会计准则第 33 号——合并财务报表（2014）》《企业会计准则第 39 号——公允价值计量（2014）》以及长期股权投资准则方法转换中涉及的《企业会计准则第 22 号——金融工具确认和计量（2017）》等。公允价值概念的理解已在本章第 2 节予以解释，金融工具准则涉及部分将在具体章节中阐释。本节简要介绍与合并财务报表密切相关的四个准则的制定背景、准则变化、内容概要，以利于此后的阅读。

1.3.1　所得税准则

　　会计法和税法的立法目的不同：税法的立法目的是确定国家与纳税人之间的利益分配关系，保证税收收入，而税收收入是财政收入的主要来源；会计法的立法目的是规范会计行为，保证会计资料真实、完整。会计有自己的理论体系，比如企业的会计基础权责发生制。涉及收入和费用的确认，税法和会计法原则上都认可权责发生制，但税法和会计准则又存在不一致的地方，即所谓的"税会分离"。这就需要纳税调整，即从会计利润总额调整为所得税法规定的应纳税所得额。会计应按照会计利润总额确认所得税费用，这样才符合权责发生制，但和所得税法要求企业按照应纳税所得额和适用税率计算缴纳的应纳税额之间很可能存在差异。这个差异如何处理，会计上产生了不同的处理方法：即所谓的"应付税款法""纳税影响会计法"。"纳税影响会计法"区分为"递延法"和"债务法"，其中"债务法"又有两类，即"损益表债务法"和"资产负债表债务法"。

【链接1-4】 原来认为税会分离包括两项差异：时间性差异和永久性差异。时间性差异是指由于某些收入和支出项目计入税前会计利润的时间和计入应纳税所得额的时间不一致而产生的差异，时间性差异可在以后转回。永久性差异是由税法与会计准则计算口径不一而产生的差异，永久性差异只影响当期的应纳税所得额，而不影响以后各期。

"应付税款法"是将本期税前会计利润与应纳税所得额之间时间性差异造成的影响纳税的金额直接计入当期损益，而不递延到以后各期。在应付税款法下，当期计入损益的所得税费用等于当期应缴纳的所得税。

"纳税影响会计法"是将本期税前会计利润总额与应纳税所得额之间的时间性差异造成的纳税影响额递延分配到以后期间的会计方法。1994年发布的《企业所得税会计处理的暂行规定》允许选用递延法或债务法进行所得税的会计处理。其中"递延法"允许将本期时间性差异所产生的纳税影响额，递延和分配到以后各期，并同时转回原已确认的时间性差异对本期所得税的影响额。递延法下，在税率变动或开征新税时，对递延税款的账面余额不作调整。"损益表债务法"侧重于损益表，将本期的时间性差异预计对未来所得税的影响金额在资产负债表上作为将来应付税款的债务，或者作为代表预付未来税款的资产。递延税款的账面余额按现行税率计算，而不是按照产生时间性差异的时期适用的所得税率计算，即在税率变动或开征新税率时，递延税款的账面余额要进行相应调整即在税率变动或开征新税率时，递延税款的账面余额要进行相应调整。损益表债务法基于"时间性差异"的概念。感兴趣的读者可以自行寻找案例阅读。

《企业会计准则第18号——所得税（2006）》侧重资产负债表，基于"暂时性差异的概念"。"暂时性差异"的内涵比"时间性差异"更丰富，有些永久性差异不属于时间性差异，但属于暂时性差异。资产负债表债务法下，递延所得税资产和递延所得税负债更符合会计要素的定义。除非特殊状况，所得税费用的确认金额和会计利润总额之间的比例就是适用税率，更好地维护了会计基础权责发生制。

所得税会计处理方法的改进（见图1-4）体现了对会计的基础——权责发生制的维护和尊重。

应付税款法：税法规定交多少所得税，会计上就确认多少所得税费用
纳税影响会计法：税法影响会计，会计上确认的所得税费用与税法有了差异

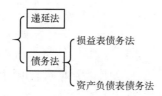

图 1 - 4　所得税会计处理方法的改进

1.3.2　长期股权投资准则

非常重要的一点，长期股权投资准则规范的是投资方个别（单体）报表的会计处理。该准则适用投资方对被投资方实施控制、重大影响的权益性投资，以及对其合营企业的权益性投资三种情况。具体内容包括长期股权投资的初始确认和计量、后续确认和计量以及终止确认和计量。涉及企业合并的，仅限于"控制"这种情况。企业合并按照投资方和被投资方是否拥有最终控制方分为同一控制下的企业合并和非同一控制下的企业合并。

长期股权投资的初始确认和计量应准确理解"初始投资成本"的含义。企业合并、非企业合并（注：本书定义为共同控制和重大影响两种情况，采用二分法更为直观，且强调合并主题）投资方支付的对价即放弃资产或承担负债的公允价值与"初始投资成本"的内涵并不一致。非企业合并和非同一控制下的企业合并"初始投资成本"一般就是支付的对价；同一控制下的企业合并"初始投资成本"未必是支付的对价。此外，应关注中介和交易费用的细节处理。

长期股权投资的后续确认和计量涉及成本法和权益法以及六种核算方法的转换。投资方持有的对子公司的投资即"控制"适用于成本法、对合营企业（共同控制）和联营企业（重大影响）适用于权益法。把公允价值引入，则公允价值、成本法、权益法组合成六种核算方法转换。长期股权投资的终止确认和计量和其他资产并无区别，注销账面，收到的对价与账面价值之间的差额计入投资收益。

本部分若只论述涉及企业合并的部分，剔除非企业合并、公允价值、权益法之类的知识点，反而更可能无法系统掌握、得不偿失。因此本部分将系统阐述，但侧重涉及合并的知识点。

1.3.3　企业合并准则

应掌握合并日/购买日的判断。合并日是同一控制下企业合并的概念，是指合

并方实际取得对被合并方控制权的日期。购买日是非同一控制下企业合并的概念，是指购买方实际取得对被购买方控制权的日期。合并日/购买日要同时满足五个标准，在合并实务中，应根据五个标准综合判断。此外，应掌握多次交易实现合并的情况。

同一控制下的企业合并合并层面不会产生损益，此后也不能产生损益，其理论基础为所谓"权益结合法"，防止企业粉饰会计报表。非同一控制下的企业合并合并层面可能会产生商誉，其理论基础为"购买法"；除非极其特殊的情况，商誉只会在合并报表中出现，商誉无须摊销，但每年至少要进行一次减值测试。

同一控制下的企业合并母公司在合并日应编制合并资产负债表、合并利润表和合并现金流量表。非同一控制下企业合并母公司在购买日仅需编制合并资产负债表。同一控制下的企业合并视同被合并方最开始就受母公司的控制，合并期末，企业合并报表应包含被合并方当期期初至合并日的收入、净利润、现金流量等情况；比较报表应当包含对应时点或期间的会计信息。非同一控制下的企业合并仅需填列购买日至期末的类似信息，无须编制比较信息。

1.3.4　合并财务报表准则

合并财务报表，是指反映母公司和其全部子公司形成的企业集团整体财务状况、经营成果和现金流量的财务报表。合并财务报表至少应当包括：合并资产负债表、合并利润表、合并现金流量表、合并所有者权益变动表以及附注。中期编制合并财务报表可以不包括合并所有者权益变动表。

应明确合并范围，实务中，一个公司能不能控制其他公司形成母子关系，很容易判断，但涉及"投资性主体"则要区分属于"财务性投资"还是"战略性投资"。如果母公司是投资性主体，则母公司"财务性投资"的子公司不应纳入合并范围，仅将为其投资活动提供相关服务的子公司纳入合并范围，对子公司"财务性投资"应当按照公允价值计量且其变动计入当期损益。如果母公司本身不是投资性主体，则应当将其控制的全部主体，无论"财务性投资"还是"战略性投资"，包括通过"财务性投资"主体所间接控制的主体，纳入合并财务报表范围。

【链接1-5】财务性投资是指以获取中短期财务价值为目的，主要通过溢价退出实现资本增值的交易行为，包括单一股权投资和混合型投资。其中，混合型投资指交易结构中除股权类投资外，还包含债券类业务的交易类型。财务性投资一般不参与被投资方的经营。战略性投资是指对企业未来产生长期影响的资本支出，具有规模大、周期长、基于企业发展的长期目标、分阶段等特征，影响着企业的前途和命运的投资。战略性投资对企业全局有着重大影响。战略性投资一般参与、控制被投资方的经营。

　　特别需要强调的是，合并财务报表的编制是以母公司和纳入合并范围的子公司单体报表为基础在简单汇总的基础上经过合并调整（合并抵销）编制而成的。这是理解合并财务报表编制和能够实战的关键点。合并财务报表是将整个集团作为一个特殊的虚拟的"会计主体"，之所以称为"虚拟"是这个会计主体日常无须进行账务处理，只是在合并底稿中编制调整分录。合并调整无非是将整个集团内的内部交易（发生额，利润表和现金流量表项目）以及形成的交易结果（余额，资产负债表项目）做反方向的处理即合并抵销。这些调整可以归为几类典型的调整分录。很显然，要理解合并调整分录的前提是要熟练掌握单体报表的会计处理。

　　合并理论上仍然是以"权益法"为基础，准则讲解和教科书中该部分案例也"按部就班"，长期股权投资先由"成本法"转为"权益法"，作为合并新手可以这么做。实务中的熟手一般不做此转换，而是直接抵销，结果是一样的。另外，对于连续编制涉及的所谓"滚动调整"难以理解，本书会对此进行详细介绍。

　　正如前言所述，本书兼顾理论体系的完整，但侧重合并实战。基于此，在分析所得税、长期股权投资、企业合并和合并财务报表准则之后，单独编写两章，分别展示同一控制下的企业合并和非同一控制下企业合并的两个完整案例。此后根据编者多年来的合并实务、审计和社会授课感悟、总结编制合并财务报表实务经验，以帮助尽快上手和熟练编制。

　　"反向购买"难以理解，翻阅同类专著极少涉及，上市公司通过反向购买"借壳上市"的情况屡有发生，为了满足独特需求，本书将单独作为一章并附一个实务案例进行介绍，为有需求的读者提供参考。

第2章 所得税

【内容提要】《企业会计准则第18号——所得税（2006）》要求采用资产负债表债务法确认递延所得税。深刻理解资产的计税基础、负债的计税基础以及暂时性差异基本概念，暂时性差异是站在现在看未来，对未来期间应税金额的影响。暂时性差异分为应纳税暂时性差异和可抵扣暂时性差异，前者应确认一项递延所得税负债，后者应确认一项递延所得税资产。此外，暂时性差异存在一些所得税豁免情况。会计上所得税费用因此由两部分构成：当期所得税费用和递延所得税费用。这很好地维护了会计基础权责发生制。日常会计处理中产生递延所得税资产和递延所得税负债的常见情形。另外，本章还介绍了企业合并中涉及递延所得税的典型案例。

2.1 计税基础及暂时性差异

2.1.1 资产负债表债务法

所得税会计产生于对"税会分离"。目前所得税准则适用的是资产负债表债务法。其理论基础是资本维持观，即只有在原资本已得到维持或成本已经弥补之后，才能确认损益。资产负债表债务法认为每一项交易或事项发生后，应先关注其对资产负债的影响，然后再根据资产负债的变化来确认收益（或损失）。所以资产负债表债务法是从资产负债表出发，通过比较资产负债表上列示的资产、负债的账面价值与按照所得税法规定确定的计税基础，对于账面价值和计税基础之间的差额确认递延所得税资产或递延所得税负债，并按照借贷复式记账法，对应确认所得税费用。计税基础，就是按照税法规定计算确定、认可的资产、负债的金额。计税基础与账面价值之间的差额，定义为暂时性差异。

例如，公司赊销了一批商品100万元，商品成本80万元。则利润表上确认营业收入100万元，营业成本80万元，会计利润总额20万元，应纳税所得额也为20万元，按照税法规定按照适用税率确认应纳税额。从资产负债表角度看；应收账款这项资产增加100万元，存货减少80万元，净资产增加20万元，20万元为收益，应当按照适用税率确认所得税费用。收入导致应收账款增加100万元，这100万元未来经营中转为银行存款、进而最终购买其他资产、计入费用，税法认可未来这 100 万元可以税前扣除。因此应收账款的计税基础是 100 万元；存货会计账面转销 80 万元，税法认可当期扣除，其计税基础同时减少 80 万元。因此，一般来说，资产的账面价值和其计税基础是一致的。但如果应收账款计提坏账准备 10 万元，应收账款的计税基础保持不变，仍为 100 万元，但其账面价值变成了 90 万元，低于其计税基础，则产生所谓的"暂时性差异"。坏账准备是会计上谨慎性要求的体现，会计处理计入了当期费用，影响当期利润总额减少 10 万元，但所得税法不允许税前扣除。因此从会计利润出发应调增 10 万元，从而应纳税所得额调增 10 万元，按照税法规定和适用税率计算的当期所得税费用相应增加。坏账损失在实际发生时可以税前扣除。未来发生损失时会计处理上不会影响会计利润总额，即会计上借记坏账准备，贷记应收账款，站在现在看未来，未来税前允许扣除，即未来允许纳税调减。从资产负债表来看，计提坏账准备造成应收账款账面价值 90 万元小于其计税基础 100 万元，即会计账面反映的金额低于未来税法可以抵扣的金额，差额 10 万元为税法未来税前可以多抵扣的金额，会减少未来应缴纳所得税额，称为可抵扣暂时性差异，并应当按照适用税率确认一项递延所得税资产，同时冲减所得税费用。期望该案例能够帮助读者更好地理解资产负债表债务法。

2.1.2 计税基础及暂时性差异

1. 计税基础。企业在取得资产、负债时，应当确定其计税基础。

资产的计税基础，是指企业收回资产账面价值过程中，计算应纳税所得额时按照税法规定可以自应税经济利益中抵扣的金额，即某一项资产在未来期间按照税法规定可以税前扣除的金额。一般情况下，在资产初始确认和计量时，计税基础就是其取得成本，资产的计税基础就是其计税基础；在后续计量过程中，可能会产生计税基础与账面价值不一致的情况，即产生暂性差异。

【例 2 - 1】某公司应收账款账面余额 100 万元，计提坏账准备 10 万元，则其会计账面价值为 90 万元，计税基础 100 万元，会计账面价值小于计税基础，会产生 10 万元暂时性差异。

【例 2 - 2】某公司一项设备原值 100 万元，假定净残值为 0，折旧年限 4 年；会计上按照直线法折旧，税法认可会计折旧年限，但允许按照双倍余额递减法加速折旧。则每年的会计折旧金额和税法的折旧金额不同，会产生暂时性差异。固定资产折旧方法不同产生的暂时性差异如表 2 - 1 所示。

从表 2 - 1 可见，每年年末，固定资产会计账面价值均大于其计税基础，会产生暂时性差异。如第一年末，固定资产账面价值 75 万元，由于当年税法扣除了 50 万元，未来可以税前抵扣的金额即计税基础为 50 万元（100 - 50），则产生 25 万元的暂时性差异。

表 2 – 1 固定资产折旧方法不同产生的暂时性差异 单位：万元

项目	第 1 年	第 2 年	第 3 年	第 4 年
税法折旧	50	25	12.5	12.5
会计折旧	25	25	25	25
会计账面	75	50	25	0
计税基础	50	25	12.5	0
暂时性差异	25	25	12.5	0

负债的计税基础，是指负债的账面价值减去未来期间计算应纳税所得额时按照税法规定可予抵扣的金额。

同样，一般情况下，负债的计税基础一般与账面价值一致，无须考虑差异。但在某些情况下，如由于销售产品提供售后服务等原因而计提的预计负债。

【例 2 – 3】某公司 2021 年度开始销售某种新产品，销售收入 1 000 万元，根据相关法律和行业惯例及公司承诺，未来 1 年内，该产品使用过程中因产品质量造成的问题公司提供免费保修服务。公司根据前期试验数据及预测，发生免修服务的费用预计为销售收入的 17%。因此，该公司 2021 年末根据《企业会计准则第 13 号——或有事项（2006）》计提了预计负债 170 万元。会计上借记"销售费用"科目 170 万元，贷记"预计负债"科目 170 万元。

预计负债的账面价值为 170 万元。按照所得税法，计提的负债虽然计入了销售费用，但不能税前扣除，当期需要纳税调增；当免修期间实际发生维修费用时，才允许税前扣除。即从现在看未来，预计负债如果未来全部使用，则未来可以扣除 170 万元。根据负债的计税基础的定义，其计税基础为预计负债的账面价值 170 万元减去未来期间可以税前扣除的金额 170 万元，即该项预计负债的计税基础为 0。因此，预计负债的账面价值 170 万大于其计税基础 0，产生暂时性差异 170 万元。

2. 暂时性差异。暂时性差异是指资产或负债的账面价值与其计税基础之间的差额；未作为资产和负债确认的项目，按照税法规定可以确定其计税基础的，该计税基础与其账面价值之间的差额也属于暂时性差异。按照暂时性差异对未来期间应税金额的影响，分为应纳税暂时性差异和可抵扣暂时性差异。

应纳税暂时性差异是指在确定未来收回资产或清偿负债期间的应纳税所得额时，将导致产生应税金额的暂时性差异。应纳税暂时性差异应确认一项递延所得税负债。可抵扣暂时性差异是指在确定未来收回资产或清偿负债期间的应纳税所得额时，将导致产生可抵扣金额的暂时性差异。可抵扣暂时性差异应确认一项递延所得税资产。

计税基础、暂时性差异和递延所得税资产或负债之间的关系如图 2 – 1 所示。

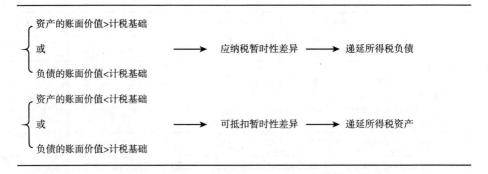

图 2 - 1　计税基础、暂时性差异和递延所得税资产或负债之间的关系

【例 2 - 4】续〖例 2 - 1〗~〖例 2 - 3〗，分析以上差异属于哪类暂时性差异。

分析：

〖例 2 - 1〗计提坏账准备导致应收账款账面价值小于其计税基础，产生可抵扣暂时性差异；应确认一项递延所得税资产。

〖例 2 - 2〗设备折旧方法不同导致固定资产的账面价值大于其计税基础，产生应纳税暂时性差异；应确认一项递延所得税负债。

〖例 2 - 3〗产品质量保证计提预计负债计提导致其账面价值大于其计税基础，产生可抵扣暂时性差异；应确认一项递延所得税资产。

2.1.3　所得税费用

资产负债表债务法下，所得税费用由两部分组成，即：

$$所得税费用 = 当期所得税费用 + 递延所得税费用$$

其中，当期所得税费用是按照所得税法规定，纳税调整后按照适用税率计算而得，即原来按照"应付税款法"确认的所得税费用。实务中的调整思路如图 2 - 2 所示。

调整起点：	利润总额
	+纳税调整增加额
	-纳税调整减少额
调整终点：	=应纳税所得额
	×适用税率
当期所得税费用	=应纳税额

图 2 - 2　利润总额调整为应纳税所得额

纳税调整源于会计准则和税收法规对当期收入、费用认定的差异。其中纳税调整增加的事项如视同销售收入、业务招待费支出、税收滞纳金、直接赞助支出等；纳税调整减少的事项如居民企业之间取得的投资收益、国债利息收入、研发费用加计扣除等。按照调整后应纳税所得额乘以适用税率，即为应纳所得税额。会计分录：

借：所得税费用——当期所得税费用

　　贷：应交税费——应交所得税

企业所得税分月或者分季预缴，纳税年度终了之日起 5 个月内汇算清缴、多退少补。多交的也可以抵减下季度的所得税。实务中企业所得税一般是按季预缴（季末次月的 15 日前），会计仍然应当按照月度计算当期所得税费用。

递延所得税费用取决于递延所得税资产和递延所得税负债期末期初的变化。

递延所得税费用 = 递延所得税资产减少（＋）+ 递延所得税负债的增加（＋）

递延所得税资产期末比期初减少，递延所得税费用为正数，反之为负数；递延所得税负债期末比期初增加，递延所得税费用为正数，反之为负数。

会计分录：

借：所得税费用——递延所得税费用

　　贷：递延所得税资产

　　　　递延所得税负债

或

借：递延所得税资产

　　递延所得税负债

　　贷：所得税费用——递延所得税费用

【例 2 - 5】某公司 2021 年度累计利润总额为 1 000 万元，其中前 11 个月实现利润总额 800 万元。公司按照季度预缴企业所得税。公司采用按照"实际利润额预缴"的方式预缴企业所得税，会计上每月按照会计利润总额预提所得税，即 1 ~ 11 月不考虑纳税调整。12 月底，公司为了财务预决算需要考虑纳税调整，先自行计算（未经审计、税务局汇算清缴在 2022 年 5 月 31 日前，因此也没有经过税务局认定有无疑点）。企业所得税税率 25%。以下是自查可能涉及纳税调整的相关资料：

（1）12 月将自产的产品作为元旦福利发放给管理层，会计上按照成本价 20 万元出库，直接计入管理费用，即借记"管理费用"科目，贷记"库存商品"科目。未计收入，该批产品的市价为 30 万元，增值税税率 13%。

（2）该公司有一笔对外投资，占被投资方 20% 的股份，对被投资方有重大影响，会计上计入了长期股权投资并按照权益法核算。2021 年末获取对方的盈利数据，净利润 150 万元，按照享有 20% 的比例做了账务处理，即借记"长期股权投资——损益调整"科目 30 万元，贷记"投资收益"科目 30 万元。该公司和被投资方均为企业所得税的居民纳税人。

（3）当年营业收入 10 000 万元，实际发生业务招待费 90 万元。

（4）当年 10 月发生税收滞纳金 1 万元。

（5）通过中国扶贫基金会捐赠支出 18 万元，通过当地县人民政府助学支出 20 万元，直接捐赠职工子女 7 万元。

（6）8 月由于电路起火烧毁一批物资，该批物资的成本为 9 万元，增值税税率 13%，此前由于没有管理层决议，会计未进行会计处理。12 月，总经理办公会决议该批损失为管理原因造成的，仓库主管和保管赔偿 2 万元，其余计入营业外支出。

（7）4 月发生一起诉讼，公司为被起诉方，12 月初终审判决，公司败诉，诉讼费用 1.5 万元由公司承担，赔偿对方损失 20 万元，该笔业务 12 月已经进行了账务处理，1.5 万元计入管理费用，20 万元计入营业外支出。

（8）2021 年初，公司应收账款余额 1 500 万元，根据公司对应收账款预期信用损失，计提坏账准备 100 万元，7 月份，实际发生坏账损失 30 万元，已经报经审批注销相应的应收账款。2021 年末应收账款余额 1 600 万元，根据应收账款余额和预期信用损失，应计提坏账准备 115 万元。

（9）2021 年度某项设备由于生产效率大大降低，经过减值测试计提减值准备 300 万元，以前无计提。

（10）根据 2021 年初产品质量保证计提的预计负债余额为 50 万元，2021 年度实际用于产品质量保证 35 万元，根据公司预测和规定，产品质量保证按照营业收入的 0.4% 提取。

（11）公司 11 月从二级市场购买了一笔股票，作为交易性金融资产核算，以公允价值计量，该笔股票初始入账价值为 20 万元，12 月 31 日，公允价值 25 万元。

截至 2021 年 12 月 31 日已对上述业务进行了会计处理。但未考虑纳税调整和对递延所得税的影响。根据所得税法及相关规定，逐项分析如下。

（1）以自产产品发放非货币性福利，会计上未确认收入，应予以纠正，视同销售，并确认增值税销项税额。这属于更正错账。

首先冲回错账，会计分录（单位：万元）：

借：管理费用 —20

　　贷：库存商品 —20

决定发放时首先补提非货币性福利分录：

借：管理费用 33.9

　　贷：应付职工薪酬——非货币性福利 33.9

补提实际发放时分录：

借：应付职工薪酬——非货币性福利   33.9

    贷：主营业务收入   30

       应交税费——应交增值税（销项税额）   3.9

同时结转营业成本：

借：主营业务成本   20

    贷：库存商品   20

更正错账（1）后营业收入增加 30 万元。更正后的利润总额为 996.10 万元 [1 000 – (–20) –33.9 +30 –20]。从而应纳税所得额调减 3.9 万元。

（2）居民企业之间由于是税后收益，无须重复纳税，应纳税所得额调减 30 万元。

（3）业务招待费按照实际发生额的 60% 扣除，但不应超过营业收入的 0.5%。实际发生额为 54 万元（90 × 60%），营业收入为 10 030 万元（经过更正业务 1 错账后增加 30 万元），税前可以扣除 51.15 万元（10 030 × 0.5%），应纳税所得额调增 38.85 万元。

（4）税收滞纳金不允许税前扣除，应纳税所得额调增 1 万元。

（5）企业通过公益性社会组织或者县级（含县级）以上人民政府及其组成部门和直属机构的捐赠，不超过年度利润总额 12% 的部分，可以税前扣除。年度利润总额就是会计利润总额。本例中为 119.5320 万元（996.10 × 12%）（注：视同销售企业直接转存货属于会计处理错误，更正后利润总额应为 996.10 万元），因此通过中国扶贫基金会捐赠支出 18 万元和县人民政府助学支出 20 万元合计 38 万元可以税前扣除。直接捐赠职工子女 7 万元不能扣除，应纳税所得额调增 7 万元。

（6）管理不善原因造成的毁损增值税进项税额应转出，计入营业外支出。非常损失可以税前扣除，无须纳税调整。

（7）企业经营过程中的诉讼费和败诉赔偿可以税前扣除，无须纳税调整。

（8）实际发生坏账损失 30 万元，会计处理借记坏账准备，贷记应收账款，会计未影响利润总额，税法允许扣除，应纳税所得额调减 30 万元；年末补提坏账 45 万元，计入信用减值损失，应调增 45 万元（见下面分析）。坏账准备事项应纳税所得额计调增 15 万元。

（9）固定资产减值准备 300 万元计入了资产减值损失，影响了利润总额，税法不允许税前扣除，应纳税所得额调增 300 万元。

（10）实际发生的产品质量保证费用会计处理借记预计负债，贷记银行存款等，会计未影响利润总额，税法允许扣除，应纳税所得额调减 35 万元；本年计提预计负债 40.12 万元，计入销售费用，按照税法不允许税前扣除，应调增 40.12 万元。预计负债事项应纳税所得额计调增 5.12 万元。

（11）交易性金融资产因公允价值增加 5 万元计入公允价值变动损益，利润总额增加 5 万元，税法无须纳税，应纳税所得额调减 5 万元。

根据以上分析，2021 年度从利润总额调整为应纳税所得额计算如下。

应纳税所得额 = 1 000（利润总额）− 3.9（更正错误，业务 1）− 30（业务 2，下同）+ 38.85（3）+ 1（4）+ 7（5）+ 0（6）+ 0（7）+ 15（8）+ 300（9）+ 5.12（10）− 5（11）= 1 328.07（万元）

当年应交所得税 = 1 328.07 × 25% = 332.017 5（万元）

前 11 个月已经根据会计利润总额预提所得税费用 200 万元（800 × 25%）

12 月应该补提当年所得税 = 332.017 5 − 200 = 132.017 5（万元）

会计分录：

借：所得税费用——当期所得税费用　　　　　　　　　　132.017 5

　　贷：应交税费——应交所得税　　　　　　　　　　　　　132.017 5

下面分析递延所得税，涉及业务（8）~（11）：

业务（8）：坏账准备年初余额 100 万元，本年实际发生坏账损失及冲减坏账准备 30 万元，年末应计提坏账准备 115 万元，应补提坏账准备 45 万元［115 −（100 − 30）］，会计分录为：

借：信用减值损失　　　　　　　　　　　　　　　　　　45

　　贷：坏账准备　　　　　　　　　　　　　　　　　　　　45

该分录此前已入账，包含在利润总额 1 000 万元中。

本期核销坏账，冲减坏账准备 30 万元，应转回递延所得税资产 7.5 万元（30 × 25%）。

借：所得税费用——递延所得税费用　　　　　　　　　　7.5

　　贷：递延所得税资产　　　　　　　　　　　　　　　　　7.5

年初坏账准备余额 100 万元，产生可抵扣暂时性差异，所得税税率 25%，年初递延所得税资产的余额为 25 万元（100 × 25%）。

年末坏账准备余额为 115 万元，递延所得税资产余额应为 28.75 万元（115 × 25%），因此应补充确认 11.25 万元［28.75 −（25 − 7.5）］。会计分录：

借：递延所得税资产　　　　　　　　　　　　　　　　　11.25

　　贷：所得税费用——递延所得税费用　　　　　　　　　　11.25

业务（8）影响递延所得税费用计 − 3.75 万元（7.5 − 11.25）。

业务（9）：固定资产减值准备本期计提 300 万元，年初无余额，导致固定资产账面价值小于计税基础，产生可抵扣暂时性差异，应确认一项递延所得税资产 75 万元（300 × 25%），会计分录：

借：递延所得税资产　　　　　　　　　　　　　　　　　75

　　贷：所得税费用——递延所得税费用　　　　　　　　　　75

业务（9）影响递延所得税费用 –75 万元。

业务（10）：预计负债年初余额 50 万元，年初递延所得税资产余额为 12.5 万元（50×25%）；本年营业收入 10 030 万元，按照 0.4% 计提预计负债即 40.12 万元。

借：销售费用　　　　　　　　　　　　　　　　　　　　40.12
　　贷：预计负债　　　　　　　　　　　　　　　　　　　　　40.12

预计负债本年减少 35 万元。

借：预计负债　　　　　　　　　　　　　　　　　　　　　35
　　贷：银行存款等　　　　　　　　　　　　　　　　　　　　　35

以上两笔分录此前已入账，销售费用包含在利润总额中。

当年预计负债使用应转回递延所得税资产 8.75 万元（35×25%）。

借：所得税费用——递延所得税费用　　　　　　　　　　8.75
　　贷：递延所得税资产　　　　　　　　　　　　　　　　　　8.75

则预计负债的年末余额为 55.12 万元（50 – 35 + 40.12）。

年末预计负债可抵扣暂时性差异应确认递延所得税资产 13.78 万元（55.12×25%）。

补充确认 10.03 万元 [13.78 – (12.5 – 8.75)]。

借：递延所得税资产　　　　　　　　　　　　　　　　　　10.03
　　贷：所得税费用——递延所得税费用　　　　　　　　　　　10.03

业务（10）影响递延所得税费用计 –1.28 万元（8.75 – 10.03）。

业务（11）：交易性金融资产按照公允价值计量，其账面价值 25 万元大于其初始入账成本 20 万元，差额 5 万元产生应纳税时间性差异，应确认递延所得税负债 1.25 万元（5×25%）。

借：所得税费用——递延所得税费用　　　　　　　　　　1.25
　　贷：递延所得税负债　　　　　　　　　　　　　　　　　　1.25

业务（11）影响递延所得税费用 1.25 万元。

根据对业务（8）~（11）的再次分析，则递延所得税费用计算如下：

递延所得税费用 = – 3.75（业务 8，下同）– 75（9）– 1.28（10）+ 1.25（11）= –78.78（万元）

业务（8）~（11）汇总为一笔分录，更能直观反映出递延所得税费用与递延所得税资产和递延所得税负债的变动关系（实务中仍会按照以上方法逐条分析，仅为解释三者之间的关系做简单汇总）：

借：递延所得税资产　　　　　　　　　　　　　　　　　　80.03
　　贷：递延所得税负债　　　　　　　　　　　　　　　　　　1.25
　　　　所得税费用——递延所得税费用　　　　　　　　　　78.78

综合以上：

本例所得税费用 = 当期所得税费用 + 递延所得税费用

$$= 332.0175 + (-78.78)$$

$$= 253.2375（万元）$$

【案例小结】如按照"应付税款法"确认所得税费用，则会计上确认 332.0175 万元，利润总额为 996.10 元，二者比例为 33.33%，远偏离税率 25%。按照资产负债表债务法，会计确认所得税费用 253.2375 万元，与利润总额之间的比例为 25.42%，接近税率 25%，很好地遵循和维护了会计基础权责发生制（当期利润的所得税费用按照税率当期确认）。感兴趣的读者可以根据以上分析来探究，未完全匹配税率 25% 来源于哪些业务。

2.2　所得税豁免

一般情况下，资产或负债的账面价值预期计税基础不一致产生的暂时性差异，应按照以上要求分别确认递延所得税资产或递延所得税负债，并相应影响递延所得税费用。但所得税准则对一些特殊情况给出了豁免，对这些特殊情况，即使产生暂时性差异，也无须确认递延所得税资产或递延所得税负债。

2.2.1　商誉

商誉是企业整体价值的组成部分。从经济实质上来讲是指未来期间为企业经营带来超额利润的潜在经济价值。超额利润往往源于企业历史悠久、地理位置优越、经营效率、管理能力、创新能力等多种原因，与同行比较，可以获得超额利润。商誉不同于"品牌价值"。

按照现有会计规则，自创商誉是无法入账的。商誉一般只出现在合并财务报表中，即编制合并报表才会有商誉的问题。在非同一控制下的企业合并中，源于不同投资人对相同资源的不同评价和被购买资源整合的乐观预期，可能会出一个高价购买另一家企业的股权，达到控制。超过了被购买企业净资产公允价值的部分，就是会计上的"商誉"。

【例 2-6】2020 年 1 月 1 日，甲公司购买一个不相干的乙公司 100% 的股份，出价 1 000 万元，乙公司账面资产总额 900 万元、负债总额 600 万元、账面净资产 300 万元。其中存货账面价值 170 万元，市场价格（公允价值）270 万元，其余资产和负债的公允价值和账面价值完全相同。则乙公司净资产的公允价值为 400 万元。甲公司可能想要一个销售渠道、一个现有资质，或者看好对方交通方便。自己重新组建或申请可能需要花费更多的时间成本和代价，所以宁愿出 1 000 万元溢价收购乙公司。1 000 万元和 400 万元之间会产生差额，这就是所谓"商誉"的来源（商誉的详细案例见合并报表章节，举例为了说明商誉所得税豁免问题，可以结合相关章节阅读）。

甲公司和乙公司作为一个法律主体和税收主体继续存续，只是乙公司的投资人变更了。请注意甲公司花 1 000 万元购买乙公司的股权的交易对手是乙公司原来的股东，原股东按照股权转让所得和税法完税。对乙公司而言，税法认可的资产、负债的计税基础仍然是账面价值。在合并报表中，首先存货应当按照公允价值调增 100 万元，计税基础仍为 170 万元，产生应纳税暂时性差异，所得税税率 25%，按照所得税准则确认递延所得税负债 25 万元。

购买日的甲公司按照 1 000 万元计入长期股权投资（单位：万元）。

借：长期股权投资——乙公司　　　　　　　　　　　　　　　　1 000
　　贷：银行存款　　　　　　　　　　　　　　　　　　　　　　1 000

在合并底稿中：

存货按照公允价值调增 100 万元。

借：存货　　　　　　　　　　　　　　　　　　　　　　　　　100
　　贷：资本公积　　　　　　　　　　　　　　　　　　　　　　100

存货调增应在合并底稿中产生的应纳税暂时性差异确认递延所得税负债 25 万元。

借：资本公积　　　　　　　　　　　　　　　　　　　　　　　25
　　贷：递延所得税负债　　　　　　　　　　　　　　　　　　　25

合并抵销分录：

借：净资产　　　　　　　　　　　　　　　　　　　　　　　　300
　　资本公积　　　　　　（以上两笔调整的综合影响）75
　　商誉　　　　　　　　　　　　　　　　（倒挤）625
　　　贷：长期股权投资——乙公司　　　　　　　　　　　　　1 000

税法并不认可，商誉列示的 625 万元，即未来税前可以抵扣的金额为 0，因此计税基础为 0。商誉的账面价值 625 万元大于其计税基础 0 会产生一项应纳税暂时性差异，如果确认递延所得税负债，则上述合并抵销分录会增加一笔贷方发生额，挤出的"商誉"会增加同等金额，这样应纳税暂时性差异又发生变化，进入循环计算的怪圈，并且商誉金额会递增。商誉本来"看不见摸不着"，获取超额利润能力存在很大的不确定性。对此，所得税准则对商誉的初始确认产生的应纳税暂时性差异给出了"豁免"，即无须确认递延所得税负债。

商誉在存续期间无须摊销，但至少每年进行一次减值测试。假如 2021 年 12 月 31

日，商誉发生减值 50 万元，应当计提商誉减值准备，并且一旦计提，在后续期间不允许转回。计提商誉减值准备的会计分录为：

借：资产减值损失　　　　　　　　　　　　　　　　　　　　　50

　　贷：商誉减值准备　　　　　　　　　　　　　　　　　　　　　　50

商誉减值计入减值准备仅仅影响合并报表利润总额，合并报表主体是一个"虚拟主体"，不是纳税主体。计提减值准备后，商誉的计税基础仍为 0，商誉账面价值仍大于其计税基础，不会像其他资产计提减值后产生可抵扣暂时性差异。由于初始确认时产生的应纳税暂时性差异不确认递延所得税负债，后续计量也无须转回递延所得税负债。即遵循初始确认时的原则，无须考虑递延所得税负债的问题。

假定 2022 年 12 月 31 日，甲公司将乙公司 100% 股权卖掉，假定卖掉价格为 1 900 万元，乙公司 2022 年度实现净利润 200 万元，2021 年度实现净利润 100 万元，则甲公司单体报表应先将乙公司 2022 年实现的净利润和以前期间实现的净利润调整长期股权投资成本：

借：长期股权投资——乙公司　　　　　　　　　　　　　　　　300

　　贷：投资收益　　　　　　　　　　　　　　　　　　　　　　　200

　　　　年初未分配利润等　　　　　　　　　　　　　　　　　　　　100

然后注销长期股权投资：

借：银行存款　　　　　　　　　　　　　　　　　　　　　　1 900

　　贷：长期股权投资——乙公司　　　　　　　　　　　　　　　1 300

　　　　投资收益　　　　　　　　　　　　　　　　　　　　　　　600

由于长期股权投资已经在甲公司单体报表注销掉，在合并层面无须再考虑商誉的问题，同样，初始确认和计量的分录也无须体现在合并底稿中，即递延所得税负债、资本公积、商誉无须再考虑，否则合并报表的勾稽关系不对。但应将原来合并报表中的体现的商誉减值准备注销掉，转入投资收益。即：

借：资产减值损失　　　　　　　　　　　　　　　　　　　　　50

　　贷：投资收益　　　　　　　　　　　　　　　　　　　　　　　50

综上所述，长期股权投资购买价格为 1 000 万元，出售价格 1 900 万元，净收益 900 万元。无论是甲公司单体报表还是合并报表体现在 2022 年投资收益为 850 万元，其中直接投资收益 800 万元（乙公司当年净利润 200 万元和出售挤出的 600 万元）；2021 年度计提商誉减值影响的资产减值损失 50 万元转入投资收益 50 万元。2021 年度合并报表中影响净利润 350 万元，其中乙公司净利润 100 万元，商誉的资产减值损失 50 万元（商誉终止确认和计量一般不提及，笔者从合并实务角度和报表勾稽关系提出以上理想方案，试图提供终止确认的思路和启示）。

非同一控制下控股合并形成的商誉在初始确认和后续计提商誉减值准备时产生的

应纳税暂时性差异无须确认递延所得税负债；对于合并商誉的减值准备，只有未来处置子公司时才可能转回，因此如果没有处置子公司的计划或意图，则不应确认商誉减值相关的递延所得税资产。终止确认和计量除了考虑商誉减值准备导致的资产减值损失转入投资收益外，无须考虑初始和后续确认、计量时所谓"滚动调整"的合并抵销分录。

【链接 2-1】免税合并和应税合并。免税合并，即被合并企业不确认全部资产的转让所得或损失，不计算缴纳所得税。免税合并下，税法不承认公允价值，资产负债账面价值与计税基础之间就会产生暂时性差异，应确认递延所得税资产或递延所得税负债。应税合并下，投资方采用公允价值入账，已经缴纳所得税，此时，资产负债的账面价值和计税基础就是相等的，不会产生暂时性差异，不确认递延所得税资产或递延所得税负债。免税合并和应税合并依据来源于《关于企业合并分立业务有关所得税问题的通知》，根据《国家税务总局关于公布全文失效废止部分条款失效废止的税收规范性文件目录的公告》，该文件已全文失效。免税合并和应税合并主要对吸收合并和新设合并而言，合并相关准则规范的是控股合并。读者不必陷于两个概念。简言之，合并实务中除了本章涉及"豁免"的几个特殊情况外，无论单体报表还是合并报表，一般应当考虑暂时性差异产生的递延所得税资产或递延所得税负债。

2.2.2 长期股权投资

2008 年开始实施的《中华人民共和国企业所得税法实施条例》第五十六条规定：企业的各项资产，包括固定资产、生物资产、无形资产、长期待摊费用、投资资产、存货等，以历史成本为计税基础。历史成本，是指企业取得该项资产时实际发生的支出。企业持有各项资产期间资产增值或者减值，除国务院财政、税务主管部门规定可以确认损益外，不得调整该资产的计税基础。

从税法角度来讲，投资方取得股权所付出对价的公允价值就是其历史成本，即其计税基础。但从会计角度讲，其初始入账价值即初始投资成本会有所区别，与计税基础有可能会发生差异。可以概览如表 2-2 所示。

在后续计量过程中，控制即企业合并形成的长期股权投资按照成本法不变，即与其计税基础保持一致，被投资方分红直接确认投资收益，如果属于居民企业之间的分红且税率一致，一般属于免税收入，无非调整当期应纳税所得额，影响当期所得税费用，也就是说，达到控制形成的长期股权投资其计税基础在后续计量中不会涉及暂时性差异问题。非企业合并稍微复杂一些，因为会计上采用权益法核算，那么投资方长期股权投资的账面价值会随着被投资方的经营情况会发生变化，这样投资方的长期股权投资的账面价值和其最初的计税基础可能产生差异，有可能是应纳税暂时性差异，也有可能是可抵扣暂时性差异。

表 2 - 2　　　　　　　　长期股权投资的初始入账价值与计税基础

会计分类	细分	长期股权投资入账价值（初始投资成本，投资方单体报表）	计税基础（投资方放弃资产或承担负债的公允价值）	可能差异
企业合并	同一控制	被合并方在最终控制方账面净资产所享有的份额	付出对价的公允价值	可能不一致，前者大于后者为应纳税暂时性差异；前者小于后者为可抵扣暂时性差异
	非同一控制	付出对价的公允价值	付出对价的公允价值	一般一致
非企业合并	共同控制、重大影响	付出对价的公允价值	付出对价的公允价值	一般一致

　　因此需要讨论两个问题，非同一控制下的企业合并初始确认和计量产生的暂时性差异和非企业合并后续计量产生的暂时性差异会计如何对待的问题。一个基本的判断，既然作为长期股权投资核算，其持有目的是"长期"，是战略投资而不是财务投资，持有期限在可预见未来无法判断，因此，所谓"暂时性差异"实际上并不暂时，无法判断转回期间，所以无论同一控制下初始确认产生的暂时性差异还是非企业合并后续计量产生的暂时性差异，所得税准则给予"豁免"，不予以确认递延所得税资产或递延所得税负债。在未来股权转让时，要考虑股权转让所得和初始确认时计税基础之间的差异按照税法计算缴纳所得税。

　　中国证券监督管理委员会会计部发布的《2022 年上市公司年报会计监管报告》明确指出：对与子公司、联营企业及合营企业投资相关的应纳税暂时性差异，应当确认相应的递延所得税负债，但投资企业能够控制暂时性差异转回的时间且该暂时性差异在可预见的未来很可能不会转回的除外。因此，对于长期股权投资，其账面价值与计税基础产生的暂时性差异是否应确认相关的所得税影响，应进一步考虑持有意图，如企业拟长期持有该投资，一般不确认所得税影响。事实上，如果不准备长期持有，会计可能计入的是其他科目，适用其他准则。

　　但是，后续确认和计量无论是采用成本法还是权益法，长期股权投资一旦计提减值准备，计入资产减值损失，产生可抵扣暂时性差异，因影响了会计利润，不予"豁免"，仍应确认递延所得税资产。长期股权投资减值一旦计提，在持有期间不允许转回，因此在终止确认长期股权投资时，相应的递延所得税资产对等转回。

【链接2-2】有心的读者可能已经研究〖例2-5〗，造成所得税费用/会计利润和税率不匹配的除了业务（3）、业务（4）、业务（5）税法口径和会计口径不一致导致当期应纳税所得额调增46.85万元，因而当期所得税费用增加11.7125万元外；还有一项就是业务（2）采用权益法核算产生的所谓应纳税"暂时性"差异没有确认递延所得税负债，影响7.50万元。若您思维逻辑已无障碍，恭喜您，所得税准则您已经"知其所以然"了。

2.2.3 研发费用

《中华人民共和国企业所得税法实施条例》第九十五条规定：企业为开发新技术、新产品、新工艺发生的研究开发费用，未形成无形资产计入当期损益的，在按照规定据实扣除的基础上，按照研究开发费用的50%加计扣除；形成无形资产的，按照无形资产成本的150%摊销。近年来，为鼓励企业开展研发，相关部委陆续出台研发费用税前扣除更优惠的政策。2018年财政部、税务总局、科技部共同发布《关于提高研究开发费用税前加计扣除比例的通知》规定：企业开展研发活动中实际发生的研发费用，未形成无形资产计入当期损益的，在按规定据实扣除的基础上，在2018年1月1日至2020年12月31日，再按照实际发生额的75%在税前加计扣除；形成无形资产的，在上述期间按照无形资产成本的175%在税前摊销。2022年三部委再次发布《关于进一步提高科技型中小企业研发费用税前加计扣除比例的公告》对科技型中小企业再次提高加计扣除比例：开展研发活动中实际发生的研发费用，未形成无形资产计入当期损益的，在按规定据实扣除的基础上，自2022年1月1日起，再按照实际发生额的100%在税前加计扣除；形成无形资产的，自2022年1月1日起，按照无形资产成本的200%在税前摊销。

研发费用加计扣除属于所得税优惠，会计上对研发费用的处理分为两个阶段，一个是研究阶段，一个是开发阶段。研究阶段的研发费用全部计入管理费用，开发阶段符合资本化条件的资本化计入无形资产，不符合资本化条件的仍然费用化，计入管理费用，并设置"研发支出"科目，归集研发费用。

【例2-7】某公司2018年启动一项研发计划并批准立项，研究阶段预计2019年1月1日至2019年12月31日，开发阶段预计为2020年1月1日至2020年9月30日。研发预算总投入3 000万元，其中研究阶段1 800万元，开发阶段1 200万元。假定除了实际支出比预算支出有所出入外，研发按照预计进度顺利完成。所得税适用税率 15%。

2019 年度，研究阶段发生各项费用支出 1 700 万元，则会计处理（单位：万元）如下。

实际发生时：

借：研发支出——费用化支出　　　　　　　　　　　　　　　 1 700

　　贷：银行存款、应职工薪酬等　　　　　　　　　　　　 1 700

年底结转费用化支出：

借：管理费用——研发支出　　　　　　　　　　　　　　　　 1 700

　　贷：研发支出——费用化支出　　　　　　　　　　　　 1 700

2020 年度，开发阶段发生各项支出 1 118 万元。

实际发生时：

借：研发支出——资本化支出　　　　　　　　　　　　　　　 1 118

　　贷：银行存款、应付职工薪酬等　　　　　　　　　　　 1 118

2020 年 9 月底，公司组织专家评审，评审费用 2 万元。研发项目顺利完成，达到预定用途。公司获取一项新技术，并计划申报若干项专利。评审费属于研发支出：

借：研发支出——资本化支出　　　　　　　　　　　　　　　　　 2

　　贷：银行存款　　　　　　　　　　　　　　　　　　　　　 2

公司根据研发项目验收报告，对开发阶段发生的费用明细进行了归类，综合各方并争取了财务意见，认为开发阶段满足资本化条件的支出 1 000 万元，不满足的 200 万元。财务部门根据公司决议，进行账务处理。

调整明细科目：

借：研发支出——费用化支出　　　　　　　　　　　　　　　　 200

　　贷：研发支出——资本化支出　　　　　　　　　　　　　 200

结转费用化支出：

借：管理费用——研发支出　　　　　　　　　　　　　　　　　 200

　　贷：研发支出——资本化支出　　　　　　　　　　　　　 200

结转资本化支出：

借：无形资产——某新技术　　　　　　　　　　　　　　　　 1 000

　　贷：研发支出——资本化支出　　　　　　　　　　　　 1 000

假定公司符合《关于提高研究开发费用税前加计扣除比例的通知》关于研发费用加计扣除的规定，则 2019 年公司 2020 年度发生研发支出 1 700 万元计入管理费用，除了据实扣除 1 700 万元外，还可以加计扣除 1 275 万元（1 700×75%），即应纳税所得额调减 1 275 万元，影响当期所得税费用 191.25 万元（1 275×15%）。同样 2020 年费用化支出影响当期所得税费用 30 万元。因此费用化支出由于没有形成资产，影响当期所得税，没有递延所得税问题。

2020 年 10 月 1 日，新技术达到预定用途，假定摊销年限为 10 年，净残值为 0，按照直线法摊销。则 2020 年摊销三个月，摊销金额 25 万元（1 000/10×1/4）。

借：管理费用——无形资产摊销　　　　　　　　　　　　　　25

　　贷：累计摊销　　　　　　　　　　　　　　　　　　　　　　　　25

税法允许按照 175% 摊销，即税法允许税前扣除 43.75 万元（25×175%），即除了按照 25 万元摊销金额据实扣除外，还可以加计扣除 18.75 万元。即当期所得费用减少 2.8125 万元。

返回来讨论转为无形资产的这笔分录：

借：无形资产——某新技术　　　　　　　　　　　　　　　1 000

　　贷：研发支出——资本化支出　　　　　　　　　　　　　　　1 000

很显然，根据所得税及其相关文件，初始确认和计量时该项新技术账面价值也就是实际成本为 1 000 万元，但按照税法，未来可以税前抵扣的金额无论是按照 150%、175% 还是 200% 摊销，其计税基础显然会高于 1 000 万元，理论上产生所谓的可抵扣暂时性差异，按照一般原理应确认一项递延所得税资产。但如果确认递延所得税资产，由于上述分录没有影响利润（研发支出属于成本类，无形资产属于资产类，属于准则第十三条交易发生时既不影响会计利润也不影响应纳税所得额情况），冲减所得税费用，不是合并业务不能计入商誉，也不是所有者权益自身的变动，计入资本公积也不可行。那若调整无形资产科目，做类似分录：

借：递延所得税资产

　　贷：无形资产——某项新技术

冲减无形资产，一是无形资产的账面价值不再是实际成本；二是无形资产的账面价值减少，可抵扣暂时性差异金额增加，又要补提递延所得税资产，和商誉类似进入循环计算。因此，研发费用资本化形成的可抵扣暂时性差异给出"豁免"。

研发费用加计扣除费用化部分不会产生暂时性差异，资本化产生的可抵扣暂时性差异无须考虑递延所得税资产问题。事实上，无形资产摊销的加计扣除影响的是以后各期当期的所得税费用。无形资产计提减值准备影响了利润，应正常确认递延所得税资产。

2.2.4　无法税前弥补的亏损

《企业所得税法》第十八条规定：企业纳税年度发生的亏损，准予向以后年度结转，用以后年度的所得弥补，但结转年限最长不得超过五年。《企业会计准则第 18 号——所得税》第十五条对此进行了规范：企业对于能够结转以后年度的可抵扣亏损和税款抵减，应当以很可能获得用来抵扣可抵扣亏损和税款抵减的未来应纳税所得额为限，确认相应的递延所得税资产。

未来可以税前弥补的亏损，资产的计税基础概念上，可以理解为账面价值为 0，计税基础为未来可以抵扣的金额，资产账面价值小于其计税基础，产生可抵扣暂时性差异，应当确认一项递延所得税资产。但如果预计未来五年不能盈利，无法利用税前弥补的政策，则不能确认递延所得税资产；能弥补一部分，则按照该部分和适用税率确认递延所得税资产。

某些集团总公司是投资和费用中心，本身不经营具体业务，因此没有收入来源。总公司利润表中主要是投资收益和期间费用。投资收益属于税后分红，居民企业之间即使税率不一致也无须补交，属于不征税收入，导致此类总公司净利润和应纳税所得额一直为负，如果可预见的未来商业模式不会改变，则未弥补亏损不应确认递延所得税资产。在合并报表编制汇总阶段应关注母公司单体报表的此类情形。

2.2.5 弃置费用

弃置费用也称资产弃置义务（asset retirement obligation，ARO），通常是指根据国家法律和行政法规、国际公约等规定，企业承担的环境保护和生态恢复等义务所确定的支出，如核电站核设施、石油开采设施等的弃置和恢复环境义务等。实务中我国部分煤炭开采行业也考虑弃置费用，但没有统一法规。

《企业会计准则第 4 号——固定资产（2006）》第十三条规定：确定固定资产成本时，应当考虑预计弃置费用因素。《企业会计准则第 27 号——石油天然气开采（2006）》第二十三条规定：企业承担的矿区废弃处置义务，满足《企业会计准则第 13 号——或有事项》中预计负债确认条件的，应当将该义务确认为预计负债，并相应增加井及相关设施的账面价值。不符合预计负债确认条件的，在废弃时发生的拆卸、搬移、场地清理等支出，应当计入当期损益。《企业会计准则第 13 号——或有事项（2006）》第四条规定：与或有事项相关的义务同时满足下列条件的，应当确认为预计负债：该义务是企业承担的现时义务；履行该义务很可能导致经济利益流出企业；该义务的金额能够可靠地计量。并在第五条给出计量原则：预计负债应当按照履行相关现时义务所需支出的最佳估计数进行初始计量。

弃置费用一般在核电站、石油天然气采掘、煤炭采矿矿区完成生产任务，结束当地的生产后才会发生环境恢复支出，弃置费用是一个预提费用，一般从购建固定资产到弃置需要 40 年甚至更长时间。会计准则因此给予折现规则，并按照现值计入固定资产的初始入账成本。即根据弃置费用的现值编制如下分录：

借：固定资产（实际发生的成本 + 预计弃置费用的现值）

贷：在建工程（实际发生的成本）

预计负债（预计弃置费用的现值）

涉及所得税准则，这里出现两个需要考虑的两个问题：一是固定资产的账面价值增加了，计税基础是实际发生的成本，因此固定资产的账面价值大于其计税基础，会产生应纳税暂时性差异；二是出现了预计负债，预计负债的账面价值大于其计税基础，出现了等额的可抵扣暂时性差异。按照一般原则，应该确认等额的递延所得税负债和递延所得税资产。若此，递延所得税一正一负正好抵销，不影响所得税费用。但根据所得税准则第十一条和第十三条规定均属于"交易发生时既不影响会计利润也不影响应纳税所得额"的情形，属于所得税初始确认"豁免"情形，不应确认递延所得税负债和递延所得税资产。这是准则目前的规定。

对于后续确认和计量，由于固定资产的初始确认和计量没有确认递延所得税负债，后续也无须考虑所谓递延所得税负债转回的问题。对于预计负债，由于此后要按照实际利率逐渐预提并计入财务费用，可抵扣暂时性差异会越来越大，需不需要确认递延所得税资产，目前有诸多不同看法，下面试举一例来完整展示整个确认和计量过程，供大家交流。根据案例提出自己的一点想法。

【例 2-8】某公司 2019 年底建成核电站核反应堆并交付使用，2020 年开始正常运营。为了排除年限过长数据列示的干扰，假定该核电站运营 3 年，3 年后关闭并修复生态环境。该核电站的实际建造成本为 200 亿元，预计修复生态费用为 100 亿元。固定资产按照直线法折旧，净残值为 0，税法认可。考虑市场环境和公司的筹资成本，折现率为 10%，所得税税率 25%。

弃置费用 100 亿元，则其现值 $PV = 100(P/F, 10\%, 3) = 75.13$（亿元）（以下单位略）。

根据固定资产准则：

借：固定资产　　　　　　　　　　　　　　　　　275.13
　　贷：在建工程　　　　　　　　　　　　　　　　　200
　　　　预计负债——弃置费用　　　　　　　　　　　75.13

按照目前所得税准则的规定，初始确认和计量固定资产和预计负债产生的暂时性差异均无须确认递延所得税资产和递延所得税负债。

假定以上暂时性差异不"豁免"，则应确认等额的递延所得税资产和递延所得税负债。编制如下分录：

借：递延所得税资产　（预计负债暂时性差异）（75.13×25%）18.78
　　贷：递延所得税负债　　　　　　（固定资产暂时性差异）18.78

首先讨论固定资产折旧：

固定资产暂时性差异及"假定"递延所得税负债转回如表 2-3 所示。

表 2 - 3   固定资产暂时性差异及"假定"递延所得税负债转回   金额单位：亿元

项目	第 1 年	第 2 年	第 3 年
税法折旧	66.67	66.67	66.67
会计折旧	91.71	91.71	91.71
会计账面	183.42	91.71	0
计税基础	133.33	66.67	0
暂时性差异	50.09	25.04	0
税率（%）	25.00	25.00	25.00
递延所得税负债	12.52	6.26	0
假定初始不豁免，冲回递延所得税负债	6.26	6.26	6.26

从表 2 - 3 可见，"假定"固定资产初始确认时确认递延所得税负债，此后每年冲回 6.26 亿元，由于折旧影响利润，因此：

借：递延所得税负债   6.26

    贷：所得税费用——递延所得税费用   6.26

三年正好冲回 18.78 亿元。反过来看，初始"豁免"不确认，后续不需要考虑递延所得税负债转回问题，逻辑上是行得通的，但后续不冲回递延所得税负债会影响所得税费用，对权责发生制有些偏离。

再次讨论预计负债后续计量：

计算每年的预计负债利息费用及"假定"确认递延所得税资产的金额（见表 2 - 4）。

表 2 - 4   预计负债利息费用及"假定"确认递延所得税资产   金额单位：亿元

时间	年初现值	利率/折现率（%）	实际利息	年末终值	税率（%）	"假定"确认递延所得税资产金额
第一年	75.13	10	7.51	82.64	25	1.88
第二年	82.64	10	8.26	90.91	25	2.07
第三年	90.91	10	9.10	100	25	2.27
合计			24.87		25	6.22

则第一年确认利息：

借：财务费用   7.51

    贷：预计负债   7.51

注：预计负债计入财务费用，影响当期利润总额减少，但根据税法规定，该笔财务费用不能税前扣除，应调增应纳税所得额。

此时预计负债增加，可抵扣暂时性差异增加，"假定"确认递延所得税资产，则：

借：递延所得税资产　　　　　　　　　　　　　　　　　　　1.88

　　贷：所得税费用——递延所得税费用　　　　　　　　　　　　　　1.88

则第一年在"假定"确认递延所得税资产的情况下，与财务费用影响所得税费用是遵循权责发生制的。第二年第三年类似。三年由于预计负债增加24.87亿元，对应按照25%的税率确认递延所得税资产6.22亿元。

三年后发生环境修复费用：

借：预计负债　　　　　　　　　　　　　　　　　　　　　　100

　　贷：银行存款等　　　　　　　　　　　　　　　　　　　　　　100

根据《企业所得税法实施条例》第四十五条规定：企业依照法律、行政法规有关规定提取的用于环境保护、生态恢复等方面的专项资金，准予扣除。该笔分录对利润没影响，但可以税前扣除，因此应纳税所得额调减100亿元，应纳所得税额减少25亿元。"假定"预计负债确认了递延所得税资产，则：

借：所得税费用——递延所得税费用　　　　　　　　　　　　6.22

　　贷：递延所得税资产　　　　　　　　　　　　　　　　　　　　6.22

即使"假定"预计负债在后续计量过程中确认递延所得税资产，但这里出现一个与权责发生制偏离的问题，即调减的当期所得税费用25亿元与增加的递延所得税费用6.22亿元之间有一个差额，这个差额为18.78亿元（即使如此精确，仍有尾差），即初始确认和计量按照目前准则"豁免"的递延所得税资产。

【案例小结】从逻辑上看，固定资产和预计负债的初始确认和计量涉及递延所得税均不豁免，由于两者正好相等，即使不通过递延所得税费用，形式上也很好地维护了权责发生制。在后续计量过程中，固定资产涉及的递延所得税负债能够等额转回，也能够维护权责发生制。预计负债后续计量过程中能够确认递延所得税资产，则其金额与初始确认计量的金额在终止确认和计量时正好能够等额冲回，似乎是一个较为理想的方案。但采用该种方案，初始确认和计量有难以克服的概念矛盾，即固定资产从形式上是"应纳税暂时性差异"（资产账面价值大于其计税基础），但如果考虑终止确认和计量，会计上确认的利得和损失和税法认可的损益差异的金额正好是该差额，应进行纳税调整，如此，初始确认和计量的所谓"暂时性差异"将不存在了。固定资产后续计量会计折旧和税法折旧是无法调和的，是正常对权责发生制的偏离，却最终在终止确认和计量时会将该偏离进行等额的反向调整（前提是有足够的税前利润）。如果固定资产初始确认和计量不确认所谓的递延所得税资产，仅仅考虑预计负债确认递延所得税资产，要么限于循环计算，冲减预计负债，显然无法计量；要么计入递延所得税费用，一旦计入所得税费用，初始确认和计量就破坏了权责发生制，虽然后续和终止确认和计量显得"完美"。

基于此，应先明确按照现有准则规定，初始确认和计量固定资产和预计负债均对递延所得税"豁免"。后续确认和计量固定资产无须考虑递延所得税负债的问题,税会差异导致的折旧是正常对权责发生制的偏离,事实上,固定资产处置会对该偏离反向调整。预计负债应根据计提的利息费用确认递延所得税资产,这样在终止确认和计量时能够"部分"维护权责发生制。

预计负债初始确认和计量考虑递延所得税资产冲减递延所得税费用并不合理:一是不同于计提产品质量保证确认递延所得税资产,这里是对未来弃置费用预计的折现,不符合资产"过去的交易或事项"定义;二是即使确认递延所得税资产,冲减所得税费用,不符合会计信息质量谨慎性要求,终止确认和计量确认所得税费用增加更合理。

2.2.6 安全生产费和维简费

煤炭生产企业投资大、周期长,地质条件复杂,安全生产面临诸多挑战。2004 年财政部、发改委和煤炭安全监察局联合印发了《煤炭生产安全费用提取和使用管理办法》和《关于规范煤矿维简费管理问题的若干规定》,要求根据吨煤产量按照一定标准按月计提安全费用和维简费。安全费用,是指企业按原煤实际产量从成本中提取,专门用于煤矿安全生产设施投入的资金。煤矿维简费,煤炭生产企业从成本中提取,专项用于维持简单再生产的资金;主要用于煤矿生产正常接续的开拓延伸、技术改造等,以确保矿井持续稳定和安全生产,提高效率。2012 年财政部、国家安全生产监督管理总局印发《企业安全生产费用提取和使用管理办法》将安全生产费用提取的范围扩大到直接从事煤炭生产、非煤矿山开采、建设工程施工、危险品生产与储存、交通运输、烟花爆竹生产、冶金、机械制造、武器装备研制生产与试验等行业,并明确安全生产费用在成本中列支,专门用于完善和改进企业或项目安全生产条件。

《企业会计准则解释第 3 号》(2009)规范了安全生产费和维简费的会计处理原则:提取时应当计入相关产品的成本或当期损益,同时记入"专项储备"科目,"专项储备"在资产负债表所有者权益项下列示。《国家税务总局关于煤矿企业维简费和高危行业企业安全生产费用企业所得税税前扣除问题的公告》和国家税务总局关于企业维简费支出企业所得税税前扣除问题的公告则规定:企业按照有关规定预提的维简费和安全生产费用,不得在税前扣除。煤矿企业实际发生的维简费支出和高危行业企业实际发生的安全生产费用支出,属于收益性支出的,可直接作为当期费用在税前扣除;属于资本性支出的,应计入有关资产成本,并按企业所得税法规定计提折旧或摊销费用在税前扣除。

提取时计入成本:

借:管理费用等

　　贷:专项储备

专项储备会计上若计入费用，影响当期利润总额，但根据国家税务总局公告，税前不能扣除，应调增当期应纳税所得额。

提取时计入成本：

借：生产成本——制造费用

　　贷：专项储备

若计入成本，从而计入存货，由于站在专项储备角度来讲当期已经纳税调增，从存货角度看在以后销售时增加的金额计入营业成本，可以税前扣除，即存货的账面价值和其计税基础一致，没有递延所得税问题。

使用时属于费用性支出的，直接冲减专项储备：

借：专项储备

　　贷：银行存款

该笔分录没有影响利润，但按照公告可以税前扣除，应调减当期应纳税所得额。因此计提时计入费用和使用时属于费用性支出的情况影响当期所得税，没有递延问题，逻辑上无障碍。

使用时属于资本性支出的：形成固定资产的，应当通过"在建工程"科目归集所发生的支出，待安全项目完工达到预定可使用状态时确认为固定资产；同时，按照形成固定资产的成本冲减专项储备，并确认相同金额的累计折旧。该固定资产在以后期间不再计提折旧。

借：在建工程

　　贷：银行存款等

借：固定资产

　　贷：在建工程

借：专项储备

　　贷：累计折旧

以上三笔分录没有影响利润，也没有影响应纳税所得额。专项储备在计提时进行了纳税调增，会计上同时计提了等额的折旧，虽然专项储备冲销掉了，但根据国家税务总局公告，该种情况当期无须调减应纳税所得额。应按照税法规定计提折旧或摊销费用在税前扣除。但会计账面价值此时为 0，小于其计税基础，会产生"可抵扣暂时性差异"。但固定资产的初始确认和计量由于"既不影响利润也不影响应纳税所得额"，适用"豁免"原则，此后也就没有递延所得税转回的问题。固定资产在使用过程中，由于会计不再折旧，税法允许扣除，应调减应纳税所得额。综合来看，从专项储备最初计提需要调增当期纳税所得额，到使用专项储备形成固定资产（或其他资产，如无形资产）不允许调减应纳税所得额，到固定资产此后允许通过折旧税前扣除整个过程来看，税前扣除的逻辑口径是一致的。

2013 年 6 月中国证券监督管理委员会印发《上市公司执行企业会计准则监管问题解答》给出专业指导：按照企业会计准则及相关规定，已计提但尚未使用的安全生产费不涉及资产负债的账面价值与计税基础之间的暂时性差异，不应确认递延所得税。因安全生产费的计提和使用产生的会计利润与应纳税所得额之间的差异，比照永久性差异进行会计处理。2022 年《中国证监会会计部会计监管工作通讯》第 4 期指出，有的上市公司针对年末已计提但尚未使用的专项储备余额，按所适用的所得税税率确认了递延所得税资产，不符合准则规定。

因此，按照现有规定，安全生产费和专项储备无论在计提还是后续计量过程中，无论是否影响利润，均不需要考虑递延所得税问题。

所得税"豁免"小结如表 2 - 5 所示。

表 2 -5 　　　　　　　　　　　　　　所得税"豁免"小结

项目	初始确认和计量涉及科目	递延所得税豁免/不豁免	后续确认和计量涉及科目	递延所得税豁免/不豁免
商誉	商誉	豁免	商誉减值准备	豁免
长期股权投资	长期股权投资	豁免	长期股权投资减值准备	不豁免
研发费用加计扣除	无形资产、管理费用	豁免	无形资产减值准备	不豁免
无法税前弥补的亏损	预计未来没有可税前弥补的应纳税所得额	不确认	预计未来有可部分税前弥补的应纳税所得额	应当以未来应纳税所得额为限，确认递延所得税资产
弃置费用	固定资产 预计负债	豁免 豁免	固定资产 预计负债	豁免 不豁免，确认递延所得税资产
安全生产费和维简费	生产成本、制造费用 管理费用 专项储备	无差异 不适用 豁免	库存商品 专项储备 固定资产、无形资产	无差异 不适用 豁免

2.3　产生递延所得税的常见情形

2.3.1　以公允价值计量且其变动计入当期损益的资产

实务中常见的项目有以公允价值计量且其变动计入当期损益的金融资产、以公允价值后续计量的投资性房地产。

1. 以公允价值计量且其变动计入当期损益的金融资产。以公允价值计量且其变动计入当期损益的金融资产对应的科目为交易性金融资产。初始取得成本为税法认可的计税基础，后续计量过程中会计账面按照公允价值计量，并计入当期损益，税法并不认可，因此会产生暂时性差异。交易性金融资产主要是指企业为了近期内出售而持有金融资产，例如，企业以赚取差价为目的从二级市场购入的股票、债券、基金等。

【例 2 - 9】2021 年 1 月 1 日（为说明方便，不考虑节假日，下同），甲公司从二级市场上购入丙公司债券，支付价款合计 102 万元（含已到付息期但尚未领取的利息 2 万元），另发生交易费用 3 万元。该债券面值 100 万元，剩余期限 2 年，票面年利率为 4%，每半年付息一次。其合同现金流量特征满足仅为对本金和以未偿付本金金额为基础的利息的支付。甲公司根据其管理该债券的模式和该债券的合同现金流量特征，将该债券分类为以公允价值计量且其变动计入当期损益的金融资产。假定甲公司每半年对外报送报表，所得税税率 25%。其他资料如下：

（1）2021 年 1 月 5 日收到丙公司债券 2015 年下半年利息 2 万元；

（2）2021 年 6 月 30 日丙公司债券公允价值为 115 万元；

（3）2021 年 7 月 5 日收到债券上半年利息；

（4）2021 年 12 月 31 日债券公允价值 110 万元（不含利息）；

（5）2022 年 1 月 5 日收到 2021 年下半年利息；

（6）2022 年 6 月 20 日通过二级市场出售丙公司债券，取得价款 118 万元（含第一季度利息 1 万元）。

2021 年 1 月 1 日取得交易性金融资产时：

借：交易性金融资产——成本　　　　　　　　　　　　　　100
　　应收利息　　　　　　　　　　　　　　　　　　　　　2
　　投资收益　　　　　　　　　　　　　　　　　　　　　3
　　贷：其他货币资金　　　　　　　　　　　　　　　　　　　105

注：由于实务中由投资专户来支付，通过其他货币资金核算。

交易性金融资产的计税基础包括相关税费，即其计税基础为计入成本的 100 万元和计入投资收益的 3 万元，计税基础为 103 万元。已经宣告未领取的现金股利和债券利息，作为前期垫资收回处理，均不作收入处理，无税会差异。因此，交易性金融资产初始计量时产生 3 万元可抵扣暂时性差异。应确认递延所得税资产 0.75 万元（3×25%）。

借：递延所得税资产　　　　　　　　　　　　　　　　　　0.75
　　贷：所得税费用——递延所得税费用　　　　　　　　　　　　0.75

计入投资收益借方的 3 万元影响了当期利润总额减少，计入了交易性金融资产的计税基础。

【链接2-3】《中华人民共和国企业所得税法实施条例》（2019年修订）

第五十六条 企业的各项资产，包括固定资产、生物资产、无形资产、长期待摊费用、投资资产、存货等，以历史成本为计税基础。前款所称历史成本，是指企业取得该项资产时实际发生的支出。企业持有各项资产期间资产增值或者减值，除国务院财政、税务主管部门规定可以确认损益外，不得调整该资产的计税基础。

第七十一条 企业所得税法第十四条所称投资资产，是指企业对外进行权益性投资和债权性投资形成的资产。企业在转让或者处置投资资产时，投资资产的成本，准予扣除。

投资资产按照以下方法确定成本：

（一）通过支付现金方式取得的投资资产，以购买价款为成本；

（二）通过支付现金以外的方式取得的投资资产，以该资产的公允价值和支付的相关税费为成本。

第八十三条 企业所得税法第二十六条第（二）项所称符合条件的居民企业之间的股息、红利等权益性投资收益，是指居民企业直接投资于其他居民企业取得的投资收益。企业所得税法第二十六条第（二）项和第（三）项所称股息、红利等权益性投资收益，不包括连续持有居民企业公开发行并上市流通的股票不足12个月取得的投资收益。

2021年1月5日：

借：银行存款 2

　　贷：应收利息 2

2021年6月30日：

借：交易性金融资产——公允价值变动 15

　　贷：公允价值变动损益 15

借：应收利息 2

　　贷：投资收益 2

交易性金融资产账面价值115万元大于计税基础103万元，产生应纳税暂时性差异12万元，确认递延所得税负债3万元（12×25%），并冲回初始确认时确认的递延所得税资产0.75万元。

借：所得税费用——递延所得税费用 3.75

　　贷：递延所得税资产 0.75

　　　　递延所得税负债 3

确认投资收益2万元，根据上述第八十三条，无须调减应纳税所得额。

2021年12月31日确认公允价值变动分录为：

　　借：公允价值变动损益　　　　　　　　　　　　　　　　　5

　　　　贷：交易性金融资产——公允价值变动　　　　　　　　　　　5

　　借：应收利息　　　　　　　　　　　　　　　　　　　　　2

　　　　贷：投资收益　　　　　　　　　　　　　　　　　　　　2

　　交易性金融资产账面价值 110 万元大于其计税基础 103 万元，应确认递延所得税负债 1.75 万元，冲回递延所得税负债 1.25 万元（3 - 1.75）。

　　借：递延所得税负债　　　　　　　　　　　　　　　　　1.25

　　　　贷：所得税费用——递延所得税费用　　　　　　　　　　1.25

　　确认投资收益 2 万元，由于持有债券满一年，根据第八十三条，属于免税收入，调减应纳税所得额 2 万元。2021 年度公允价值变动净损益 10 万元，无须纳税，应调减应纳税所得额 10 万元。

　　实务中，该交易性金融资产对所得税的影响在企业所得税年度纳税申报表（A类）进行如下调整（见表 2 - 6、表 2 - 7）。

表 2 - 6　　　　　A105000 纳税调整项目明细表（2021 年度）　　　单位：万元

行次	项目	账载金额	税收金额	调增金额	调减金额
		1	2	3	4
1	一、收入类调整项目 (2 + 3 + … + 8 + 10 + 11)	*	*		
6	（五）交易性金融资产 初始投资调整	*	*	3	
7	（六）公允价值变动净损益	10	*		10

表 2 - 7　　　　　A105030 投资收益纳税调整明细表（2021 年度）　　　单位：万元

行次	项目	持有收益			处置收益							纳税调整金额
		账载金额	税收金额	纳税调整金额	会计确认的处置收入	税收计算的处置收入	处置投资的账面价值	处置投资的计税基础	会计确认的处置所得或损失	税收计算的处置所得	纳税调整金额	
		1	2	3 (2 - 1)	4	5	6	7	8 (4 - 6)	9 (5 - 7)	10 (9 - 8)	11 (3 + 10)
1	一、交易性金融资产	4	2	2	0	0	0	0	0	0	0	2

2022 年第一季度确认投资收益 2 万元属于免税收入，应纳税所得额调减。

2022 年 6 月 20 日出售交易性金融资产时：

借：其他货币资金　　　　　　　　　　　　　　　　　　　118

　　贷：交易性金融资产——成本　　　　　　　　　　　　　　100

　　　　　　　　　——公允价值变动　　　　　　　　　　　　10

　　　　投资收益　　　　　　　　　　　　　　　　　　　　　8

冲回递延所得税负债余额 1.75 万元：

借：递延所得税负债　　　　　　　　　　　　　　　　　　1.75

　　贷：所得税费用——递延所得税费用　　　　　　　　　　1.75

企业所得税纳税申报（A 类）A105030 填报如下（见表 2 - 8）。

表 2 - 8　　　　　A105030 投资收益纳税调整明细表（2022 年度）　　　单位：万元

行次	项目	持有收益			处置收益							纳税调整金额
		账载金额	税收金额	纳税调整金额	会计确认的处置收入	税收计算的处置收入	处置投资的账面价值	处置投资的计税基础	会计确认的处置所得或损失	税收计算的处置所得	纳税调整金额	
		1	2	3 (2-1)	4	5	6	7	8 (4-6)	9 (5-7)	10 (9-8)	11 (3+10)
1	一、交易性金融资产	4	2	2	118	118	110	103	8	15	7	9

2. 以公允价值后续计量的投资性房地产。投资性房地产，是指为赚取租金或资本增值，或两者兼有而持有的房地产。投资性房地产包括已出租的土地使用权、持有并准备增值后转让的土地使用权以及已出租的建筑物。自用房地产和作为存货的房地产不属于投资性房地产。投资性房地产应当按照成本进行初始计量。投资性房地产后续计量有两种计量模式：成本模式和公允价值模式。一般采用成本模式，后续计量进行折旧或摊销。但如果有确凿证据表明投资性房地产的公允价值能够持续可靠取得的，可以对投资性房地产采用公允价值模式进行后续计量。采用公允价值模式计量的，不对投资性房地产计提折旧或进行摊销，应当以资产负债表日投资性房地产的公允价值为基础调整其账面价值，公允价值与原账面价值之间的差额计入当期损益。已采用公允价值模式计量的投资性房地产，不得从公允价值模式转为成本模式。

投资性房地产的计税基础为其初始投资成本，后续计量采用成本模式，除非发生减值，账面价值和计税基础是一致的。但后续计量如果采用公允价值模式，则很可能会产生暂时性差异，确认递延所得税资产或递延所得税负债。

【例 2－10】2018 年 12 月 28 日，甲公司与乙公司签订协议，将自用的办公楼出租给乙公司，租期为 3 年，2019 年 1 月 1 日为租赁期开始日，2021 年 12 月 31 日到期。甲公司采用公允价值模式对投资性房地产进行后续计量。2019 年 1 月 1 日，办公楼的公允价值为 1 100 万元，账面原价为 2 000 万元，已提折旧为 1 300 万元。剩余折旧年限为 7 年，净残值为 0。该租赁对甲公司属于经营租赁。2019 年 12 月 31 日，该办公楼的公允价值为 1 300 万元。2020 年 12 月 31 日办公楼的公允价值为 1 140 万元。2021 年 12 月 31 日租赁协议到期，甲公司与乙公司达成协议，将该办公楼出售给乙公司，价款为 1 400 万元。

2019 年 1 月 1 日将自用办公楼转为投资性房地产：

借：投资性房地产——成本　　　　　　　　　　　　　　　　1 100

　　累计折旧　　　　　　　　　　　　　　　　　　　　　　1 300

　　贷：固定资产——办公楼　　　　　　　　　　　　　　　　　　2 000

　　　　其他综合收益　　　　　　　　　　　　　　　　　　　　　400

若转换当日的公允价值小于原账面价值，其差额计入公允价值变动损益。

虽然进行了转换，但计税基础仍为转换日账面净值 700 万元，此后税法允许每年折旧 100 万元（700÷7），投资性房地产资产账面价值和计税基础产生应纳税暂时性差异 400 万元，以上分录没有涉及损益，冲减其他综合收益 100 万元（400×25%）。

借：其他综合收益　　　　　　　　　　　　　　　　　　　100

　　贷：递延所得税负债　　　　　　　　　　　　　　　　　　　100

2019 年度会计不计提折旧，税法允许扣除 100 万元，调减应纳税所得额 100 万元。此时计税基础变为 600 万元，应纳税暂时性差异增加 100 万元。

借：所得税费用——递延所得税费用　　　　　　　　　　　25

　　贷：递延所得税负债　　　　　　　　　　　　　　　　　　　25

2019 年 12 月 31 日，投资性房地产公允价值为 1 300 万元，增加 200 万元。

借：投资性房地产——公允价值变动　　　　　　　　　　　200

　　贷：公允价值变动损益　　　　　　　　　　　　　　　　　　200

该笔分录影响了损益，调增当年应纳税所得额 200 万元，确认递延所得税负债并计入所得税费用。

借：所得税费用——递延所得税费用　　　　　　　　　　　50

　　贷：递延所得税负债　　　　　　　　　　　　　　　　　　　50

2020 年 12 月 31 日公允价值减少 160 万元：

借：公允价值变动损益   160

    贷：投资性当地产——公允价值变动   160

调减当年应纳税所得额 160 万元，冲回递延所得税负债 40 万元。

借：递延所得税负债   40

    贷：所得税费用——递延所得税费用   40

同样，2020 年度会计不计提折旧，税法允许扣除 100 万元，调减应纳税所得额 100 万元。此时计税基础变为 500 万元，应纳税暂时性差异增加 100 万元。

借：所得税费用——递延所得税费用   25

    贷：递延所得税负债   25

2021 年 12 月 31 日：

借：所得税费用——递延所得税费用   25

    贷：递延所得税负债   25

转让投资性房地产，确认收入：

借：银行存款   1 400

    贷：其他业务收入   1 400

注销投资性房地产：

借：其他业务成本   1 140

    贷：投资性房地产——成本   1 100

            ——公允价值变动   40

存续期间公允价值变动净损益调整其他业务成本：

借：公允价值变动损益   40

    贷：其他业务成本   40

公允价值变动损益角度看应当调减当年应纳税所得额 40 万元。

转换日计入其他综合收益及确认的递延所得税负债调整其他业务成本：

借：其他综合收益   300

    递延所得税负债   100

    贷：其他业务成本   400

以上处置分录影响当期其他业务利润为 700 万元［1 400 -（1 140 - 40 - 400）］，即办公楼售价减去转换日的账面净值（计税基础）。由于三年税法允许税前扣除 300 万元，处置当期计税基础为 400 万元，因此 2021 年度应纳税所得额在 700 万元基础上应调增 300 万元。冲减存续期间确认的递延所得税负债 75 万元：

借：递延所得税负债   75

    贷：所得税费用——递延所得税费用   75

存续期间公允价值变动净损益确认的递延所得税负债冲减所得税费用：

借：递延所得税负债　　　　　　　　　　　　　　　　　　10
　　贷：所得税费用——递延所得税费用　　　　　　　　　　　　10

2.3.2　减值准备

计提减值准备是会计信息谨慎性要求的具体应用。因企业合并所形成的商誉和使用寿命不确定的无形资产，无论是否存在减值迹象，每年都应当进行减值测试。除两项资产外，不再要求其余资产定期进行减值测试。但一旦有减值迹象，就应该进行减值测试，已经减值的，就应计提资产减值准备，计入当期损益。计入当期损益有两个科目，也是利润表的两个项目：金融资产减值准备计入信用减值损失，其他资产减值准备计入资产减值损失。原则上，流动资产的减值准备计提后，如果减值迹象消失或恢复一部分，可以在计提减值金额范围内作相反的处理，即可以转回；非流动资产一旦计提减值准备后，不允许转回，在处置资产时才能注销。

实务中常见计提减值准备的流动资产有：应收账款、其他应收款、合同资产、存货；非流动资产有：固定资产、在建工程、无形资产；特定行业或业务还可能涉及消耗性生物资产、以成本模式进行后续计量的投资性房地产、未探明石油天然气矿区权益的减值。计提减值准备会产生可抵扣暂时性差异，应确认递延所得税资产。商誉减值准备计入资产减值损失，由于商誉初始确认递延所得税"豁免"，后续确认无须考虑递延所得税问题。下面通过案例来说明各项减值准备涉及递延所得税的处理。

1. 坏账准备。《企业会计准则第 22 号——金融工具确认和计量（2017）》要求企业应当以预期信用损失为基础，对金融资产进行减值并确认损失准备。预期信用损失，是指以发生违约的风险为权重的金融工具信用损失的加权平均值。违约风险，指违约发生的概率；信用损失，指企业根据合同应收的现金流量与预期能收到的现金流量之间的差额（现金流量缺口）的现值。

【例 2-11】甲公司是一家制造业企业，其经营地域单一且固定。2020 年 12 月 31日，甲公司应收账款合计为 3 000 万元（不含重大融资成分）。考虑到客户群由众多小客户构成，甲公司根据代表偿付能力的客户共同风险特征对应收账款进行分类。甲公司对上述应收账款始终按照整个存续期内的预期信用损失计量损失准备。假定此前没有计提预期信用损失准备，所得税税率 25%。

甲公司适用逾期天数与违约损失率（请注意该指标理解为包含了折现成分）确定该应收账款组合的预期信用损失（见表 2-9）。每个资产负债表日，甲公司都将分析前瞻性估计的变动，并据此对历史违约损失率进行调整。

表 2 – 9 应收账款预期信用损失计算

情况	账面余额 （A）（元）	违约损失率 （B）（%）	预期信用损失 （C = A × B）（元）
未逾期	15 000 000	0.3	45 000
逾期 1 ~ 30 日	7 500 000	1.6	120 000
逾期 31 ~ 60 日	4 000 000	3.6	144 000
逾期 61 ~ 90 日	2 500 000	6.6	165 000
逾期 > 90 日	1 000 000	10.6	106 000
合计	30 000 000	—	580 000

2020 年 12 月 31 日，应计提预期信用损失准备：

借：信用减值损失 580 000

贷：坏账准备——应收账款 580 000

确认递延所得税资产 58 000 × 25% = 145 000（元）

借：递延所得税资产 145 000

贷：所得税费用——递延所得税费用 145 000

2021 年度假定实际发生损失 180 000 元：

借：坏账准备 180 000

贷：应收账款 180 000

冲回递延所得税资产 180 000 × 25% = 45 000（元）

借：所得税费用——递延所得税费用 45 000

贷：递延所得税资产 45 000

2021 年 12 月 31 日，假定应收账款余额 2 300 万元，经过类似表 2 – 9 计算，预期信用损失为 310 000 元，由于坏账准备的余额为 400 000 元，应冲回 90 000 元。

借：坏账准备 90 000

贷：信用减值损失 90 000

应收账款可抵扣暂时性差异为 310 000 元，冲回相应的递延所得税资产：

借：所得税费用——递延所得税费用 22 500

贷：递延所得税资产 22 500

【案例小结】可抵扣暂时性差异就是坏账准备的余额，期初期末递延所得税资产的余额等于坏账准备的余额乘以适用税率。期间无论如何变动，递延所得税资产是否进行同步处理，最终一并处理的结果都应满足这个勾稽关系。其余资产减值同样要遵循该逻辑。

2. 存货跌价准备。《企业会计准则第 1 号——存货（2006）》提供了存货的确认和计量的依据。存货应当按照成本进行初始计量；存货成本包括采购成本、加工成本和其他成本。企业应当采用先进先出法、加权平均法或者个别计价法确定发出存货的实际成本。资产负债表日，存货应当按照成本与可变现净值孰低计量。存货成本高于其可变现净值的，应当计提存货跌价准备，计入当期损益。可变现净值，是指在日常活动中，存货的估计售价减去至完工时估计将要发生的成本、估计的销售费用以及相关税费后的金额。

存货由于市场价格走低、技术迭代、物理毁损或陈旧等原因造成减值。企业通常应当按照单个存货项目计提存货跌价准备。对于数量繁多、单价较低的存货，可以按照存货类别计提存货跌价准备。与在同一地区生产和销售的产品系列相关、具有相同或类似最终用途或目的，且难以与其他项目分开计量的存货，可以合并计提存货跌价准备。实务中，一般考虑产成品的减值测试，除非毁损，对原材料、在产品、周转材料不太关注减值情况。一旦减值，就应计提存货跌价准备。资产负债表日，以前减记存货价值的影响因素已经消失的，减记的金额应当予以恢复，并在原已计提的存货跌价准备金额内转回，转回的金额计入当期损益。

下面举例说明存货跌价准备转销涉及所得税容易出错的一个问题。

【例 2 – 12】甲公司 2019 年某产成品销售收入 100 万元，销售成本 80 万元。2019 年底，产成品实际成本 160 万元，可变现净值 150 万元，发生减值 10 万元。此前该公司对该公司未计提存货跌价准备。2020 年，该批存货销售出去剩余存货的 60%，销售收入 100 万元，年末根据测算剩余 40% 存货未进一步减值，也未恢复；2021 年销售剩余 40% 存货，销售收入 80 万元。所得税税率 25%。

2019 年底，根据减值测算计提存货跌价准备：

借：资产减值损失　　　　　　　　　　　　　　　　　　　　　　10
　　贷：存货跌价准备　　　　　　　　　　　　　　　　　　　　　　　10

当期应纳税所得额调增 10 万元。

可抵扣暂时性差异确认递延所得税资产 2.5 万元（10 × 25%）：

借：递延所得税资产　　　　　　　　　　　　　　　　　　　　　2.5
　　贷：所得税费用——递延所得税费用　　　　　　　　　　　　　　　2.5

2020 年销售剩余存货的 60%，库存商品实际成本 96 万元（160 × 60%），对应的存货跌价准备 6 万元（10 × 60%）一并注销：

借：主营业务成本　　　　　　　　　　　　　　　　　　　　　　90
　　存货跌价准备　　　　　　　　　　　　　　　　　　　　　　　6
　　贷：库存商品　　　　　　　　　　　　　　　　　　　　　　　　96

上笔分录可以分为两笔分录：

借：主营业务成本　　　　　　　　　　　　　　　　　　　　　　96

　　贷：库存商品　　　　　　　　　　　　　　　　　　　　96

　　借：存货跌价准备　　　　　　　　　　　　　　　　　　6

　　　　贷：主营业务成本　　　　　　　　　　　　　　　　6

　　存货的计税基础是其历史成本96万元，利润表中的营业成本为90万元，存货跌价准备注销掉6万元可以理解为实际损失已经发生，应调减当期应纳税所得额，实务中在所得税汇算清缴时往往会忽略纳税调减，应特别关注。同时如果存货价值恢复，借记"存货跌价准备"科目，贷记"资产减值损失"科目，也应调减当期应纳税所得额。

　　年底剩余存货没有进一步减值也未恢复，存货跌价准备余额为4万元，应转回递延所得税资产1.5万元：

　　借：所得税费用——递延所得税费用　　　　　　　　　1.5

　　　　贷：递延所得税资产　　　　　　　　　　　　　　1.5

　　2021年剩余40%存货销售出去：

　　借：主营业务成本　　　　　　　　　　　　　　　　　60

　　　　存货跌价准备　　　　　　　　　　　　　　　　　4

　　　　贷：库存商品　　　　　　　　　　　　　　　　　64

　　转回递延所得税资产：

　　借：所得税费用——递延所得税费用　　　　　　　　　1

　　　　贷：递延所得税资产　　　　　　　　　　　　　　1

　　甲公司2019~2021年存货跌价准备与递延所得税如表2-10所示。

表2-10　　　　　　　存货跌价准备与递延所得税

项目	2019年	2020年	2021年	合计
营业收入（万元）	100	100	80	280
营业成本（万元）	80	90	60	230
资产减值损失（万元）	10	0	0	10
存货跌价准备余额（万元）	10	4	0	—
存货跌价准备转回（万元）		6	4	10
会计利润总额（万元）	10	10	20	40
应纳税所得额（万元）	20	4	16	40
所得税税率（%）	25	25	25	25
当期所得税费用（万元）	5	1	4	10
递延所得税费用（万元）	-2.5	1.5	1	0
所得税费用（万元）	2.5	2.5	5	10
所得税费用/会计利润总额（%）	25	25	25	25

该案例再次鲜活地表明，所得税费用与会计利润总额对所得税税率的匹配，所得税处理采用资产负债表债务法对权责发生制的遵循和维护。

3. 合同资产减值准备。依据《企业会计准则第 14 号——收入（2017）》，企业已向客户转让商品而有权收取对价的权利记入"合同资产"科目。"合同资产"表示企业已向客户转让商品而有权收取对价的权利，但是该收取对价的权利又不同于应收账款。从收取款项的确定性来讲，合同资产要弱于应收账款。仅仅随着时间流逝因素收款权利计入应收账款，应收账款只承担信用风险，而合同资产除了信用风险外，还要承担其他的风险，比如履约风险等。合同资产发生减值的计提合同资产的减值准备，并计入资产减值准备；减值迹象消失或恢复一部分，可以在计提金额范围内冲回。合同资产和合同负债应当在资产负债表中单独列示。同一合同下的合同资产和合同负债以净额列示，不同合同下的合同资产和合同负债不能相抵销。

下面通过一个工程施工企业案例说明合同资产减值准备和递延所得税的会计处理。

【例 2 - 13】某建筑企业签订了一项总金额为 270 万元的固定造价合同，合同完工进度按照实际发生的合同成本占合同预计总成本的比例确定。工程已于 2019 年 2 月开工，预计 2021 年 9 月完工。最初预计的工程总成本为 250 万元，2020 年底由于材料价格上涨等因素调整了预计总成本，预计工程总成本已为 300 万元。该建筑企业于 2021 年 7 月提前两个月完成了建造合同，工程质量优良，客户同意支付奖励款 30 万元。所得税税率 25%，其他资料如表 2 - 11 所示。

表 2 - 11　　　　　　　　施工企业累计发生成本与结算价款　　　　　　　单位：元

项目	2019 年	2020 年	2021 年
累计实际发生成本	800 000	2 100 000	2 950 000
预计完成合同尚需发生的成本	1 700 000	900 000	0
结算合同价款	1 000 000	1 100 000	900 000
实际收到价款	800 000	900 000	1 300 000

2019 年会计分录：

（1）登记实际发生的合同成本：

借：合同履约成本——工程施工　　　　　　　　　　　　　　800 000

　　贷：原材料、应付职工薪酬、机械作业等　　　　　　　　　800 000

（2）2019 年应确认收入、结转成本：

2019 年的完工进度 = 80/250 = 32%

应确认收入 = 270 × 32% = 86.4（万元）

应结转成本 = 250 × 32% = 80（万元）

借：合同资产	864 000
贷：主营业务收入	864 000
借：主营业务成本	800 000
贷：合同履约成本	800 000

（3）确认可以结算的合同价款：

| 借：应收账款 | 1 000 000 |
| 　　贷：合同资产 | 1 000 000 |

实际收到：

| 借：银行存款 | 800 000 |
| 　　贷：应收账款 | 800 000 |

2020 年会计分录：

（1）登记实际发生的合同成本：

| 借：合同履约成本——工程施工 | 1 300 000 |
| 　　贷：原材料、应付职工薪酬、机械作业等 | 1 300 000 |

（2）2020 年应确认收入、结转成本：

2020 年的完工进度 = $210 \div 300 = 70\%$

应确认收入 = $270 \times 70\% - 86.4 = 102.6$（万元）

应结转成本 = $300 \times 70\% - 80 = 130$（万元）

借：合同资产	1 026 000
贷：主营业务收入	1 026 000
借：主营业务成本	1 300 000
贷：合同履约成本	1 300 000

（3）2020 年底，由于合同预计总成本 300 万元大于合同总收入 270 万元，预计发生损失总额 30 万元。由于在 2019 年确认利润 6.4 万元，2020 年确认亏损 27.4 万元，已经确认损失 21 万元，合同资产应计提减值准备 9 万元。

| 借：资产减值损失 | 90 000 |
| 　　贷：合同资产减值准备 | 90 000 |

确认递延所得税资产 = $90\,000 \times 25\% = 22\,500$（元）

| 借：递延所得税资产 | 22 500 |
| 　　贷：所得税费用——递延所得税费用 | 22 500 |

当年应纳税所得额调增 90 000 元。

（4）确认结算合同价款：

| 借：应收账款 | 1 100 000 |
| 　　贷：合同资产 | 1 100 000 |

实际收到合同价款：

| 借：银行存款 | 900 000 |
| 贷：应收账款 | 900 000 |

2021 年会计分录：

（1）登记实际发生的合同成本：

| 借：合同履约成本——工程施工 | 850 000 |
| 贷：原材料等 | 850 000 |

（2）2021 年应确认收入、结转成本：

应确认收入 =（270 + 30）-（86.4 + 102.6）= 111（万元）

结转成本 = 295 - 80 - 210 = 85（万元）

借：合同资产	1 110 000
贷：主营业务收入	1 110 000
借：主营业务成本	760 000
合同资产减值准备	90 000
贷：合同履约成本——工程施工	850 000
借：所得税费用——递延所得税费用	22 500
贷：递延所得税资产	22 500

当年应纳税所得额调减 90 000 元。

（3）登记可以结算的合同价款：

| 借：应收账款 | 900 000 |
| 贷：合同资产 | 900 000 |

收到价款：

| 借：银行存款 | 1 300 000 |
| 贷：应收账款 | 1 300 000 |

4. 固定资产、在建工程减值准备。固定资产，是企业为生产商品、提供劳务、出租或经营管理而持有的，使用寿命超过一个会计年度的非流动资产。固定资产应当按照成本进行初始计量，该实际成本也是其计税基础。除了已提足折旧仍继续使用的固定资产和单独计价入账的土地外，企业可选用规定的方法在使用寿命内对固定资产进行折旧。会计折旧方法和税法折旧不同产生的暂时性差异的影响已在本节〖例 2 - 1〗中阐释。固定资产由于毁损、技术更新也可能发生减值。固定资产减值金额为可收回金额低于其账面价值的差额。计提减值准备后，固定资产折旧金额按照未来适用法原则处理。固定资产、在建工程一旦计提减值准备，不允许转回，在处置时一并处理。

【例 2 - 14】甲公司一台设备账面原值 1 000 万元，已计提折旧 700 万元，剩余折旧年限 3 年，税法和会计均按照直线法折旧，净残值为 0。2019 年底，由于市场上出现了新的同类设备导致其生产效率大为下降。经测算其可收回金额为 210 万元，即减值 90 万元。所得税税率 25%。

2019 年 12 月 31 日计提固定资产减值准备：

借：资产减值损失		900 000
贷：固定资产减值准备		900 000

确认递延所得税资产 = 900 000 × 25% = 225 000（元）

借：递延所得税资产		225 000
贷：所得税费用——递延所得税费用		225 000

2019 年度调增应纳税所得额 90 万元。

2020 年会计计提折旧 = (1 000 − 700 − 90) ÷ 3 = 70（万元)，税法折旧 100 万元。

2020 年度应调减应纳税所得额 30 万元，2020 年底其计税基础为 200 万元，账面价值 140 万元，可抵扣暂时性差异 60 万元，递延所得税资产应确认 15 万元（60 × 25%)，因此应该冲回 7.5 万元。

借：所得税费用——递延所得税费用		75 000
贷：递延所得税资产		75 000

此后两年处理类似。折旧年限结束，注销固定资产：

借：固定资产减值准备		900 000
累计折旧		9 100 000
贷：固定资产		10 000 000

假定 2021 年 7 月处置该固定资产，处置收入 110 万元，转入处置状态：

借：固定资产清理		1 050 000
累计折旧		8 050 000
固定资产减值准备		900 000
贷：固定资产		10 000 000
借：银行存款		1 100 000
贷：固定资产清理		1 050 000
营业外收入——非流动资产处置利得		50 000
借：所得税费用——递延所得税费用		150 000
贷：递延所得税资产		150 000

5. 生物资产。生物资产，是指有生命的动物和植物，分为消耗性生物资产、生产性生物资产和公益性生物资产。消耗性生物资产，是指为出售而持有的、或在将来收获为农产品的生物资产，包括生长中的大田作物、蔬菜、用材林以及存栏待售的牲畜等。生产性生物资产，是指为产出农产品、提供劳务或出租等目的而持有的生物资产，

包括经济林、薪炭林、产畜和役畜等。

公益性生物资产，是指以防护、环境保护为主要目的的生物资产，包括防风固沙林、水土保持林和水源涵养林等。收获后的农产品，不属于生物资产的范畴，计入存货。

生物资产应当按照成本进行初始计量。企业对达到预定生产经营目的的生产性生物资产，应当按期计提折旧，并根据用途分别计入相关资产的成本或当期损益。企业至少应当于每年年度终了对消耗性生物资产和生产性生物资产进行检查，有确凿证据表明由于遭受自然灾害、病虫害、动物疫病侵袭或市场需求变化等原因，使消耗性生物资产的可变现净值或生产性生物资产的可收回金额低于其账面价值的，应当按照可变现净值或可收回金额低于账面价值的差额，计提生物资产跌价准备或减值准备，并计入当期损益。

消耗性生物资产减值的影响因素已经消失的，减记金额应当予以恢复，并在原已计提的跌价准备金额内转回，转回的金额计入当期损益。生产性生物资产减值准备一经计提，不得转回。公益性生物资产不计提减值准备。有确凿证据表明生物资产的公允价值能够持续可靠取得的，应当对生物资产采用公允价值计量。生物资产属于自然灾害等非常损失的记入"营业外支出"账户。

生物资产存在下列情形之一的，通常表明该生物资产发生了资产减值：（1）因遭受火灾、旱灾、水灾、冻灾、台风、冰雹等自然灾害，造成消耗性或生产性生物资产发生实体损坏，影响该资产的进一步生长或生产，从而降低其产生经济利益的能力。（2）因遭受病虫害或动物疫病侵袭，造成消耗性或生产性生物资产的市场价格大幅度下跌，并且在可预见的未来无回升的希望。（3）因消费者偏好改变而使企业消耗性或生产性生物资产收获的农产品的市场需求发生变化，导致市场价格逐渐下跌。（4）因企业所处的经营环境，如动植物检验检疫标准等发生重大变化，从而对企业产生不利影响，导致消耗性或生产性生物资产的市场价格逐渐下跌。（5）其他足以证明消耗性或生产性生物资产实质上已经发生减值的情形。

消耗性生物资产的减值准备计量规则类同于存货中的"在产品减值"，生产性资产的折旧、减值准备遵循固定资产折旧、减值准备原则处理；涉及递延所得税资产处理原则一致。消耗性生物资产在资产负债表中"存货"列示，生产性生物资产单独列示。

【例 2 - 15】 獐子岛滥用会计政策、会计估计计提减值准备舞弊事件。

獐子岛（股票代码：002069）于 2006 年 9 月 28 日在深交所 A 股上市，所属行业为农林牧渔。具体属渔业行业，主要产品为底播虾夷扇贝、鲍鱼、海参等。主要从事海珍品种业、海水增养殖业、海洋食品产业，集冷链物流、渔业装备等相关产业于一体，已构建起包括育种、育苗、养殖、暂养、加工、仓储、流通、贸易等一体化供应链保障体系。獐子岛 2014 ~ 2018 年利润表摘录（部分）如表 2 - 12 所示。

表 2 - 12   獐子岛（002609）2014~2018 年利润表摘录（部分）   单位：万元

项目	2018 年	2017 年	2016 年	2015 年	2014 年
一、营业收入	279 799.74	320 584.60	305 210.19	272 678.02	266 221.15
减：营业成本	233 035.83	272 060.46	259 036.89	240 608.16	229 221.86
财务费用	12 681.61	16 068.18	13 911.88	16 869.03	14 973.12
资产减值损失	1 485.47	10 010.42	499.91	4 887.95	39 928.30
投资收益	1 020.41	569.58	5 257.05	252.00	114.18
二、营业利润	4 129.22	- 12 201.12	2 044.18	- 30 796.07	- 62 069.52
加：营业外收入	816.44	3 115.76	7 920.19	22 207.79	7 899.84
减：营业外支出	749.15	63 165.99	1 671.83	- 2 521.13	77 745.46
三、利润总额	4 196.51	- 72 251.35	8 292.53	- 6 067.15	- 131 915.15
减：所得税费用	797.82	325.40	721.08	18 476.75	- 12 393.43
四、净利润	3 398.69	- 72 576.74	7 571.45	- 24 543.90	- 119 521.72

资料来源：深圳证券交易所官网（网址：http://www.szse.cn/index/index.html）。

从表 2 - 12 可以看出，该公司 2014 年计提生物资产减值准备近 3.99 亿元，同时计提了递延所得税资产，冲减所得税费用 1.24 亿元。同时注销掉生物资产 7.8 亿元，计入营业外支出，造成当年巨亏 11.99 亿元。2017 年，该公司做了类似操作。计入资产减值损失 1 亿元，注销 6.31 亿元，导致 2017 年亏损 7.26 亿元。2014 年、2015 年连续亏损两年后，2016 年报表"变为"盈利，2017 年又巨亏后，2018 年扭亏为盈，完美避开了"连续三年亏损停牌"的退市风险。

6. 油气资产减值准备。《企业会计准则第 27 号——石油天然气开采（2006）》对石油天然气开采活动的会计处理作出规范。油气开采活动包括矿区权益的取得以及油气的勘探、开发和生产等阶段。矿区权益，是指企业取得的在矿区内勘探、开发和生产油气的权利。矿区权益分为探明矿区权益和未探明矿区权益。探明矿区，是指已发现探明经济可采储量的矿区；未探明矿区，是指未发现探明经济可采储量的矿区。

为取得矿区权益而发生的成本应当在发生时予以资本化。企业取得的矿区权益，应当按照取得时的成本进行初始计量。对于未探明矿区权益，应当至少每年进行一次减值测试。

未探明矿区权益公允价值低于账面价值的差额，应当确认为减值损失，计入当期损益。未探明矿区权益减值损失一经确认，不得转回。

经查询，公开披露的上市公司对油气资产、油气资产减值及计提递延所得税资产的案例并不多见。山东新潮能源股份有限公司 2021 年年度报告及其前几年报告中出现了油气资产。该公司持有的油田资产位于美国页岩油核心产区二叠纪盆地的核心区域。二叠纪盆地是美国最重要的油气产区之一，在美国页岩油气盆地中产量最多、增长最快。盆地油气生产历史悠久，紧靠美国最大的炼油区，周边的运输管线和电力等配套设施均已十分齐全，区域内产业成本优势明显。

【例 2 - 16】新潮能源（股票代码：600777）2021 年年度报告油气资产及相关项目报表附注披露情况（见表 2 - 13、表 2 - 14）。

表 2 - 13　　　　新潮能源 2021 年度油气资产报表附注披露　　　　单位：元

项目	探明矿区权益	未探明矿区权益	井及相关设施	合计
一、账面原值				
1. 期初余额	6 581 583 178.66	2 938 942 923.73	19 518 668 898.03	29 039 195 000.42
2. 本期增加金额	3 250 537 654.07	- 939 900 430.85	2 425 913 666.13	4 736 550 889.35
（1）投资	2 518 071 411.07	41 231 529.90	2 904 533 065.43	5 463 836 006.40
（2）汇率变动	- 193 558 007.72	- 55 107 710.03	- 478 619 399.30	- 727 285 117.05
（3）自未探明矿区权益转入探明矿区权益	926 024 250.72	- 926 024 250.72		
3. 本期减少金额		202 803 271.58		202 803 271.58
租约放弃		202 803 271.58		202 803 271.58
4. 期末余额	9 832 120 832.73	1 796 239 221.30	21 944 582 564.16	33 572 942 618.19
二、累计折耗				
1. 期初余额	1 304 193 677.90	—	4 955 565 876.69	6 259 759 554.59
2. 本期增加金额	324 344 103.04	—	1 415 003 361.29	1 739 347 464.33
（1）计提	359 992 338.33		1 545 505 775.28	1 905 498 113.61
（2）汇率变动	- 35 648 235.29		- 130 502 413.99	- 166 150 649.28
3. 本期减少金额		—		
处置				
4. 期末余额	1 628 537 780.94		6 370 569 237.98	7 999 107 018.92
三、减值准备				
1. 期初余额	1 748 132 645.31	205 241 037.74	998 603 722.24	2 951 977 405.29
2. 本期增加金额	- 39 973 239.55	- 2 437 766.16	- 22 834 323.18	- 65 245 328.89
（1）计提				
（2）汇率变动	- 39 973 239.55	- 2 437 766.16	- 22 834 323.18	- 65 245 328.89

续表

项目	探明矿区权益	未探明矿区权益	井及相关设施	合计
3. 本期减少金额		202 803 271.58		202 803 271.58
租约放弃		202 803 271.58		202 803 271.58
4. 期末余额	1 708 159 405.76		975 769 399.06	2 683 928 804.82
四、账面价值				
1. 期末账面价值	6 495 423 646.03	1 796 239 221.30	14 598 243 927.12	22 889 906 794.45
2. 期初账面价值	3 529 256 855.45	2 733 701 885.99	13 564 499 299.10	19 827 458 040.54

其他说明：本公司董事会认为，期末油气资产未发生可收回金额低于其账面价值的情况，故无须计提减值准备。

表 2-14　　新潮能源 2021 年度未确认递延所得税资产附注披露　　单位：元

项目	期末余额	期初余额
可抵扣暂时性差异	1 111 678 354.79	1 127 012 391.68
可抵扣亏损	485 869 529.62	539 401 190.24
合计	1 597 547 884.41	1 666 413 581.92

注：表 2-13、表 2-14 数据来源于上海证券交易所官网（网址：http://www.sse.com.cn/）。

递延所得税资产的确认以本公司很可能取得用来抵扣可抵扣暂时性差异、可抵扣亏损和税款抵减的应纳税所得额为限。

对子公司、联营企业及合营企业投资相关的暂时性差异产生的递延所得税资产和递延所得税负债，予以确认。但本公司能够控制暂时性差异转回的时间且该暂时性差异在可预见的未来很可能不会转回的，不予确认。

从公开披露内容可以判断，2021 年度未探明矿区权益权益未发生减值，未计提减值准备。年初未探明矿区权益减值准备余额 205 241 037.74 元，由于汇率变动影响本期减少 2 437 766.16 元，租约放弃转回 202 803 271.58 元，年末余额为 0。即该公司进行了如下会计处理：

借：油气资产减值准备——未探明矿区权益减值准备　　205 241 037.74

　　贷：油气资产——未探明矿区权益　　　　　　　　202 803 271.58

　　　　财务费用——汇兑损失　　　　　　　　　　　2 437 766.16

油气资产注销，其计税基础为 205 241 037.74 元，应调整 2021 年度应纳税所得额即其计税基础为 205 241 037.74 元。原因为：

油气资产在年末按照汇率计算折算成人民币 202 803 271.58 元，即油气资产作了调整：

借：财务费用——汇兑损失　　　　　　　　　　　　　2 437 766.16

贷：油气资产——未探明矿区权益   2 437 766.16

该金额包含在账面原值汇率变动 –55 107 710.03 元金额之中。

根据《中华人民共和国企业所得税法实施条例》（2019 年修订）第三十九条：企业在货币交易中，以及纳税年度终了时将人民币以外的货币性资产、负债按照期末即期人民币汇率中间价折算为人民币时产生的汇兑损失，除已经计入有关资产成本以及与向所有者进行利润分配相关的部分外，准予扣除。

根据该公司的递延所得税资产确认的会计政策，递延所得税资产的确认以公司很可能取得用来抵扣可抵扣暂时性差异、可抵扣亏损和税款抵减的应纳税所得额为限。该公司年末油气资产减值准备余额 2 683 928 804.82 元，其中探明矿区权益减值准备余额为 1 708 159 405.76 元，并及相关设施减值准备余额 975 769 399.06 元。未确认递所得税资产的可抵扣暂时性差异 1 111 678 354.79 元，表明根据其会计政策，仅 1 572 250 450.01 元的可暂时性差异确认了递延所得税资产，影响了递延所得税。

2.3.3 预计负债、合同负债、应收退货成本

弃置费用涉及预计负债递延所得税的"初始豁免"在本章 2.2.5 小节进行了讨论。实务中不进行递延所得税豁免的预计负债往往产生于产品质量保证。《中华人民共和国产品质量法》（2018 年修正）规定：生产者应当对其生产的产品质量负责；销售者应当采取措施，保持销售产品的质量；售出的产品出现规定情形的，销售者应当负责修理、更换、退货，给购买产品的消费者造成损失的，销售者应当赔偿损失。《中华人民共和国消费者权益保护法》（2013 年修正）则规定：经营者应当保证其提供的商品或者服务符合保障人身、财产安全的要求；经营者应当保证在正常使用商品或者接受服务的情况下其提供的商品或者服务应当具有的质量、性能、用途和有效期限等。

【例 2－17】甲公司 2020 年销售手机 1 万部，单价 5 000 元（不含税），增值税税率 13%。该手机自出售 1 年内如果发生质量问题，甲公司负责提供法定质量保证服务。此外，在此期间，如果客户使用不当（如手机掉进水里）等原因造成的产品故障，甲公司也提供免费维修增值服务。假定该手机单独销售价格 4 800 元，免费维修增值服务 1 000 元。根据以往经验数据，法定质量保障服务发生的修理费一般为手机销售收入的 5%。不考虑增值税，所得税税率 25%。

分析：该项销售包含销售手机（含法定质量保证）和提供免费维修增值服务两项履约义务。

销售手机确认收入：

5 000×10 000×[4 800÷（4 800＋1 000）]＝41 379 310.34（元）

提供免费维修增值服务确认合同负债：

$5\,000 \times 10\,000 \times [1\,000 \div (4\,800 + 1\,000)] = 8\,620\,689.66$（元）

法定质量保证应确认的预计负债：

$41\,379\,310.34 \times 5\% = 2\,068\,965.52$（元）

借：银行存款　　　　　　　　　　　　　　　　　　56 500 000.00

　　贷：主营业务收入　　　　　　　　　　　　　41 379 310.34

　　　　合同负债　　　　　　　　　　　　　　　8 620 689.66

　　　　应交税费——应交增值税（销项税额）　　6 500 000.00

法定质量保证应确认的预计负债：

借：销售费用　　　　　　　　　　　　　　　　　　2 068 965.52

　　贷：预计负债　　　　　　　　　　　　　　　2 068 965.52

其中确认的合同负债和预计负债税法不认可，所得税申报调增当期收入和应纳税所得额，计税基础为0，合同负债应确认递延所得税资产2 155 172.42元，预计负债确认递延所得税资产517 241.38元。

借：递延所得税资产　　　　　　　　　　　　　　　2 672 413.80

　　贷：所得税费用——递延所得税费用　　　　　2 672 413.80

1年内实际发生增值维修费用500万元：

借：主营业务成本　　　　　　　　　　　　　　　　5 000 000

　　贷：银行存款等　　　　　　　　　　　　　　5 000 000

借：合同负债　　　　　　　　　　　　　　　　　　8 620 689.66

　　贷：主营业务收入　　　　　　　　　　　　　8 620 689.66

所得税申报调减收入8 620 689.66元，同时冲减计提的递延所得税资产：

借：所得税费用——递延所得税费用　　　　　　　　2 155 172.42

　　贷：递延所得税资产　　　　　　　　　　　　2 155 172.42

发生法定质量保证支出200万元：

借：预计负债　　　　　　　　　　　　　　　　　　2 000 000

　　贷：原材料等　　　　　　　　　　　　　　　2 000 000

当期应纳税所得额调减200万元，同时冲减对应的递延所得税资产50万元（200 × 25%）：

借：递延所得税资产　　　　　　　　　　　　　　　500 000

　　贷：所得税费用——递延所得税费用　　　　　500 000

类似地，附有销售退回条款的销售涉及预计负债和应收退货成本存在暂时性差异应确认递延所得税。

【例2-18】2021年10月1日，甲公司向乙公司销售5 000件商品，单位售价500元，单位成本400元，开出增值税发票价格250万元，增值税税率13%。商品已发出，款项未收到。根据协议，乙公司应于 2021 年 12 月 1 日之前支付货款，在 2022 年 3 月 31 日前有权退货。发货时，甲公司根据以往经验预估商品退货率约为 20%。2021 年 12 月 31 日对退货率重新评估，认为退货率 10%。2022 年 3 月 31 日前，实际退货 600 件商品。假定商品发出控制权转移给乙公司。所得税税率 25%。

2021 年 10 月 1 日发出商品：

借：应收账款   2 825 000
　　贷：主营业务收入   2 000 000
　　　　预计负债——应付退货款   （2 500 000×20%）500 000
　　　　应交税费——应交增值税（销项税额）   325 000
借：主营业务成本   1 600 000
　　应收退货成本   （2 000 000×20%）400 000
　　贷：库存商品   2 000 000

按照税法规定，应收退货成本当期可以税前扣除，计税基础为 0，产生应纳税暂时性差异，应确认递延所得税负债 10 万元。预计负债确认递延所得税资产 12.5 万元。

借：递延所得税资产   125 000
　　贷：递延所得税负债   100 000
　　　　所得税费用——递延所得税费用   25 000

请读者思考 2021 年 12 月 31 日和 2022 年 3 月 31 日的会计处理。

2.3.4 预计可弥补的亏损

《中华人民共和国企业所得税法》（2018 年修正）第十八条规定：企业纳税年度发生的亏损，准予向以后年度结转，用以后年度的所得弥补，但结转年限最长不得超过五年。首先明确一个概念，即用于弥补亏损的是税收上的应纳税所得额（而非会计利润），即以后年度的应纳税所得额来弥补以前年度的亏损。如果企业当年亏损预计未来 5 年有应纳税所得额可以税前弥补，应根据预计可弥补的金额为限按照适用税率确认递延所得税资产。

【例 2-19】假定甲公司 2017 年利润总额为 100 万元，所得税税率 25%，没有以前年度亏算。2018 年亏损 200 万元，2020 年该公司获取高新技术企业资格，适用 15% 所得税税率，预计未来 5 年有足够的应纳税所得额税前弥补。各年均不考虑纳税调整，即利润总额即为当年的应纳税所得额。其余情况及递延所得税资产的确认、转回及对利润总额的影响如表 2-15 所示。

表 2 –15　　　　　以前年度亏损弥补、递延所得税及税率变更影响

项目	2017 年	2018 年	2019 年	2020 年	2021 年
利润总额（万元）	100	–200	150	30	100
税率（%）	25	25	25	15	15
所得税费用——当期所得税费用（万元）	25	0	0	0	12[②]
递延所得税资产余额（万元）	0	50	12.5	3	0
递延所得税费用（万元）	0	–50	37.5	9.5[①]	3
所得税费用（万元）	25	–50	37.5	9.5	15
净利润（万元）	75	–150	112.5	20.5	85
所得税率检验（%）	25	25	25	31.67	15

注：①2020 年当年应转回 7.5 万元（30×25%），但由于税率变为 15%，未来可抵扣的应纳税所得额 20 万元，补充转回 2 万元［20×（25% –15%）］，合计 9.5 万元。

②当年应纳税所得额 100 – 20 = 80（万元），适用税率 15%，当期所得税费用 12 万元。

【案例小结】该案例可以得出：一是递延所得税的处理在亏损时仍然维护了权责发生制；二是在税率变动的当年要对原来预计的递延所得税资产按照新的适用税率进行调整，导致所得税费用与利润总额的比值对税率暂时性偏离，如果未来适用税率降低，将导致税率变动当年的净利润降低。其中第二个影响会涉及绩效考核和奖惩，应提前测算"经济后果"。实务中有些国资背景的公司甚至会出现为了完成当年预算利润，主动放弃税收优惠的情况。产生递延所得税的常见情形小结如表 2 –16 所示。

表 2 –16　　　　　　　产生递延所得税的常见情形小结

类别	相关准则	涉及科目	递延所得税资产/递延所得税负债
以公允价值计量且其变动计入当期损益的资产	《企业会计准则第 22 号——金融工具确认和计量（2017）》《企业会计准则第 3 号——投资性房地产（2006）》	交易性金融资产 投资性房地产	递延所得税资产/递延所得税负债
减值准备	《企业会计准则第 22 号——金融工具确认和计量（2017）》	坏账准备	递延所得税资产
	《企业会计准则第 1 号——存货（2006）》	存货跌价准备	递延所得税资产

续表

类别	相关准则	涉及科目	递延所得税资产/ 递延所得税负债
减值准备	《企业会计准则第 14 号——收入（2017）》	合同资产减值准备	递延所得税资产
	《企业会计准则第 4 号——固定资产（2006）》 《企业会计准则第 8 号——资产减值（2006）》	固定资产减值准备 在建工程减值准备	递延所得税资产
	《企业会计准则第 5 号——生物资产（2006）》 《企业会计准则第 8 号——资产减值（2006）》	消耗性生物资产减值准备 生产性生物资产减值准备	递延所得税资产
	《企业会计准则第 27 号——石油天然气开采（2006）》	油气资产减值准备	递延所得税资产
预计负债、合同负债、应收退货成本	《企业会计准则第 13 号——或有事项（2006）》 《企业会计准则第 14 号——收入（2017）》	预计负债、合同负债 应收退货成本	递延所得税资产 递延所得税负债
预计可弥补的亏损	《企业会计准则第 18 号——所得税（2006）》	—	递延所得税资产

2.4　企业合并中递延所得税典型案例

企业合并是将整个企业集团视为一个虚拟的"会计主体"。实务中基于商业模式、业务需要、税收筹划或其他目的内部交易时常发生，很多企业对内部交易产生的应收账款等金融资产的会计政策往往选择不考虑预期信用损失，即合并报表范围内的债权不考虑坏账准备，只考虑合并范围以外的预期信用损失。这是可行的，因为应收账款是交易后的事实。但对存货，很难判断未来销售对象是集团内部还是外部，无法要求各单体公司站在集团角度考虑成本与可变现净值孰低，因此，对存货内部未实现销售、存货跌价准备以及相关递延所得税的处理是合并报表常常遇到的问题。

【例 2-20】某集团母公司为一投资中心，母公司不经营具体业务，因而没有收入。为了涵盖期间费用，公司决定将子公司生产的部分产品先销售给母公司，一方面留适当利润在母公司，另一方面集中销售可以提高在市场销售中的谈判地位。假定2020年12月，子公司将一批产品赊销给母公司，销售价格100万元，实际生产成本80万元，子公司该批产品未计提存货跌价准备。增值税税率13%，所得税税率25%。该集团公司对内部债权不计提坏账准备。2020年底，该批产品未对外实现销售。

2020年12月子公司单体报表账务处理：

确认收入：

借：应收账款——母公司　　　　　　　　　　　　　　　　113

　　贷：主营业务收入　　　　　　　　　　　　　　　　　　　100

　　　　应交税费——应交增值税（销项税额）　　　　　　　　　13

结转成本：

借：主营业务成本　　　　　　　　　　　　　　　　　　　80

　　贷：库存商品　　　　　　　　　　　　　　　　　　　　　80

2020年12月母公司单体报表账务处理：

借：库存商品　　　　　　　　　　　　　　　　　　　　100

　　应交税费——应交增值税（进项税额）　　　　　　　　　13

　　贷：应付账款　　　　　　　　　　　　　　　　　　　　　113

合并报表如何进行抵销？

要牢记，合并报表是在母公司和子公司单体报表简单汇总的基础上编制的，清楚母公司和子公司的会计处理，才能理解合并抵销。合并抵销抵销的是报表项目，不是会计科目；母子公司是税法主体，无须考虑增值税抵销。

（1）合并抵销内部债权债务：

借：应付账款　　　　　　　　　　　　　　　　　　　　113

　　贷：应收账款　　　　　　　　　　　　　　　　　　　　　113

站在集团角度，该批商品未实现对外销售，合并利润表中不应反映收入和销售成本，合并资产负债表中不应有应收应付，另外存货应恢复实际成本80万元。

（2）合并抵销营业收入和营业成本，恢复存货实际成本：

借：营业收入　　　　　　　　　　　　　　　　　　　　100

　　贷：营业收入　　　　　　　　　　　　　　　　　　　　　80

　　　　存货　　　　　　　　　　　　　　　　　　　　　　　20

内部购销当期完全未实现对外销售合并抵销底稿如表2-17所示。

表 2 – 17　　　　　　**内部购销当期完全未实现对外销售合并抵销底稿**　　　单位：万元

项目 （1）	子公司 （2）	母公司 （3）	简单加总 （4）=（2）+（3）	合并抵销 （5）	合并金额 （6）=（4）+（5）
营业收入	100		100	-100	0
营业成本	80		80	-80	0
利润总额	20*		20	-20	0
所得税费用	5		5	-5	0
净利润	15		15	-15	0
应收账款	100		100	-100	0
存货		100	100	-20	80
递延所得税资产			0	5	5
应付账款		100	100	-100	0
未分配利润	15		15	-15	0

注：＊假定没有纳税调整。

（3）合并抵销后，合并报表只列示存货 80 万元，但母公司单体报表中存货列示的金额为 100 万元，母公司作为一个纳税主体，税法认可的计税基础为 100 万元，存货会产生可抵扣暂时性差异 20 万元，应确认递延所得税资产 5 万元。

借：递延所得税资产　　　　　　　　　　　　　　　　　　　　　5

　　贷：所得税费用——递延所得税费用　　　　　　　　　　　　　　　5

进一步理解，子公司已经将单体报表利润 20 万元计入了当期应纳税所得额，确认当期所得税费用 5 万元，汇总导致当期所得税费用增加 5 万元。该笔分录冲销所得税费用 5 万元，从合并层面维护了权责发生制。

2021 年 6 月，母公司将该批商品的 60% 销售出去，销售价格 75 万元。母公司支付 60% 的款项给子公司。2021 年 12 月 31 日，剩余 40% 商品发生减值，可变现净值 35 万元。

子公司收到 60% 款项：

借：银行存款　　　　　　　　　　　　　　　　　　　（113×60%）67.8

　　贷：应收账款　　　　　　　　　　　　　　　　　　　　　　　67.8

母公司单体报表账务处理：

借：银行存款　　　　　　　　　　　　　　　　　　　　　　　84.75

　　贷：主营业务收入　　　　　　　　　　　　　　　　　　　　　75

　　　　应交税费——应交增值税（销项税额）　　　　　　　　　9.75

借：主营业务成本　　　　　　　　　　　　　　　　　　（100×60%）60

　　　贷：库存商品　　　　　　　　　　　　　　　　　　　　　　60

借：应付账款　　　　　　　　　　　　　　　　　　　　　　60

　　　贷：银行存款　　　　　　　　　　　　　　　　　　　　　　60

年末计提减值准备5万元：

借：资产减值损失　　　　　　　　　　　　　　　　　　　　　5

　　　贷：存货跌价准备　　　　　　　　　　　　　　　　　　　　　5

确认递延所得税资产1.25万元：

借：递延所得税资产　　　　　　　　　　　　　　　　　　　1.25

　　　贷：所得税费用——递延所得税费用　　　　　　　　　　　　1.25

【特别提示】合并报表是在单体报表简单汇总基础上进行合并抵销产生的。由于各单体报表是延续下来的，其中涉及利润表的项目因年度结完全部为0，但涉及资产负债表的项目会延续下来，该例母公司年初的存货仍延续100万元而不是80万元，子公司仍然延续未分配利润15万元，同时合并中产生递延所得税资产5万元，在合并资产负债表的年初数仍应反映，而单体报表没有该数据。因此对类似事项应滚动调整，即所谓"滚动调整"。"滚动调整"对初编合并报表者难以理解，在合并抵销中会做进一步解释。该例在合并底稿中"滚动调整"的会计分录为：

借：未分配利润——年初　　　　　　　　　　　　　　　　20

　　　贷：存货　　　　　　　　　　　　　　　　　　　　　　　20

借：递延所得税资产　　　　　　　　　　　　　　　　　　　5

　　　贷：未分配利润——年初　　　　　　　　　　　　　　　　　5

（1）"滚动调整"合二为一：

借：未分配利润——年初　　　　　　　　　　　　　　　　15

　　　递延所得税资产　　　　　　　　　　　　　　　　　　　5

　　　贷：存货　　　　　　　　　　　　　　　　　　　　　　　20

该例中应收应付本在单体报表中持续存在，无须考虑滚动调整。

（2）合并抵销内部债权债务：

借：应付账款　　　　　　　　　　　　　　　　　　　　45.2

　　　贷：应收账款　　　　　　　　　　　　　　　　　　　　　45.2

（3）合并调整营业成本：当年实现销售的部分，母公司单体报表按照100万元的60%结转成本，站在集团角度，实际成本为48万元（80×60%），因此应调减营业成本12万元。

借：存货　　　　　　　　　　　　　　　　　　　　　　12

　　　贷：营业成本　　　　　　　　　　　　　　　　　　　　　12

（4）合并层面调整销售部分涉及的递延所得税资产：

借：所得税费用——递延所得税费用　　　　　　　　　　　　　　3

　　贷：递延所得税资产　　　　　　　　　　　（20 × 60% × 25%）3

（5）站在集团角度，期末存货成本为 32 万元（80 × 40），母公司计提了 5 万元跌价准备，账面价值 35 万元，合并层面并未减值，转回母公司计提减值准备及递延所得税资产。

借：存货跌价准备　　　　　　　　　　　　　　　　　　　　　5

　　贷：资产减值损失　　　　　　　　　　　　　　　　　　　　　5

借：所得税费用——递延所得税费用　　　　　　　　　　　　　1.25

　　贷：递延所得税资产　　　　　　　　　　　　　　　　　　　1.25

内部购销下期部分实现对外销售合并抵销底稿（含滚动调整）如表 2 - 18 所示。

表 2 - 18　　　　　　　　　内部购销下期部分实现对外销售

合并抵销底稿（含滚动调整）　　　　　　单位：万元

项目 （1）	子公司 （2）	母公司 （3）	简单加总 （4）=（2）+（3）	合并抵销 （5）	合并金额 （6）=（4）+（5）
营业收入		75	75		75
营业成本		60	60	−12③	48
资产减值损失		5	5	−5	0
利润总额		10	10	17	27
所得税费用		2.5①	2.5	4.25②	6.75
净利润		7.5	7.5	12.75	20.25
应收账款	45.2	0	45.2	−45.2	0
存货（滚动调整）			−20	12③	−8④
存货	35	35	35	5	40④
递延所得税资产（滚动调整）			5	−3	2④
递延所得税资产		1.25	1.25	−1.25	0④
应付账款	45.2	45.2	45.2	−45.2	0
年初未分配利润（滚动调整）			−15		−15
未分配利润——本年		7.5	7.5	12.75	20.25

续表

项目 (1)	子公司 (2)	母公司 (3)	简单加总 (4)=(2)+(3)	合并抵销 (5)	合并金额 (6)=(4)+(5)
所得税费用/ 利润总额⑤		25%	25%	—	25%

注：①假定没有其他纳税调整，当期所得税费用 = (10 + 5) × 25% = 3.75 (万元)，递延所得税费用 - 1.25 万元，计 2.5 万元。

②合并调整分录 (4)、(5) 所得税费用分别调增 3 万元和 1.25 万元。

③合并调整分录 (3) 调减当期营业成本 12 万元，调增存货 12 万元，为了更清晰展示其勾稽关系，将该金额列示在存货 (滚动调整) 行。

④存货合并金额 = -8 + 40 = 32 (万元)，递延所得税资产合并金额 = 2 + 0 = 2 (万元)。即为合并金额 32 万元与母公司期末存货 40 万元计税基础之间的可抵扣暂时性差异 8 万元应确认的递延所得税资产。

⑤无论单体报表还是合并报表，资产负债表债务法进行所得税处理均很好地维护了权责发生制。

2022 年 12 月，母公司将剩余的 40% 全部销售出去，销售价格 50 万元，并将剩余 40% 款项转给子公司。

子公司收到 40% 款项：

借：银行存款   45.2

    贷：应收账款   45.2

母公司单体报表：

借：银行存款   56.5

    贷：主营业务收入   50

        应交税费——应交增值税 (销项税额)   6.5

借：主营业务成本   35

    存货跌价准备   5

    贷：库存商品   40

该笔分录应调减当期应纳税所得额 5 万元：

借：应付账款   45.2

    贷：银行存款   45.2

转回递延所得税资产：

借：所得税费用——递延所得税费用   1.25

    贷：递延所得税资产   1.25

(1) "滚动调整" 调整年初：

借：未分配利润——年初   15

    递延所得税资产   5

		贷：存货	20
借：存货			12
		贷：未分配利润——年初	12
借：未分配利润——年初			3
		贷：递延所得税资产	3
借：存货跌价准备			5
		贷：未分配利润——年初	5
借：未分配利润——年初			1.25
		贷：递延所得税资产	1.25

上年涉及损益类科目，用"未分配利润——年初"替代。

以上四笔"滚动调整"分录调整结果为：

存货：$-20 + 12 + 5 = -3$（万元）

递延所得税资产：$5 - 3 - 1.25 = 0.75$（万元）

未分类利润——年初：$-15 + 12 - 3 + 5 - 1.25 = -2.25$（万元）

借：递延所得税资产	0.75
未分配利润——年初	2.25
贷：存货	3

（2）当年合并调整，调整营业成本：

| 借：存货 | 3 |
| 　　贷：营业成本 | 3 |

（3）调整递延所得税资产：

| 借：所得税费用——递延所得税费用 | 0.75 |
| 　　贷：递延所得税资产 | 0.75 |

内部购销第三期对外销售剩余存货合并抵销底稿（含滚动调整）如表 2 - 19 所示。

表 2 - 19　　　　内部购销第三期对外销售剩余存货

合并抵销底稿（含滚动调整）　　　　　金额单位：万元

项目 （1）	子公司 （2）	母公司 （3）	简单加总 （4）=（2）+（3）	合并抵销 （5）	合并金额 （6）=（4）+（5）
营业收入		50	50		50
营业成本		35	35	-3	32
资产减值损失		0	0		0
利润总额		15	15	3	18

项目 (1)	子公司 (2)	母公司 (3)	简单加总 (4)=(2)+(3)	合并抵销 (5)	合并金额 (6)=(4)+(5)
所得税费用		3.75	3.75	0.75	4.5
净利润		11.25	11.25	2.25	13.5
应收账款		0	0		0
存货（滚动调整）			-3	3	0
存货		0	0	0	0
递延所得税资产 （滚动调整）			0.75	-0.75	0
递延所得税资产		0	0		0
应付账款		0	0		0
年初未分配利润 （滚动调整）			-2.25		-2.25
未分配利润——本年		11.25	11.25	2.25	13.5
所得税费用/ 利润总额		25.00%	25.00%	25.00%	25.00%

【案例小结】合并后存货的账面价值若与单体报表中的计税不一致，产生的暂时性差异要考虑递延所得税问题。若当年未全部实现对外销售，则涉及合并中所谓"滚动调整"的问题。滚动调整分录中涉及上期的损益类项目由"未分配利润——年初"替代，资产负债表项目不变，否则合并资产负债表的年初数勾稽关系不对。掌握各单体报表的账务处理是合并的首要条件，然后站在集团角度进行合并抵销。

除了本章2.2节列示的"豁免"情形外，企业合并产生的暂时性差异一般确认递延所得税资产或递延所得税负债。

第3章 长期股权投资

【内容提要】《企业会计准则第2号——长期股权投资（2014）》规范投资方单体报表的确认和计量。包括投资方对被投资方实施控制、重大影响的权益性投资，以及对其合营企业的权益性投资。长期股权投资按照初始投资成本进行计量。形成控制的，区分为同一控制下的企业合并和非同一控制下的企业合并。后续计量分为成本法和权益法，形成控制的，适用成本法；共同控制和重大影响适用权益法。后续计量中由于持股比例的变动涉及六种不同方法的转换。为了突出企业合并主体和便于理解，本书采用二分法，即形成企业合并的长期股权投资和非企业合并的长期股权投资。

3.1 基本概念

3.1.1 控制：对子公司的投资

控制，是指投资方拥有对被投资方的权力，通过参与被投资方的相关活动而享有可变回报，并且有能力运用对被投资方的权力影响其回报金额。控制概念三要素如图3－1所示。

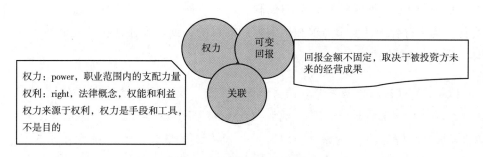

图3－1 控制概念三要素

【例3－1】控制的判断：基于表决权。

情形1：甲公司持有A公司45%的股权，剩余股权高度分散，除甲公司外没有任何股东持有超过1%的股权，没有任何股东与其他股东达成协议或者能够作出共同决策。公司章程规定按照一股一票享有投票权。

情形 2：甲公司持有 B 公司 45% 的股权，其他两位投资者各持有 26%、23% 的股权，剩余股权由其他六位股东持有，各占 1%，其中其他六位股东为甲公司的高管，为甲公司的一致行动人。

情形 3：甲公司与乙公司共同出资成立 C 公司，甲出资金额 3 000 万元，全部计入股本；乙公司出资 20 000 万元，其中 2 000 万元计入股本，其余 18 000 万元计入资本公积。甲乙公司同时约定，乙公司不参与经营，三年后乙公司退出，三年内甲公司按照投资款本金 20 000 万元和年利率 10% 获取固定收益。

情形 4：甲公司持有 D 公司 15.4% 的股权，为第二大股东；乙公司持有 17.8% 的股权，但甲公司 B 股 1 股拥有 20 票的投票权，因此甲公司拥有的投票权高达 79.5%。

以上四种情形甲公司是否能对被投资方形成控制？

分析：

情形 1：甲公司形成对 A 公司的控制。股权高度分散，一股一票制的情况下，在股东代表大会或股东会中，一般决议需要超过半数通过，特殊决议超过 2/3 通过即可控制。计票规则分子为赞成决议的表决权的比例，分母为出席股东代表大会或股东会的对应的表决权，不参与的不计入，因此，部分表决权很可能不计入。在此规则下，可能并不需要超过半数就能形成控制，某些上市公司持有股权比例可能只有 30%，仍然能形成控制。该案例股权分散，其他任何股东持股比例均未超过 1%，其他股东达成一致意见难度很大。基于以上两个原因，甲公司可以形成对 A 公司控制。

情形 2：甲公司不能控制 B 公司。其他两位投资者容易达成一致意见，表决权 55%。

情形 3：甲公司形成对 C 公司的控制。一是表决权占 60%，超过半数；二是乙公司投资实为所谓"明股暗债"，乙公司获取固定收益。

情形 4：甲公司形成对 D 公司的控制。这是一种表决权的特殊安排，我国公司法不允许。为了符合国外上市需求和达到控制的目的，创始人往往在开曼群岛成立上市主体，设立 AB 股制度。

【链接 3-1】根据《中华人民共和国公司法》及相关法律制度，在股权架构上持股比例有几个临界点：100%：绝对控股；66.7%：超过 2/3，无论股东会还是股东代表大会，特殊决议能通过；51%：一般决议能通过，特殊决议可能有风险；33.4%：超过 1/3 可以否定特殊决议；10%：在董事会和监事会不能正常履职的情况下，10% 表决权的股东可以自行召集和主持董事会；持有上市公司 5% 的股权要强制披露。

【例 3-2】新湖中宝（股票代码：600208）控股股东、股权结构、实际控制人情况，如表 3-1、图 3-2、图 3-3 所示。

表 3–1　　　　　新湖中宝 2021 年 12 月 31 日股东和实际控制人情况

股东总数	
截至报告期末普通股股东总数（户）	106 080
年度报告披露日前上一月末的普通股股东总数（户）	107 441
控股股东情况	
名称	浙江新湖集团股份有限公司
单位负责人或法定代表人	林俊波
成立日期	1994 年
主要经营业务	能源、农业、交通、建材工业、贸易、投资等
报告期内控股和参股的其他境内外上市公司的股权情况	截至 2021 年 12 月 31 日，持有湘财股份有限公司 58 094 308 股，持股比例为 2.03%；持有上海大智慧股份有限公司 10 405 400 股股份，持股比例为 0.51%
实际控制人情况	
姓名	黄伟
国籍	中华人民共和国
是否取得其他国家或地区居留权	否
主要职业及职务	新湖控股有限公司董事长
过去 10 年曾控股的境内外上市公司情况	目前控股湘财股份有限公司，曾用名哈尔滨高科技（集团）股份有限公司；曾控股“新湖创业”，后“新湖创业”被本公司吸收合并

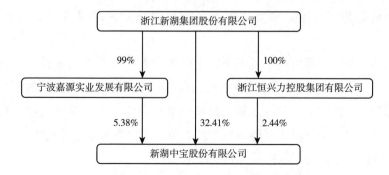

图 3–2　公司与控股股东之间的产权及控制关系

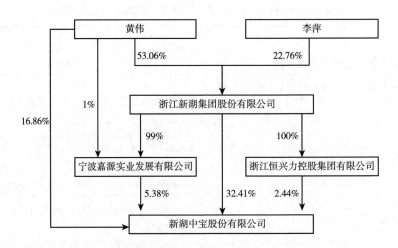

图 3 - 3　公司与实际控制人之间的产权及控制关系

资料来源：上海证券交易所（官网：http：//www.sse.com.cn/）新湖中宝 2021 年度报告。

上市公司新湖中宝的控股股东为浙江新湖集团股份有限公司，直接或间接持有上市主体 40.23%。股权穿透，实际控制人为自然人黄伟。

实务中，投资方能够控制被投资方是容易判断的事情，但存在复杂的股权安排，特别是通过所谓"白手套"股权代持的情况下，穿透股权弄清楚最终的实际控制人有时比较困难。

3.1.2　共同控制：对合营企业的投资

对合营企业的投资，指投资方与其他合营方一同对被投资方实施共同控制且对被投资方净资产享有权利的权益性投资。共同控制指按照相关约定对某项安排所共有的控制，并且该安排的相关活动必须经过分享控制权的参与方一致同意后才能决策。合营企业是共同控制一项安排的参与方仅对该安排的净资产享有权力的合营安排。

合营安排，是指一项由两个或两个以上的参与方共同控制的安排。合营安排具有下列特征：（1）各参与方均受到该安排的约束；（2）两个或两个以上的参与方对该安排实施共同控制。任何一个参与方都不能够单独控制该安排，对该安排具有共同控制的任何一个参与方均能够阻止其他参与方或参与方组合单独控制该安排。

【例 3 - 3】上市公司年报披露合营安排示例。

示例 1：东港股份（股票代码：002117）

本公司之子公司北京东港嘉华有限公司与浪潮软件集团共同出资成立北京瑞宏科技有限公司（以下简称瑞宏公司）。瑞宏公司出资协议及章程规定：股东会对所议事项需代表公司 2/3 以上表决权的股东表决通过方为有效；董事会作出决议，必须经全体董事的 2/3 以上通过。根据瑞宏公司权力机构、表决权设置情况，各方均不能单方主导被投资方的相关活动，符合《企业会计准则第 40 号——合营安排》的相关规定，瑞宏公司为本公司之合营企业。

示例 2：大悦城（股票代码：000031）

会计政策：合营安排分类及共同经营会计处理方法

本集团的合营安排包括共同经营和合营企业。对于共同经营项目，本集团作为共同经营中的合营方确认单独持有的资产和承担的负债，以及按份额确认持有的资产和承担的负债，根据相关约定单独或按份额确认相关的收入和费用。与共同经营发生购买、销售不构成业务的资产交易的，仅确认因该交易产生的损益中归属于共同经营其他参与方的部分。

长期股权投资附注如表 3 - 2 所示。

表 3 - 2　　　　　大悦城合营企业投资及变动情况（部分）　　　　单位：元

被投资方	年初余额	本年增减变动				
		追加投资	减少投资	权益法下确认的投资损益	其他综合收益调整	其他权益变动
一、合营企业						
广州市鹏万房地产有限公司	94 608 988.84	0.00	0.00	- 7 193 916.67	0.00	0.00
北京中粮万科置业有限公司	166 243 339.04	0.00	0.00	- 3 811 221.29	0.00	0.00
……						

资料来源：深证证券交易所（官网：http：//www.szse.cn/）大悦城相关年度年报。

3.1.3　重大影响：对联营企业的投资

重大影响指投资方对被投资方的财务和经营政策有参与决策的权力，但并不能够控制或与其他方一起共同控制这些政策的制定，即对联营企业的投资。

通常可以从五个方面来综合判断是否产生重大影响：（1）投资方在董事会或类似权力机构中派有代表；（2）参与被投资方财务和经营政策制定过程；（3）与被投资方之间发生重要交易；（4）向被投资方派出管理人员；（5）向被投资方提供关键技术资料。

【例3-4】甲公司参股 A 公司，占比5%，A 公司具有危废许可证和相应的环评资质，主要从事核酸检测及其他医疗废品处理业务，甲公司主要负责回收医疗危废品，回收后交 A 公司处置。医疗危废运输半径一般不超过 300 公里。甲公司控制了附近的医疗危废的回收业务，A 公司 60% 的医疗危废品由甲公司提供。目前来看，甲公司对 A 是否有重大影响？什么情况下不再具有重大影响？

分析：虽然甲公司参股只有 5%，但由于 A 公司回收的医疗危废来源集中度高，甲公司占比 60%，短期内无法改变现状的情况下，甲公司能够对 A 公司产生重大影响。当甲公司提供的危废品不足以影响 A 公司正常运营的时候，甲公司对 A 公司不再具有重大影响。

3.2　长期股权投资初始确认和计量

3.2.1　初始确认和计量概览

1. 重要概念和相关费用。长期股权投资，应当按照初始投资成本计量。长期股权投资区分形成企业合并和企业合并以外（以下简称非企业合并）两种情况分别界定其初始投资成本，而企业合并又区分为同一控制下的企业合并和非同一控制下的企业合并，因此又有合并成本的概念。此外，还有通常所说的入账价值。要准确掌握这三个概念，即：

初始投资成本：即投资方应该在账上计入长期股权投资的金额，无论是否形成企业合并。

合并成本：即合并对价，仅针对企业合并而言；投资方付出的对价的公允价值。

入账价值：等于初始投资成本。

投资方在投资前往往需要审计、评估、法律等中介介入，发生相关费用。此类费用是否属于初始投资成本，企业合并和非企业合并处理并不一致（见表3-3）。上市公司若发行股票支付对价，发生的承销费、保荐费、上网发行费、招股说明书印刷费、申报会计师费、律师费、评估费等与发行股票直接相关的新增外部费用，一般应自所发行权益性证券的发行收入中扣减，在股票发行有溢价的情况下，自溢价收入中扣除，在发行无溢价或溢价金额不足以扣减的情况下，应当冲减盈余公积和未分配利润。实务中，溢价发行的部分足以涵盖新增外部费用。

2. 初始计量概览。按照投资是否形成企业合并，初始投资成本具体含义如下（见表3-4）。

表 3 – 3 　　　　　　　　　　　　投资方发生相关费用的处理原则

类型	审计、评估、法律等中介费用 （为购买标发生的前期费用）	发行股票的直接费用 （为支付对价发生）	发行股票 未成功
同一控制下企业合并	管理费用	冲减溢价	转到管理费用
非同一控制下企业合并	管理费用	冲减溢价	转到管理费用
非企业合并	计入初始投资成本	冲减溢价	转到管理费用

表 3 – 4 　　　　　　　　　　　长期股权初始投资成本计量概览
（投资方单体报表的入账价值）

类型	具体情况	初始投资成本 （即初始入账价值）	合并成本	差额
企业合并	同一控制	合并日按照被合并方所有者权益在最终控制方合并财务报表中的账面价值的份额	合并成本 > 初始投资成本 合并成本 = 初始投资成本 合并成本 < 初始投资成本	差额调整资本公积，资本公积 – 资本溢价，不足冲减的，冲减留存收益。特殊情况：同一控制下的企业合并。（1）被合并方净资产账面价值为负数，长期股权投资成本按零确定，同时在备查簿中登记。（2）如果被合并方在合并前是最终控制方通过非同一控制下的企业合并所控制的，则合并方长期股权的初始投资成本还应包含相关商誉的金额
	非同一控制	支付对价的公允价值	合并成本 = 初始投资成本	不适用
非企业合并	支付现金	支付价款加相关税费扣除已宣告尚未发放的股利	不适用	
	发行权益性证券	证券的公允价值扣除已宣告尚未发放的股利		
	非货币性资产交换	换出资产的公允价值加相关税费		
	债务重组	放弃债权的公允价值和相关税费		

3.2.2　同一控制下企业合并的初始投资成本

同一控制下的企业合并，无论合并方以支付现金、转让非现金资产或承担债务方式作为合并对价的，还是以发行权益性证券作为合并对价的，均应当在合并日按照被合并方所有者权益在最终控制方合并财务报表中的账面价值的份额作为长期股权投资的初始投资成本。

同一控制下的企业合并会计处理原理为所谓的"权益结合法"（pooling of interest method），即将企业合并视为参与合并的合并方和被合并方之间的股权安排视为集团内部的资源整合，合并过程中不能产生损益。即使合并方以非货币性资产支付对价，也只能按照账面价值结转，不能确认非货币性资产的转让损益。这样可以防止相关企业通过同一控制下的企业合并"粉饰"会计报表。

同一控制下企业合并合并方的基本会计分录如下：

（1）支付现金、转让非现金资产或承担债务方式。

借：长期股权投资　　　（被合并方在最终控制方账面价值×持股比例）

　　资本公积——资本溢价　　　　　　　　　　　　（差额，合并方）

　　盈余公积　　　　　　　　　　　　　　　　　　（依次冲减）

　　利润分配——未分配利润　　　　　　　　　　　（依次冲减）

　贷：银行存款　　　　　　　　　　　　　　　　合并对价

　　　非货币性资产（账面价值）　　　　　　　　合并对价

　　　承担债务（账面价值）　　　　　　　　　　合并对价

　　　资本公积——资本溢价　　　　　　　　　（贷方差额，若有）

（2）发行权益性证券（股票）。

借：长期股权投资　　　（被合并方在最终控制方账面价值×持股比例）

　　资本公积——资本溢价[1]　　　　　　　　　　（差额，合并方）

　　盈余公积　　　　　　　　　　　　　　　　　　（依次冲减）

　　利润分配——未分配利润　　　　　　　　　　　（依次冲减）

　贷：股本　　　　　　　　　　　　　　　　　　（发行股数）

　　　资本公积——股本溢价[2]　　［发行股数×（发行价格 − 1）− 发行费用］

注：①合并对价与长期股权投资的初始投资成本之间的差额，冲减合并方（母公司）单体报表的资本公积——资本溢价，不足冲减的，依次冲减盈余公积和未分配利润。

②我国《公司法》不允许折价发行，否则属于出资不实，实务中股票溢价发行是常态，均能涵盖发行费用，溢价部分计入资本公积贷方。

【例 3-5】甲集团为 A 上市公司的控股母公司,为了解决公司 IPO 时同业竞争的承诺,并扩大上市公司的市场占有率,决定将甲集团下一控股同类公司新疆某公司装入上市公司。甲集团与 A 上市公司均根据公司法和公司章程通过了相关决议。前期,A 上市公司聘请律师和会计师对新疆某公司进行了尽职调查和相关审计,发生中介费用计 50 万元(含税)。本次收购采用现金收购,收购对价 1 770 万元,甲集团公司持有新疆某公司 60% 的股份。截至 2021 年 8 月 31 日,各项手续已办理完毕。即 A 上市公司判断 8 月 31 日作为合并日是恰当的。8 月 31 日新疆某公司经审计的资产负债情况如表 3-5 所示(与甲集团账面价值一致)。上市公司由于几个月前进行了定增,有足够的资本溢价。新疆公司账面净资产为在最终控制方甲集团的账面价值。

表 3-5　　　　新疆某公司 2021 年 8 月 31 日资产负债表简表　　　　单位:元

资产	期末余额	负债和所有者权益	期末余额
货币资金	7 069 196.00	借款	15 000 000.00
应收款项	84 574 390.68	应付款项	86 810 231.45
存货	3 845 455.93	应付职工薪酬	239 853.01
固定资产	14 740 710.45	其他负债	1 985 281.97
无形资产	6 521 811.28	负债总额	104 035 366.43
其他资产	3 925 983.01	净资产	16 642 180.92
资产总计	120 677 547.35	负债和所有者权益总计	120 677 547.35

A 公司长期股权投资的初始投资成本 = 新疆某公司净资产 × 持股比例 = 16 642 180.92 × 60% = 9 985 308.55(元)

其余 40% 在编制合并报表时体现为少数股东权益,在 A 公司单体报表不会出现。

支付审计等中介费用:

借:管理费用——中介费　　　　　　　　　　　　　　　　　500 000

　　贷:银行存款　　　　　　　　　　　　　　　　　　　　　500 000

合并日 A 公司确认长期股权投资:

借:长期股权投资——新疆某公司　　　　　　　　　9 985 308.55

　　资本公积——资本溢价　　　　　　　　　　　　　7 714 691.45

　　贷:银行存款　　　　　　　　　　　　　　　　　17 700 000.00

特殊情况:如果被合并方在合并前是最终控制方通过非同一控制下的企业合并所控制的,则合并方长期股权投资的初始投资成本还应包含相关商誉的金额。下面通过一个模型说明此类情形的会计处理。为了模型的完整性,涉及的部分知识点见后面章节。

【例 3 - 6】假设甲集团从集团外用银行存款 1 000 万元购买 B 公司 100% 股权，B 公司账面净资产和可辨认净资产的公允价值均为 600 万元。则甲集团在合并层面确认商誉 400 万元。

假定甲集团在下一报告期初将 B 公司转让给全资子公司 A 公司，从初始购买日至 A 公司的合并日，B 公司在最终控制方甲集团的净资产没有变化；甲集团转让价格仍为 1 000 万元。

（1）甲集团单体报表。

购买 B 公司会计处理：

借：长期股权投资——B 公司	1 000
贷：银行存款	1 000

转让 B 公司 100% 股权给 A 公司：

借：银行存款	1 000
贷：长期股权投资——B	1 000

（2）B 公司单体报表。

B 公司的股东发生变化，假定账面净资产全部为股本：

借：股本——甲集团	600
贷：股本——A	600

（3）A 公司单体报表。

A 公司按照 B 在最终控制方甲集团的合并财务报表中的账面价值享有比例确认，即甲集团在合并报表中反映 600 万元股本和 400 万元商誉，计 1 000 万元。

借：长期股权投资——B 公司	1 000
贷：银行存款	1 000

（4）合并层面。

A 公司合并 B 公司：

借：股本——B 公司	600
资本公积——资本溢价等	400
贷：长期股权投资——B	1 000

甲集团合并公司 A 也会同样减少资本公积等 400 万元。

3.2.3 非同一控制下企业合并的初始投资成本

购买方在购买日对作为企业合并对价付出的资产、发生或承担的负债应当按照公允价值计量，公允价值与其账面价值的差额计入当期损益。合并合并或协议中对可能影响合并成本的未来事项作出约定的，未来事项很可能发生且影响金额能够可靠计量的计入合并成本。

非同一控制下的企业合并会计处理原理为所谓的"购买法"（purchase method），视为是一种市场行为，即将企业合并视为合并方按照公允价值购买被合并方的股权，合并过程中允许产生损益。

非同一控制下的企业合并基本会计分录如下：

借：长期股权投资　　　　　　　　　　　　（初始投资成本）

　　累计折旧　　　　　　　　　　　　　　（账面余额）

　　固定资产减值准备　　　　　　　　　　（账面余额）

　贷：银行存款　　　　　　　　　　　　　（现金支付对价）

　　　固定资产等　　　　　（账面余额，固定资产等支付对价）

　　　营业外收入——固定资产处置利得（固定资产公允价值－账面价值）

　　　主营业务收入　　　　　　　　　　　（存货公允价值）

　　　应交税费——应交增值税（销项税额）

　　　　　　　　　　　　　　　（存货等支付对价，视同销售）

　　　应付账款等　　　　　　　　　　　　（承担负债支付对价）

　　　股本　　　　　　　　　（发行股票支付对价，股票面值）

　　　资本公积——股本溢价（股票溢价部分）（发行股票溢价净额）

　　　预计负债　　　（约定未来实行符合负债确认条件，最佳估计数）

【例 3-7】甲公司为一家上市公司，2017 年 5 月，拟从 A 公司收购其全资控股的 B 公司。A 公司不经营具体业务，B 公司为 A 公司一年前从其他关联方受让而来（同一控制）。B 公司具备生产经营条件，从事与甲公司类似的生产经营活动。双方协商：甲公司通过受让 A 公司 100% 股权的方式完成收购；收购全部采取现金出资；评估基准日为 2017 年 6 月 30 日；评估基准日至收购日之间的经营成果全部归属于甲公司。合同签订后，甲公司依约支付了 30% 的收购款；9 月底，工商变更等法律程序全部完成后，甲公司支付了其余全部款项。按照会计准则，甲公司将 9 月 30 日确定为收购日是恰当的。甲公司、A 公司不具备关联关系，甲公司、A 公司、B 公司采用的会计政策一致。

判断：该案例中，B 公司为上市公司收购的标的公司，甲公司通过收购 B 公司的壳公司 A 公司股权的方式完成对标的公司的收购。甲公司、A 公司不受同一方或相同多方最终控制，该合并属于非同一控制下的控股合并。

其他资料列示如下：

甲公司现金出资 12 000 万元收购 A 公司 100% 股权。

6 月 30 日 A 公司、B 公司评估结果如表 3-6、表 3-7 所示（单位：万元，下同）。

A 公司采用资产基础法评估，除长期股权投资外，评估价值和账面价值一致。

B 公司采用资产基础法和收益法两种方法评估，采用收益法评估价值为 11 800 万元；采用资产基础法，除存货、固定资产（主要为房屋建筑物评增）、无形资产（土地使用权评增）外，评估价值和账面价值一致。

表 3 - 6　　　　　　　　　　A 公司资产基础法评估结果　　　　　　　　　金额单位：万元

项目	评估价值	账面价值	增值额	增值率（%）
净资产	12 300.00	7 000.00	5 300.00	75.71
其中：长期股权投资	11 800.00	6 500.00	5 300.00	81.54

表 3 - 7　　　　　　　　　　B 公司资产基础法评估结果　　　　　　　　　金额单位：万元

项目	评估价值	账面价值	增值额	增值率（%）
净资产	9 500.00	7 300.00	2 200.00	30.14
其中：存货	300.00	240.00	60.00	25.00
固定资产	3 700.00	2 800.00	900.00	32.14
无形资产	3 640.00	2 400.00	1 240.00	51.67

甲公司初始投资成本为 12 000 万元，单体报表会计处理：

借：长期股权投资——A 公司　　　　　　　　　　　　　　　　12 000

　　贷：银行存款　　　　　　　　　　　　　　　　　　　　　　　　　12 000

【链接 3-2】资产评估具体方法一般有三种：

（1）成本法：也称重置成本法，是从待评估资产在评估基准日的复原重置成本或更新重置成本中扣减其各项价值损耗，来确定资产价值的方法。其基本公式为：

资产评估值 = 被评估资产重置成本 - 资产实体性贬值 - 资产功能性贬值 - 资产经济性贬值

（2）收益法：指通过估算被评估资产未来预期收益并按照适宜的折现率折算成现值来确定被评估资产价值的资产评估方法。收益法是根据将利求本的思路，采用本金化和折现的方法来判断资产价值的评估方法。

（3）市场法：即现行市价法，是以市场价格作为资产评估的价格标准，据以确定资产价格的一种资产评估方法。它是通过比较被评估资产与最近售出类似资产的异同，并将类似资产的市场价格进行调整，从而确定被评估资产价值的一种资产评估方法。

实务中若欲投资或收购一家公司，评估报告至少采用两种方法，一种是资产基础法（成本法），对报表项目逐项评估，其评估值一般认为是单项资产或负债的公允价值；一种是收益法或市场法，其评估值一般认为是收购标的股权价值，一般作为双方定价的基础。本例中，B 公司按照资产基础法评估值为 9 500 万元，按照收益法评估值为 11 800 万元。A 公司是壳公司，其主要资产为长期股权投资，这项资产评估值即为B 公司股权按照收益法评估值 11 800 万元，B 公司资产基础法整体评估值 12 300 万元，双方依该估值为基础，最终成交价格 12 000 万元。

3.2.4　非企业合并的初始投资成本

非企业合并的初始投资成本为支付对价的公允价值，包括相关税费。基本会计分录为：

借：长期股权投资　　　　　　　　　　　　　　　（初始投资成本）
　　贷：银行存款　　　　　　　　　　　　　　　（现金支付对价）
　　　　股本　　　　　　　　　　　　（发行股票支付对价，股票面值）
　　　　资本公积——股本溢价　　　（股票溢价净额，即溢价扣除发行费用）
　　　　非货币性资产
　　　　　　　　（非货币性资产支付对价，换出资产的公允价值加相关税费）
　　　　重组债权　　　　　（债权支付对价，放弃债权的公允价值和相关税费）

【例 3-8】甲公司以一台已经使用的设备投资 A 公司，该设备账面原值 3 000 万元，已提折旧 1 000 万元，评估作价 2 200 万元，增值税税率 13%。经协商，各方同意按照评估价对 A 公司进行注资。其中 2 000 万元计入实收资本，其余计入资本公积。注资后，甲公司占 A 公司 20% 的股份，公司章程约定，甲公司可以派驻一名董事。甲公司开具增值税专用发票。

分析：甲公司占 20% 的股份并派驻一名董事，构成重大影响，属于对联营企业的投资，适用长期股权投资准则。

（1）甲公司账务处理。

借：固定资产清理　　　　　　　　　　　　　　　2 000
　　累计折旧　　　　　　　　　　　　　　　　　1 000
　　贷：固定资产　　　　　　　　　　　　　　　3 000
借：长期股权投资　　　　　　　　　　　　　　　2 486
　　贷：固定资产清理　　　　　　　　　　　　　2 200
　　　　应交税费——应交增值税（销项税额）　　 286
借：固定资产清理　　　　　　　　　　　　　　　200
　　贷：营业外收入——固定资产处置利得　　　　200

（2）A 公司账务处理。

借：固定资产   2 200

  应交税费——应交增值税（进项税额）   286

   贷：实收资本——甲公司   2 000

    资本公积——资本溢价   486

【例 3 –9】甲公司以其持有的对上市公司 B 公司的长期股权投资 2 700 万股与其他各方出资成立非上市公司 A 公司。甲公司作为出资的股权作价 10 000 万元（与公允价值相当），A 公司的注册资本 20 000 万元，甲公司持股比例为 30%，按照章程规定，甲公司派出一名副总经理参与经营；A 公司取得该股权后能够对上市公司 B 公司施加重大影响。不考虑相关税费。

（1）甲公司账务处理。

借：长期股权投资——A 公司   10 000

   贷：长期股权投资——B 公司   10 000

注：甲公司作价与账面价值的差额计入损益。

（2）A 公司账务处理。

借：长期股权投资——B 公司   10 000

   贷：实收资本——甲公司   （20 000 ×30%）6 000

    资本公积——资本溢价   4 000

（3）B 上市公司的投资人由甲公司变为 A 公司，股东名册发生变化。

借：股本——甲公司   2 700

   贷：股本——A 公司   2 700

3.3　长期股权投资的后续确认和计量

3.3.1　成本法

投资方对子公司的长期股权投资应当采用成本法进行后续计量。成本法下，除非追加或收回投资应当调整长期股权投资的初始投资成本外，长期股权投资的账面余额保持不变。被投资方宣告分派的现金股利或利润，应当确认为投资收益。

需要强调的是，子公司董事会作出现金分红的预案投资方不做账务处理，可在备查簿登记，当股东会或类似机构作出决议，法律程序完成后投资方才能根据享有的份额确认投资收益。子公司派发股票股利或留存收益增资，既不影响初始投资成本，也无现金流入，无须账务处理，仅需在备查簿登记。

成本法下基本会计分录：

（1）被投资方宣告发放现金股利或利润。

借：应收股利

　　贷：投资收益

（2）实际收到现金股利。

借：银行存款

　　贷：应收股利

（3）处置部分股权，但不丧失控制权。

借：银行存款　　　　　　　　　　　　　　　　（实际收到金额）

　　贷：长期股权投资　　　　　　　　　　　（原账面价值×处置比例）

　　　　投资收益　　　　　　　　　　　　　　（差额，或在借方）

【例 3 - 10】2020 年 7 月，为了稳定材料来源，甲公司以银行存款 3 000 万元自非关联方取得 A 公司 80% 的股权，另外支付中介并购顾问费 20 万元。2021 年 4 月，A 公司决定现金分红 200 万元并经股东会表决通过，5 月收到现金分红。2022 年 3 月，为了充分利用供应商乙公司技术优势，甲公司决定将 A 公司 20% 的股权转让给乙公司，转让价格 1 000 万元，甲公司仍然能够对 A 公司实施控制。不考虑其他因素。

2020 年 7 月，甲公司取得 A 公司控制权。

借：长期股权投资——A 公司　　　　　　　　　　　　　3 000

　　管理费用　　　　　　　　　　　　　　　　　　　　　20

　　贷：银行存款　　　　　　　　　　　　　　　　　　　3 020

2021 年 4 月，A 公司决定分红。

借：应收股利（200×80%）　　　　　　　　　　　　　　160

　　贷：投资收益　　　　　　　　　　　　　　　　　　　160

2021 年 5 月，收到现金分红。

借：银行存款　　　　　　　　　　　　　　　　　　　　160

　　贷：应收股利　　　　　　　　　　　　　　　　　　　160

2022 年 3 月，转让 20% 股份。

借：银行存款　　　　　　　　　　　　　　　　　　　　1 000

　　贷：长期股权投资——A 公司　　（3 000×20%÷80%）750

　　　　投资收益　　　　　　　　　　　　　　　　　　　250

3.3.2　权益法

1. 权益法概述。投资方对联营企业和合营企业的长期股权投资，采用权益法进行后续计量。权益法下，投资方根据被投资方盈亏按照享有的份额确认投资损益，同时调整长期股权投资的账面价值。被投资方现金分红，不再确认投资收益，冲减长期股权投资。被投资方发生了巨额亏损，应当以长期股权投资的账面价值以及其他实质上构成对被投资方净投资的长期权益减记至零为限，投资方负有承担额外损失义务的，还应确认预计负债。被投资方以后实现净利润的，投资方在其收益分享额弥补未确认的亏损分担额后，恢复确认收益分享额。

投资方对联营企业的权益性投资，其中一部分通过风险投资机构、共同基金、信托公司或包括投连险基金在内的类似主体间接持有的，无论以上主体是否对这部分投资具有重大影响，投资方都可以按照《企业会计准则第 22 号——金融工具确认和计量》的有关规定，对间接持有的该部分投资选择以公允价值计量且其变动计入损益，并对其余部分采用权益法核算。

权益法下基本会计分录：

（1）投资时。

借：长期股权投资——投资成本

　　贷：银行存款等

（2）持有期间，按照享有比例，净利润大于 0。

借：长期股权投资——损益调整

　　贷：投资收益

亏损则：

借：投资收益

　　贷：长期股权投资——损益调整

一般将长股账面价值减记至 0 止（有限责任）。

（3）被投资方所有者权益的其他变动，按照享有比例。

借：长期股权投资——其他综合收益

　　贷：其他综合收益

或相反会计分录。

（4）投资企业有其他实质上构成对被投资方净投资的。

借：投资收益

　　贷：长期应收款

（5）按合同或协议约定承担额外义务。

借：投资收益

　　贷：预计负债——承担超额亏损

仍有亏损，则在备查簿登记备查，被投资企业盈利时，根据享有的份额先恢复备查金额，然后根据以上相反顺序恢复账面价值。

2. 对初始投资成本的再考量。长期股权投资的初始投资成本大于投资时应享有被投资方可辨认净资产公允价值份额的，该部分差额是投资方在取得投资过程中通过作价体现出的与所取得股权份额相对应的商誉价值，不调整长期股权投资的初始投资成本。

长期股权投资的初始投资成本小于投资时应享有被投资方可辨认净资产公允价值份额的，两者之间的差额体现为双方在交易作价过程中转让方的让步，计入营业外收入。

【例 3 – 11】甲公司以现金投资 B 公司，出资金额 2 000 万元，占 B 公司 20% 的股份，具有重大影响。投资时 B 公司资产权益情况如表 3 – 8 所示。

表 3 – 8 　　　　　　　　　　B 公司资产负债表简表　　　　　　　　　单位：万元

资产	账面价值	公允价值	负债和所有者权益	账面价值	公允价值
存货	1 000	1 500	流动负债	4 000	4 000
固定资产	2 000	4 500	非流动负债	2 000	2 000
其他资产	12 000	12 000	所有者权益	9 000	12 000
资产总计	15 000	18 000	权益总计	15 000	18 000

分析：

长期股权投资初始投资成本：2 000 万元

享有被投资方可辨认净资产公允价值：12 000 × 20% = 2 400（万元）

初始投资成本小于享有比例，因此：

借：长期股权投资　　　　　　　　　　　　　　　　　　　　　　　400

　　贷：营业外收入　　　　　　　　　　　　　　　　　　　　　　400

本例若 B 公司可辨认净资产公允价值为 7 000 万元，享有比例 1 400 万元，则初始投资成本 2 000 万元无须调整，差额 600 万元实为商誉。

3. 权益法下的三类调整。权益法的基本思路，是将投资方与被投资方作为一个整体对待，投资方根据被投资方的经营情况和其他净资产变动按照享有比例同步"联动"。在确认享有比例之前，需要对被投资方的净利润进行三类调整。

（1）会计政策与会计期间。

会计政策：如果被投资方的会计政策与投资方不一致；应调整为投资方的会计政策。如被投资方存货发出计价方法采用先进先出法，投资方采用全月一次加权平均法，应将被投资方存货发出重新按照全月一次加权平均法测算对营业成本的影响。

会计期间：如果被投资方的会计期间与投资方不一致；应调整为投资方的会计期间的会计信息。如有重大影响的境外投资，被投资方会计年度与境内不一致，应调整为按照公历年度的利润表。

（2）初始投资时公允价值计量的存货、折旧摊销等项目。由于投资方初始计量时按照被投资方可辨认净资产公允价值享有的份额计入初始投资成本，被投资方仍然按照历史成本延续下去，因此投资方在确认投资损益时，应将影响损益的公允价值和历史成本的差异进行调整，否则会造成投资损益多记或少记。

【例3-12】甲公司2017年1月1日购入A公司40%股份并派人参与决策。取得投资日净资产除表3-9列示外A公司可辨认资产公允价值与账面价值均相同。A公司2017年实现净利润500万元，其中在甲公司投资时的存货70%对外销售。会计政策相同，不考虑所得税。

表3-9　　　　　初始投资时A公司公允价值和账面价值差异一览表

项目	账面原价（万元）	累计折旧或摊销（万元）	公允价值（万元）	A公司预计使用年限（年）	A公司取得投资时剩余使用年限（年）
存货	500		650		
固定资产	1 400	350	1 500	20	15
无形资产	700	280	600	10	6
合计	2 600	630	2 750		

存货销售应调减利润：$(650-500)\times70\% = 105$（万元）

固定资产公允价值与账面价值差额调减利润：$1\,500\div15 - 1\,400\div20 = 30$（万元）

无形资产公允价值与账面价值差额调减利润：$600\div6 - 700\div10 = 30$（万元）

调整后的净利润：$500-105-30-30 = 335$（万元）

A公司应确认收益：$335\times40\% = 134$（万元）

借：长期股权投资——B公司（损益调整）　　　　　　　　134

　　贷：投资收益　　　　　　　　　　　　　　　　　　　　　134

（3）未实现内部损益。投资方计算确认应享有或应分担被投资方的净损益时，与联营企业、合营企业之间发生的未实现内部交易损益按照应享有的比例计算归属于投资方的部分，应当予以抵销，在此基础上确认投资收益。投资方与被投资方发生的未实现内部交易损失，按照《企业会计准则第8号——资产减值》等的有关规定属于资产减值损失的，应当全额确认。

【链接3-3】构成业务与不构成业务的"顺流""逆流"。

（1）《企业会计准则第2号——长期股权投资》应用指南（2014）：投资方与联营、合营企业之间发生投出或出售资产的交易，该资产构成业务的，应当按照《企业会计准则第20号——企业合并》《企业会计准则第33号——合并财务报表》的有关规定进行会计处理。有关会计处理如下：

①联营、合营企业向投资方出售业务的，投资方应按《企业会计准则第 20 号——企业合并》的规定进行会计处理。投资方应全额确认与交易相关的利得或损失。

②投资方向联营、合营企业投出业务，投资方因此取得长期股权投资但未取得控制权的，应以投出业务的公允价值作为新增长期股权投资的初始投资成本，初始投资成本与投出业务的账面价值之差，全额计入当期损益。投资方向联营、合营企业出售业务取得的对价与业务的账面价值之间的差额，全额计入当期损益。

《企业会计准则第 20 号——企业合并（2006）》第十二条：购买方在购买日对作为企业合并对价付出的资产、发生或承担的负债应当按照公允价值计量，公允价值与其账面价值的差额，计入当期损益。

（2）投出或出售的资产不构成业务的，应当分别顺流交易和逆流交易进行会计处理。顺流交易是指投资方向其联营企业或合营企业投出或出售资产。逆流交易是指联营企业或合营企业向投资方出售资产。未实现内部交易损益体现在投资方或其联营企业、合营企业持有的资产账面价值中的，在计算确认投资损益时应予抵销。

一是构成"业务"。业务是指企业内部某些生产经营活动或资产的组合，该组合一般具有投入、加工处理过程和产出能力，能够独立计算其成本费用或所产生的收入，但不构成独立法人资格的部分。例如，企业的分公司、不具有独立法人资格的分部等。

【例 3-13】甲公司系增值税一般纳税人，为汽车生产厂商。2020 年 1 月份，甲公司以其所属的从事汽车配饰生产的一个分公司（构成业务），向其持股 30% 的联营企业乙公司增资。同时，乙公司的其他投资方（持有乙公司 70% 股权）对等增资。增资后，甲公司对乙公司的持股比例不变，仍能施加重大影响。上述分公司（构成业务）的净资产（资产与负债的差额，假定负债为 0）账面价值为 1 000 万元，该业务的公允价值为 1 530 万元（不含增值税）。具体资料如表 3-10 所示。

表 3-10　　　　　　构成"业务"：甲公司投出分公司资产状况

项目	账面价值（元）	公允价值（元）	增值税税率（%）	增值税税额（元）	公允价值 + 增值税（元）
原材料	800 000	1 000 000	16.00	160 000	1 160 000
库存商品	1 200 000	1 500 000	16.00	240 000	1 740 000
无形资产	2 000 000	6 000 000	6.00	360 000	6 360 000
固定资产（设备）	3 000 000	2 800 000	13.00	364 000	3 164 000
固定资产（厂房）	3 000 000	4 000 000	11.00	440 000	4 440 000
合计	10 000 000	15 300 000	—	1 564 000	16 864 000

甲公司应当按照所投出分公司（业务）的含税公允价值作为新取得长期股权投资的初始投资成本，即 16 864 000 元。

借：长期股权投资　　　　　　　　　　　　　　　16 864 000

　　贷：其他业务收入　　　　　　　　　　　　　　　　　1 000 000

　　　　主营业务收入　　　　　　　　　　　　　　　　　1 500 000

　　　　无形资产　　　　　　　　　　　　　　　　　　　2 000 000

　　　　固定资产清理　　　　　　　　　　　　　　　　　6 000 000

　　　　营业外收入　　　　　　　　　　　　　　　　　　4 800 000

　　　　应交税费——应交增值税（销项税额）　　　　　　1 564 000

乙公司按照公允价值（开票金额）入账，会计分录略。

2021 年度，乙公司按其账面价值计算实现的净利润为 1 000 万元（不考虑其他调整因素）。

甲公司无须对净利润调整；无须进行抵销。

甲公司应享有比例 = 1 000 × 30% = 300（万元）

借：长期股权投资——损益调整　　　　　　　　　　3 000 000

　　贷：投资收益　　　　　　　　　　　　　　　　　　3 000 000

【案例小结】 构成"业务"，投资方和被投资方之间的交易或投资方的投出业务"视同对外交易"，类似"购买法"。进而理解，交易或投出当期将公允价值和账面价值差额一次性确认损益，后续无须考虑对内部损益的调整，否则重复确认了。

二是不构成业务。应考虑投资方和被投资方内部交易未实现内部损益的抵销。分"顺流交易"和"逆流交易"进行会计处理。

顺流：投资方投出或出售资产给联营、合营方。

逆流：联营、合营方投出或出售资产给投资方。

顺流会计处理原则：投资方在采用权益法计算确认应享有联营企业或合营企业的投资损益时，应抵销该未实现内部交易损益的影响，同时调整对联营企业或合营企业长期股权投资的账面价值；投资方因投出或出售资产给其联营企业或合营企业而产生的损益中，应仅限于确认归属于联营企业或合营企业其他投资方的部分。

逆流会计处理原则：对于联营企业或合营企业向投资方投出或出售资产的逆流交易，比照上述原则交易处理。

简言之，无论"顺流"还是"逆流"交易，剔除自己投资或销售给自己影响损益的部分。

【例 3 - 14】 甲公司于 2020 年 7 月 1 日取得乙公司 20% 有表决权股份，能够对乙公司施加重大影响。假定甲公司取得该项投资时，乙公司各项可辨认资产、负债的公允价值与其账面价值相同。2020 年 10 月内部交易资料如下：

（1）假定一（逆流交易），乙公司将其成本为 600 万元的某商品以 1 000 万元的价格出售给甲公司，甲公司将取得的商品作为存货。至 2020 年资产负债表日，甲公司已对外出售该存货的 70%。

（2）假定二（顺流交易），甲公司将其成本为 600 万元的某商品以 1 000 万元的价格出售给乙公司，乙公司将取得的商品作为存货。至 2020 年资产负债表日，乙公司已对外出售该存货的 70%，其余 30% 形成存货。

（3）乙公司 2020 年实现净利润为 3 000 万元（其中上半年亏损 150 万元）。

（4）假定 2021 年上述存货全部对外销售，乙公司 2021 年净利润 3 800 万元。

不考虑其他因素，写出甲公司 2020 年、2021 年的会计分录。

为了便于对比"顺流交易"和"逆流交易"处理，并假定甲公司有子公司并需要编制合并报表，以表格形式列示会计处理及计算分析过程（见表 3 – 11）。

表 3 – 11　　　　不构成"业务"：顺流交易和逆流交易单体报表
及假定编制"合并报表"的调整

逆流交易：乙公司出售给甲公司	顺流交易：甲公司出售给乙公司
2020 年： 甲公司单体报表：投资前亏损 150 万元予以考虑。 乙公司调整后的净利润 = 3 150 – (1 000 – 600) × 30% = 3 030 （万元） 借：长期股权投资——损益调整 　　　　　（3 030 × 20%）606 　　贷：投资收益　　　　　　　606	2020 年： 甲公司单体报表： 乙公司调整后的净利润 = 3 150 – (1 000 – 600) × 30% = 3 030 （万元） 借：长期股权投资——损益调整 　　　　　（3 030 × 20%）606 　　贷：投资收益　　　　　　　606
合并财务报表： 甲公司如果有子公司，需编制合并财务报表，在合并财务报表中，因该未实现内部交易损益体现在投资企业持有存货的账面价值当中，应在合并财务报表中进行以下调整： 借：长期股权投资　（400 × 30% × 20%）24 　　贷：存货　　　　　　　　　　24 该笔调整站在"合并"的角度，将自我销售的部分 20% 考虑未实现销售部分对存货的影响，调减存货，因此合并报表中"虚增"了同等金额的长期股权投资，但不影响损益	合并财务报表： 甲公司如有子公司，需编制合并财务报表，在合并财务报表中对该未实现内部交易损益应在单体报表已确认投资损益的基础上进行以下调整： 借：营业收入　　（1 000 × 20%）200 　　贷：营业成本　（600 × 20%）120 　　　　投资收益　　　　　　　80 该笔调整：（1）站在"合并"角度将自我销售的部分 20% 营业收入和营业成本分别调减；（2）将毛利转记为投资收益；（3）无论乙公司是否对外销售，销售多少，无须考虑，销售价格影响的是乙公司的成本利润，乙公司不纳入合并。 与左边逆流处理有实质不同，左边是调减存货

续表

逆流交易：乙公司出售给甲公司	顺流交易：甲公司出售给乙公司
2021 年： 甲公司单体报表：甲公司其余 30% 实现对外销售，应"在"乙公司净利润的基础上调整（注意调整的是甲公司 30% 存货对外销售来源于乙公司的存货的 20%）： 借：长期股权投资——损益调整 　　　[（3 800 + 400 × 30%）× 20%] 784 　　贷：投资收益　　　　　　　　784 合并调整： 借：存货　　　　　　　　　　　24 　　贷：长期股权投资　　　　　　　24 上年合并减调减存货 24 万元，甲公司单体报表按照 300 万元结转成本，编制相反分录	2021 年： 甲公司单体报表：乙公司其余 30% 实现对外销售，应"对"乙公司净利润的进行调整（注意与左边调整的区别，是乙公司 30% 的存货对外销售）： 借：长期股权投资——损益调整 　　　[（3 800 + 400 × 30%）× 20%] 784 　　贷：投资收益　　　　　　　　784 上年合并若"滚动调整"： 借：未分配利润——年初　　　　80 　　贷：未分配利润——年初　　　　80 实务中不用做。 本年合并无调整分录

案例小结：根据左右边第一笔分录可以看出，无论顺流还是逆流，剔除掉的利润（调整掉的部分）均为未实现对外销售部分 30% 涉及的利润。顺流交易将自我销售部分的毛利在合并报表中转记为投资收益

4. 其他权益变动。被投资方其他综合收益发生变动的，投资方应当按照归属于本企业的部分，相应调整长期股权投资的账面价值，同时增加或减少其他综合收益。会计分录为：

借：长期股权投资——其他综合收益
　　贷：其他综合收益

或相反分录。

5. 被投资方除净损益、其他综合收益以及利润分配以外的所有者权益的其他变动的因素，如被投资方接受其他股东的资本性投入，投资方应按所持股权比例计算应享有的份额，调整长期股权投资的账面价值，同时计入资本公积（其他资本公积），并在备查簿中予以登记。

借：长期股权投资——其他权益变动
　　贷：资本公积——其他资本公积

或相反分录。

3.3.3　长期股权投资减值

长期股权投资减值，是指长期股权投资可收回金额低于其账面价值。可收回金额

应当根据长期股权投资的公允价值减去处置费用后的净额与资产预计未来现金流量的现值两者之间较高者确定。长期股权投资减值损失一经确认，在以后会计期间不得转回。

【例 3 –15】甲公司持有 A 公司 60% 的股权，能够对 A 公司实施控制，长期股权投资的初始投资成本为 2 000 万元，此前未计提减值准备。2020 年，A 公司因为涉及知识产权侵权被终审判决败诉，且该知识产品关联 A 公司的核心技术，短期内无法解决该问题。甲公司经减值测试，对 A 公司投资可收回金额为 800 万元，则应计提减值准备 1 200 万元。

借：资产减值损失　　　　　　　　　　　　　　　　　　1 200
　　贷：长期股权投资减值准备　　　　　　　　　　　　　　　1 200

3.4　六种核算方法的转换

不具有控制、共同控制或重大影响的权益性投资，按照《企业会计准则第 22 号——金融工具确认和计量（2017）》确认和计量。依照该准则，权益性投资应按照公允价值计量，具体又分为以公允价值计量且其变动计入其他综合收益的金融资产和以公允价值计量且其变动计入当期损益的金融资产两小类。

因此，权益性投资随着投资比例的变化，投资方对被投资方的影响程度不同，公允价值、成本法、权益法组合称六种核算方法。仅将股权比例作为影响标准，则不同方法的转换可描述为"三节棍"（见图 3 –4）。

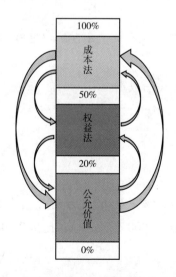

图 3 –4　股权比例与不同核算方法的转换

本部分内容应掌握成本法和权益法的相互转换。

3.4.1 公允价值计量转权益法核算

长期股权投资初始投资成本：新增投资成本 + 原持有股权的公允价值。

会计处理要点：

（1）按权益法对现有股权账面价值进行入账调整：比较初始投资成本与被投资方可辨认净资产公允价值享有比例。

（2）原持有股权作为交易性金融资产核算的，公允价值与账面价值差额计入投资收益；原持有股权作为其他权益工具核算的，将原有其他综合收益转入留存收益。

【例3-16】交易性金融资产转权益法。

A公司2017年8月取得B公司10%股权，成本600万元，划分为以公允价值计量且其变动计入当期损益的金融资产；12月31日市价为700万元。2018年4月又以1 200万元购入B公司12%股权。A公司对B公司可以实施重大影响。投资后B公司未派发现金股利。4月B公司可辨认净资产公允价值8 000万元。

2017年8月取得10%股权。

借：交易性金融资产——成本 600
　　贷：银行存款 600

2017年12月31日。

借：交易性金融资产——公允价值变动 100
　　贷：公允价值变动损益 100

2018年4月。

借：长期股权投资 　　　　　　　　（1 200 + 1 200 ÷ 12% × 10%）2 200
　　贷：银行存款 1 200
　　　　交易性金融资产——成本 600
　　　　　　　　　　　　——公允价值变动 100
　　　　投资收益 300

借：公允价值变动损益 100
　　贷：投资收益 100

A公司享有比例 = 8 000 × 22% = 1 760（万元），不作调整。

若可辨认净资产公允价值12 000万元，享有比例2 640万元，则：

借：长期股权投资 　　　　　　　　　　（2 640 - 2 200）440
　　贷：营业外收入 440

【例3-17】其他权益工具投资转权益法。

A公司2017年8月取得B公司10%股权，成本600万元，划分为以公允价值计量且其变动计入其他综合收益的金融资产；12 月 31 日市价 700 万元。2018 年 4 月又以 1 200 万元购入 B 公司 12% 股权。A 公司对 B 公司可以实施重大影响。投资后 B 公司未派发现金股利。4 月 B 公司可辨认净资产公允价值 8 000 万元。按照 10% 提取法定公积金。

2017 年 8 月取得 10% 股权。

借：其他权益工具投资——成本　　　　　　　　　　　　　　　600

　　贷：银行存款　　　　　　　　　　　　　　　　　　　　　　　600

2017 年 12 月 31 日。

借：其他权益工具投资——公允价值变动　　　　　　　　　　　100

　　贷：其他综合收益　　　　　　　　　　　　　　　　　　　　　100

2018 年 4 月。

借：长期股权投资　　　（1 200 + 1 200 ÷ 12% × 10%）2 200

　　贷：银行存款　　　　　　　　　　　　　　　　　　　　　1 200

　　　　交易性金融资产——成本　　　　　　　　　　　　　　　600

　　　　　　　　　　　　——公允价值变动　　　　　　　　　　100

　　　　其他综合收益　　　　　　　　　　　　　　　　　　　　300

借：其他综合收益　　　　　　　　　　　　　　（100 + 300）400

　　贷：盈余公积　　　　　　　　　　　　　　　　　　　　　　　40

　　　　利润分配——未分配利润　　　　　　　　　　　　　　　360

享有比例 = 8 000 × 22% = 1 760（万元），不作调整。

若可辨认净资产公允价值 12 000 万元，享有比例 2 640 万元，则：

借：长期股权投资　　　　　　　　　　　　　（2 640 - 2 200）440

　　贷：营业外收入　　　　　　　　　　　　　　　　　　　　　440

【链接 3-4】 根据《企业会计准则第 30 号——财务报表列报（2014）》、应用指南及相关准则，以后会计期间不能重分类进损益的其他综合收益项目主要有：

（1）重新计量设定受益计划净负债或净资产导致的变动；

（2）权益法下不能转损益的其他综合收益；

（3）其他权益工具投资的公允价值变动；

（4）企业自身信用风险公允价值变动。

3.4.2　公允价值计量转成本法核算

合并对价：新增投资成本 + 原持有股权的公允价值。

（1）非同一控制：购买法；

（2）同一控制：权益结合法。

会计处理要点：

原持有股权作为交易性金融资产核算的，公允价值与账面价值差额计入投资收益；原持有股权作为其他权益工具核算的，将原有其他综合收益转入留存收益。

1. 形成非同一控制。长期股权投资初始投资成本即放弃资产或承担负债的公允价值，即合并对价。

【例 3 – 18】公允价值计量转成本法——非同一控制。

A 公司 2017 年 8 月取得 B 公司 10% 股权，成本 600 万元，作为交易性金融资产管理；12 月 31 日市价 700 万元。2018 年 1 月 2 日又以 6 200 万元购入 B 公司 62% 股权。A 公司、B 公司原来没有关联。投资后 B 公司未派发现金股利。

借：长期股权投资   （6 200 + 6 200 ÷ 62% × 10%）7 200

　　贷：银行存款   6 200

　　　　交易性金融资产——投资成本   600

　　　　　　　　　　——公允价值变动   100

　　　　投资收益   （6 200 ÷ 62% × 10% – 700）300

借：公允价值变动损益   100

　　贷：投资收益   100

【控制权溢折价】《企业会计准则第 39 号——公允价值计量（2014）》将公允价值分为三个层次，第一层次输入值是在计量日能够取得的相同资产或负债在活跃市场上未经调整的报价。比如交易活跃且成交量大的上市公司公开流通的股票收盘价。但理论上可能会产生控制权溢价或折价，因此本案例将原持股 10% 的公允价值按照新购进 62% 股权的对价 6 200 万元折算为 1 000 万元，值得商榷。

2. 形成同一控制。初始投资成本为被合并方在最终控制方合并报表中账面价值按持股比例享有比例；合并成本和初始投资成本的差额调整投资方单体报表的净资产。

《企业会计准则第 2 号——长期股权投资》应用指南（2014）未单独解释和举例，且没有对投资方放弃资产或承担负债公允价值与账面价值的差额作出明确规定。《企业会计准则第 7 号——非货币性资产交换（2019）》第三条（二）非货币性资产交换中涉及企业合并的，适用《企业会计准则第 20 号——企业合并》《企业会计准则第 2 号——长期股权投资》《企业会计准则第 33 号——合并财务报表》。即优先适用合并准则和长期股权投资准则：投资方以非货币性资产支付对价按照账面价值结转。

【例 3 – 19】公允价值计量转成本法——同一控制。

甲集团公司全资控股 A 公司、B 公司，B 公司股权有活跃市场报价，甲集团为 A

公司、B 公司的最终控制方。

2019 年 1 月 1 日，A 公司用银行存款购买 B 公司 1 000 万股，购买价格 10 元/股，占股 10%，A 公司将其指定为以公允价值计量且其变动计入其他综合收益的金融资产。2020 年 12 月 31 日，B 公司每股市价为 12 元/股。

2021 年 1 月 4 日，A 公司从甲集团公司购入另外 60% 的 B 公司股份，收益法评估的 60% 股权的价值为 8 000 万元（假定有控股权溢价）。A 公司用银行存款支付 4 000 万元，另外 4 000 万元非货币性资产支付。增值税单独考虑。

2020 年 12 月 31 日，B 公司在甲集团合并报表中反映的账面价值为 10 000 万元。

A 公司非货币性资产支付合并对价的评估值及相关税费如表 3 - 12 所示。

表 3 - 12　A 公司非货币性资产支付合并对价的评估值及相关税费

项目	账面价值（万元）	评估值（万元）	增值税税率（%）	增值税额（万元）	评增额（万元）
存货	500	600	13.00	78	100
固定资产（设备）	2 300	2 600	13.00	338	300
无形资产	500	800	6.00	48	300
合计	3 300	4 000	—	464	700

甲集团、A 公司、B 公司单体报表、合并报表及所得税处理汇总如表 3 - 13 所示。

表 3 - 13　公允价值计量转换成本法——同一控制甲集团与 A 公司会计处理及税务处理

项目	甲集团	A 公司
单体报表	借：银行存款　4 000 　　存货　500 　　固定资产　2 300 　　无形资产　500 　贷：长期股权投资（10 000×60%）6 000 　　资本公积——资本溢价　1 300 增值税： 借：应交税费——应交增值税（进项税额）464 　贷：应付账款——A 公司　464 对 B 公司剩余持股比例 30%，单体报表改按权益法核算	借：长期股权投资——成本　7 000 　　资本公积——资本溢价等　1 500 　贷：银行存款　4 000 　　其他权益工具投资——成本　1 000 　　　　　——公允价值变动　200 　　存货　500 　　固定资产清理　2 300 　　无形资产　500 增值税： 借：应收账款——甲集团　464 　贷：应交税费——应交增值税（销项税额）464 其他综合收益 200 万元不作处理

续表

项目	甲集团	A 公司
合并报表	甲集团合并层面：B 公司不再直接纳入甲层面合并，而是先并入 A 公司，层层合并。除了正常抵销外，将 A 公司并上来的长期股权投资由于原持股公允价值变动的部分 200 万元冲掉： 借：资本公积——资本溢价　200 　　贷：长期股权投资——成本　200 实务中，由于合并报表是在单体报表简单汇总的基础上抵销，母子公司长期股权投资抵销至 0 会自动冲减资本公积和留存收益	A 公司层面合并：除了正常抵销外： 借：其他综合收益　　　　　　200 　　贷：盈余公积（公积金计提比例10%） 　　　　　　　　　　　　　　　　20 　　　　未分配利润　　　　　　180
计税基础与纳税申报	甲集团公司存货、固定资产、无形资产的计税基础和账面价值不一致；因为 A 公司已经纳税，产生可抵扣暂时性差异 700 万元，确认递延所得税资产。假定甲集团长期股权投资的计税基础等于其账面价值 10 000 万元，股权处置当期应纳税调增应纳税所得额 2 000 万元（1 300 + 700）在"A105030 投资收益纳税调整明细表"中填列	原其他权益工具投资计税基础 1 000 万元持续，而按照公允价值计入长期股权投资账面 1 200 万元；会产生暂时性差异 200 万元，但可预见未来不会转回，无须确认递延所得税负债，处置时应当调增处置当期应纳税所得额 200 万元。但应在备查簿记录该差异，即长期股权投资的计税基础 600 万元。存货、固定资产和无形资产均注销，没有暂时性差异问题。 当期所得税申报存货视同销售，调增收入 600 万元、调增营业成本 500 万元；固定资产和无形资产应确认营业外收入各 300 万元。三项调增当期应纳税所得额共 700 万元

B 公司股东持股比例发生变化，成为 A 公司子公司、甲集团的孙公司，其资产负债计税基础不变。

3.4.3　权益法转成本法核算

合并成本：原股权账面价值＋新增投资成本

会计处理要点：

（1）初始投资成本＝合并成本

原股权的其他权益变动根据被投资方的处理对等处理。

（2）同一控制：

$$初始投资成本 = 被投资方在最终控制方账面价值 \times 享有比例$$

合并成本与初始投资成本差额调整资本公积和留存收益。

1. 形成非同一控制。投资方单体报表将原股权账面价值和新增成本转为改为成本法核算的初始投资成本。合并报表在购买日对原持有股份按照公允价值重新计量，并将原来其他综合收益转为损益。

【例 3 – 20】权益法转成本法——非同一控制。

2017 年 8 月，A 公司购买 B 公司 30% 股份，成本 3 000 万元；2017 年 A 公司应享有 B 公司净收益 200 万元，其他综合收益 30 万元。2018 年 4 月又从其他股东方购入 40% 股份，现付成本 4 800 万元。A 公司、B 公司为非同一控制。

则 2018 年 4 月 A 公司单体报表：

借：长期股权投资——成本　　　　　　　　　　　　　　　　8 030

　　贷：银行存款　　　　　　　　　　　　　　　　　　　　4 800

　　　　长期股权投资——投资成本　　　　　　　　　　　　3 000

　　　　　　　　　　——损益调整　　　　　　　　　　　　 200

　　　　　　　　　　——其他综合收益　　　　　　　　　　　30

单体报表 A 无须结转其他综合收益。

购买日合并报表：

购买日原持有股权公允价值 = 4 800 ÷ 40% × 30% = 3 600（万元）

借：长期股权投资　　　　　　　　　　（3 600 – 3 230）370

　　贷：投资收益　　　　　　　　　　　　　　　　　　　　 370

借：其他综合收益　　　　　　　　　　　　　　　　　　　　　30

　　贷：投资收益　　　　　　　　　　　　　　　　　　　　　30

2. 形成非同一控制。投资方单体报表将初始投资成本与最终控制方账面价值和享有比例计算的金额之间的差额调整资本公积或留存收益。

合并报表合并日原所持股权采用权益法核算计算确认的损益、其他综合收益，以及净资产变动部分，在合并报表中予以冲回，并转入资本公积（资本溢价）。

【例 3 – 21】权益法转成本法——同一控制。

2017 年 8 月，A 公司购买 B 公司 30% 股份，成本 3 000 万元；2017 年 A 公司应享有 B 公司净收益 200 万元，其他权益变动 30 万元。2018 年 4 月又从其他股东方购入 40% 股份，现付成本 4 800 万元。合并日 B 公司在最终控制方净资产为 10 000 万元。2018 年 1 ~ 3 月 B 公司实现净利润 300 万元，假定 A 公司、B 公司始终由同一最终控制方控制。

则 2018 年 4 月 A 公司单体报表：

借：长期股权投资　　　　　　　　　　（10 000 × 70%）7 000

　　资本公积　　　　　　　　　　　　　　　　　　　　　1 120

贷：银行存款	4 800
长期股权投资——投资成本	3 000
——损益调整	（200 + 300 × 30%）290
——其他权益变动	30

A 公司合并报表：

2017 年比较报表冲减留存收益 230 万元，2018 年 4 月控制前实现利润 30% 的部分冲减投资收益 90 万元（原权益法）。

借：期初留存收益	230
投资收益	90
贷：资本公积——资本溢价	320

请根据合并报表编制是在简单汇总的基础上调整来理解该分录，这也是本书反复强调的。实质上长期股权投资原来按照权益法增加的部分，在单体报表对倒挤出的资本公积的影响，在合并层面中反向冲回。另外，对子公司长期股权投资合并层面抵销后皆为 0。

3.4.4　成本法转公允价值核算

丧失控制之日的公允价值与账面价值之间的差额计入当期损益。

合并报表：合并资产负债表含期初，合并利润表和合并现金流量表含期初至处置日。

【例 3 - 22】成本法转公允价值。

A 公司持有 B 公司 80% 股份。2018 年 6 月，对持有的该项投资的 90% 出售给非关联方，取得价款 9 000 万元。出售时该项长期股权投资账面价值 7 000 万元，剩余股权公允价值 1 000 万元，分类为以公允价值计量且其变动计入当期损益的金融资产。

确认 90% 部分股权的处置损益：

借：银行存款	9 000
贷：长期股权投资	（9 000 × 80%）6 300
投资收益	2 700

剩余股权转为交易性金融资产：

借：交易性金融资产	1 000
贷：长期股权投资	700
投资收益	300

3.4.5　权益法转公允价值核算

丧失共同控制或重大影响之日公允价值与账面价值差额计入当期损益。

原股权投资因采用权益法核算而确认的其他综合收益，应当在终止采用权益法核算时采用与被投资方直接处置相关资产或负债相同的基础进行会计处理。

【例 3 – 23】权益法转公允价值。

A 公司持有 B 公司 30% 股份。2018 年 4 月，A 公司将该项投资的 50% 股份以 1 800 万元价格出售给 C 公司，不再具有重大影响。出售时 A 公司长投账面价值 3 200 万元，其中投资成本 2 600 万元、损益调整 300 万元、其他综合收益 200 万元（被投资方对第三方投资，被投资方其他权益工具投资公允价值变动引起），除净损益、其他综合收益和利润分配外的其他权益变动 100 万元（被投资方增资引起资本公积增加引起）。剩余股权的公允价值 1 800 万元。

处置所得与账面价值差额：

借：银行存款　　　　　　　　　　　　　　　　　　　　1 800
　　贷：长期股权投资——投资成本　　　　　　　　　　　　1 300
　　　　　　　　　　——损益调整　　　　　　　　　　　　　150
　　　　　　　　　　——其他综合收益　　　　　　　　　　　100
　　　　　　　　　　——其他权益变动　　　　　　　　　　　　50
　　　　投资收益　　　　　　　　　　　　　　　　　　　　200

剩余股权按照公允价值计量，与账面价值差额计入当期损益。

借：交易性金融资产　　　　　　　　　　　　　　　　　1 800
　　贷：长期股权投资——投资成本　　　　　　　　　　　　1 300
　　　　　　　　　　——损益调整　　　　　　　　　　　　　150
　　　　　　　　　　——其他综合收益　　　　　　　　　　　100
　　　　　　　　　　——其他权益变动　　　　　　　　　　　　50
　　　　投资收益　　　　　　　　　　　　　　　　　　　　200

对被投资方对第三方其他权益工具投资，被投资方如果处置，应该按照金融工具准则计入留存收益，投资单位对等处理，因此，200 万元应当调整留存收益，假定法定公积金计提比例 10%，则：

投资方 A 公司其他综合收益转入留存收益。

借：其他综合收益　　　　　　　　　　　　　　　　　　　200
　　贷：盈余公积　　　　　　　　　　　　　　　（200×10%）20
　　　　利润分配——未分配利润　　　　　　　　　　　　　180

由于原计入资本公积的其他所有者权益变动此前已经编制了以下分录，故终止确认长期股权投资无须重复处理。

借：长期股权投资——其他权益变动   100

 贷：资本公积——其他资本公积   100

3.4.6 成本法转权益法核算

视同在投资开始时即采用权益法，考虑对报表影响进行一系列追溯调整。

追溯调整思路：（1）按处置比例结转应终止确认的长期股权投资，差额计入投资收益。（2）比较剩余成本与原投资时应享有可辨认净资产公允价值份额。剩余成本大于应享有比例，不调整；剩余成本小于应享有比例，调整留存收益。（3）原投资至处置投资时被投资方实现净损益应享有比例，视同按照权益法从最开始即调整。原投资至处置当期期初影响损益的，调整留存收益；处置当期的，调整当期损益。

【例 3 – 24】成本法转权益法。

A 公司持有 B 公司 80% 股权。2017 年末 A 公司长期股权投资账面价值 8 000 万元。2018 年 4 月 1 日，A 公司将持有 B 的 1/2 股权以 4 600 万元价格出售给非关联方，当日被投资方可辨认净资产公允价值总额为 16 000 万元。A 公司在取得 B 公司 80% 股权时 B 公司可辨认将资产公允价值为 9 000 万元。A 公司投资后至 2018 年初，B 公司实现净利润 6 000 万元；2018 年第一季度实现净利润 500 万元。B 公司一直未进行利润分配。A 公司按照 10% 提取盈余公积。

结转处置部分成本，确认处置损益：

借：银行存款   4 600

 贷：长期股权投资   （8 000 × 50%）4 000

  投资收益   600

长期股权投资剩余账面价值 4 000 万元。

原投资时可辨认净资产公允价值 = 9 000 × 40% = 3 600（万元）

差额 400 万元为商誉不调整。

原投资至减持年初 B 公司实现净利润：

A 公司享有比例 = 6 000 × 40% = 2 400（万元）

借：长期股权投资——损益调整   2 400

 贷：盈余公积   （2 400 × 10%）240

  利润分配——未分配利润   2 160

2018 年 B 公司实现净利润应享有比例 = 500 × 40% = 200（万元）

借：长期股权投资——损益调整   200

　　贷：投资收益　　　　　　　　　　　　　　　　　　　　　　　　　　200

六种核算方法转换较为繁杂，将其会计处理要点总结如表 3 – 14 所示。

表 3 – 14　　　　　　　　　六种核算方法转换会计处理要点小结

方法转换	会计处理要点
公允价值转权益法	其他权益工具投资涉及其他综合收益转留存收益
公允价值转成本法	其他权益工具投资涉及其他综合收益转留存收益； 非同一控制可能会有控制权溢价和折价，同一控制无须考虑放弃资产公允价值和账面价值差额
权益法转成本法	单体报表无须追溯调整； 非同一控制原股权投资确认的其他综合收益单体报表不转，合并报表转损益； 同一控制：合并方在达到合并之前持有的长期股权投资，在取得日与合并方与被合并方同处于同一方最终控制之日孰晚日与合并日之间已确认的有关损益调整、其他综合收益和其他所有者权益变动，应同时调整期初留存收益（至合并期初）和投资收益（合并期初至合并日），计入资本公积——资本溢价
成本法转公允价值	其在丧失控制之日的剩余股权公允价值与账面价值间的差额计入当期损益
权益法转公允价值	其在丧失共同控制或重大影响之日剩余股权的公允价值与账面价值之间的差额计入当期损益； 原股权投资因采用权益法核算而确认的其他综合收益，应当在终止采用权益法核算时采用与被投资方直接处置相关资产或负债相同的基础进行会计处理（其他综合收益转留存收益）
成本法转权益法	追溯调整； 原投资至处置投资时被投资方实现净损益应享有比例，视同按照权益法从最开始即调整：原投资至处置当期期初影响损益的调整留存收益；处置当期的调整当期损益

3.5　长期股权投资终止确认和计量

　　与处置其他资产类似，处置完毕转销与长期股权投资相关的所有科目，包括总账科目和明细科目。部分处置或涉及特殊情况已在六种方法的转换中涉及。

基本会计分录：

一般情况下，处置所得与账面价值之间的差额计入投资收益。

借：银行存款

　　长期股权投资减值准备（若有）

　　贷：长期股权投资——投资成本

　　　　　　　　　　——损益调整

　　　　　　　　　　——其他权益变动

　　　　投资收益（差额，可能在借方）

权益法下，原计入其他综合收益项目的金额转入留存收益。

借：其他综合收益

　　贷：盈余公积

　　　　利润分配——未分配利润

或相反分录。

【例 3 - 25】长期股权投资处置。

A 公司持有 B 公司 40% 的股权并采用权益法核算。2018 年 7 月 1 日，A 公司将 B 公司股权以 700 万元价格全部出售给第三方 C 公司。A 公司初始投资成本为 1 000 万元，损益调整为 - 200 万元，期间计提减值准备 80 万元。取得 B 公司股权至 2018 年 7 月 1 日，确认的相关其他综合收益为 55 万元（其中：35 万元为按比例享有的 B 公司其他权益工具投资公允价值变动，15 万元为按比例享有的 B 公司重新计量设定受益计划净负债或净资产所产生的变动），享有 B 公司除净损益、其他综合收益和利润分配以外的其他所有者权益变动为 10 万元，该部分 A 公司已经计入资本公积。A 公司按照 10% 计提法定公积金。不考虑相关税费等其他因素影响。

注销长期股权投资：

借：银行存款　　　　　　　　　　　　　　　　　　　　　700

　　长期股权投资减值准备　　　　　　　　　　　　　　　　80

　　长期股权投资——其他综合收益　　　　　　　　　　　　55

　　　　　　　　　——其他权益变动　　　　　　　　　　　10

　　投资收益　　　　　　　　　　　　　　　　　　　　　155

　　贷：长期股权投资——投资成本　　　　　　　　　　 1 000

其他综合收益 55 万元均为不能重分类进损益的情形，转入留存收益：

借：其他综合收益　　　　　　　　　　　　　　　　　　　55

　　贷：盈余公积　　　　　　　　　　　　　　　　　　　5.5

　　　　利润分配——未分配利润　　　　　　　　　　　　49.5

第 4 章　企业合并

【内容提要】《企业会计准则第 20 号——企业合并（2006）》规范了同一控制下的企业合并和非同一控制下的企业合并，业务合并参照本准则执行。同一控制下取得控制权的日期称为合并日，非同一控制下取得控制权的日期称为购买日。企业合并形成母子公司关系的，母公司应当编制合并日的合并资产负债表、合并利润表和合并现金流量表。购买日仅需编制合并资产负债表。编制合并财务报表时，应当以购买日确定的各项可辨认资产、负债及或有负债的公允价值为基础对子公司的财务报表进行调整。非同一控制下合并对价超过被购买方可辨认净资产公允价值的份额，在合并资产负债表中列示为商誉。商誉一般仅在合并报表中出现。实务中，如果母公司有其他子公司，会在合并日或购买日编制包含已有子公司和新增子公司的模拟合并报表，不会编制仅包括母公司和新增子公司的合并报表。新增子公司基本财务状况会在合并报表附注中单独披露。

4.1　合并日/购买日判断

4.1.1　合并日/购买日判断标准

合并日或购买日是指合并方或购买方实际取得对被合并方或被购买方控制权的日期，即被合并方或被购买方的净资产或生产经营决策的控制权转移给合并方或购买方的日期。同时满足下列条件的，通常可认为实现了控制权的转移。

（1）企业合并合同或协议已获股东大会等通过。要求合并双方内部法律程序已经走完，企业的最高权力机构股东会、股东代表大会或类似机构作出决议，仅董事会甚至总经理办公会作出决议不满足该条件。

（2）企业合并事项需要经过国家有关主管部门审批的，已获得批准。要求合并双方外部行政审批手续已完备。例如，参与合并涉及国有资产的，应各自按规定向政府主管部门提出书面报告，并报主管财政机关备案，涉及有关财务事项的，需要报主管财政机关审批。上市公司的企业合并，需中国证监会上市公司监管部审核批准；涉及增发股份支付对价的，同样需要批准。

（3）参与合并各方已办理了必要的财产权转移手续。合并方和被合并方已经完成财产移交、工商登记、股权变更，法律上已确权。

（4）合并方或购买方已支付了合并价款的大部分（一般应超过 50%），并且有能力、有计划支付剩余款项。该条件考虑合并方对被合并方股东的支付实现程度和对未来支付能力的判断，是财务上唯一可以有量化指导的判断条件。实务中财务人员应密切关注该条件的实现情况。

（5）合并方或购买方实际上已经控制了被合并方或被购买方的财务和经营政策，并享有相应的利益、承担相应的风险。如果合并方已经接管财务或开始给予指导，任命财务负责人和骨干人员，更换法人代表、派出关键管理人员、开始纳入母公司的预算体系，一般满足了该条件。实务中，有些上市公司与被合并方签订未来一定期间经营成果的"承诺"（对赌）协议，并保留原有公司的关键管理人员和关键技术人员，由于上市公司对赌对象为被合并方的原有股东，留任人员的汇报对象换成了合并方，并不影响满足该条件。

应根据以上五个条件综合判断是否满足合并日/购买日标准。

4.1.2 合并日判断：实务经验

实务中，企业高级管理人员、投资部门、财务部门、办公室及其他涉及合并事项的相关部门应及时沟通收购兼并进程、付款进度，否则会造成麻烦。

【实务案例】A 公司和 B 公司均为甲集团下的子公司，A 公司为上市公司，B 公司在上市时由于产权关系未理清没有纳入上市范围，A 公司、B 公司属于同业。上市文件中甲集团公司承诺在 3 年内解决同业竞争问题：对外转让或纳入上市体系。现甲集团决定将 B 公司装入 A 公司，且甲集团、A 公司、B 公司内部决策均通过，A 公司也向外部监管部门报送审批文件，并获准。

B 公司的评估和审计基准日为 2019 年 6 月 30 日；根据协议，评估基准日和合并日（标志事件是 B 公司股权变更登记在 A 公司名下，完成法人变更登记）之间的盈亏由 A 公司享有或承担。2019 年 5 月，甲集团和 A 公司签订协议，并根据协议约定，根据评估报告收益法评估值确认交易价格，评估报告出具后并且监管部门批准后 10 日内支付股权转让价款的 20%；完成工商变更登记后 30 日内支付 60%；其余 20% 在三年对赌期（承诺）结束后支付。

协议签订日期：2019 年 5 月 18 日

基准日：2019 年 6 月 30 日

审计报告和评估报告出具的实际日期：2019 年 9 月 9 日

评估报告（交易价格）：5 亿元

监管部门批准日期：2019 年 10 月 12 日

第一笔 1 亿元支付日期：2019 年 10 月 19 日

工商变更登记完成日期：2019 年 10 月 22 日

第二笔 3 亿元支付日期：2019 年 11 月 17 日

根据此前的五个判断条件，合并日应为 2019 年 11 月 17 日。

该案例的教训是，投资部门和董事会办公室根据协议认为 6 月 30 日和 10 月 31 日属于过渡期间，并在没有与财务部门沟通情况下聘请中介机构出具了 B 公司此期间的审计报告（涉及协议约定利润归属问题），当财务部门拿到审计报告并根据申请付第二笔款时，已经是 11 月，根据五项条件，财务认为 10 月 31 日作为合并日并不合理；这将导致编制合并日的报表时需要再次考虑 10 月 31 日 ~ 11 月 17 日 B 公司的财务状况，造成额外的工作量。

实务经验：

（1）企业高层领导人应总体协调，争取专业部门意见；

（2）部门之间主动沟通，必要时书面沟通；

（3）筹划合同允许下的付款节奏，例如本例可以将第二笔付款日期提前至 10 月 31 日前，10 月 31 日作为合并日。

4.2　同一控制下企业合并

4.2.1　报告期增加子公司的合并范围

同一控制下的企业合并视同从最初开始就纳入合并范围，合并日编制合并资产负债表、合并利润表和合并现金流量表；比较合并报表同样将该子公司纳入合并范围。报告期增加同一控制下子公司合并报表合并范围如图 4－1 所示。

资产负债表	纳入合并范围	纳入合并范围	纳入合并范围
利润表	纳入合并范围	纳入合并范围	纳入合并范围
现金流量表	纳入合并范围	纳入合并范围	纳入合并范围

合并日之前实现的净利润在合并报表中属于“非经常性损益”，在报表附注中单独披露：“本期发生同一控制下企业合并的，被合并方在合并前实现的净利润为：____元；上期被合并方实现的净利润为：____元。”

图 4－1　报告期增加同一控制下子公司合并报表合并范围

【链接4-1】 根据《公开发行证券的公司信息披露解释性公告第 1 号——非经常性损益 (2008)》：非经常性损益是指与公司正常经营业务无直接关系，以及虽与正常经营业务相关，但由于其性质特殊和偶发性，影响报表使用人对公司经营业绩和盈利能力作出正常判断的各项交易和事项产生的损益。

非经常性损益通常包括以下项目：

(1) 非流动性资产处置损益，包括已计提资产减值准备的冲销部分；

(2) 越权审批，或无正式批准文件，或偶发性的税收返还、减免；

(3) 计入当期损益的政府补助，但与公司正常经营业务密切相关，符合国家政策规定、按照一定标准定额或定量持续享受的政府补助除外；

(4) 计入当期损益的对非金融企业收取的资金占用费；

(5) 企业取得子公司、联营企业及合营企业的投资成本小于取得投资时应享有被投资单位可辨认净资产公允价值产生的收益；

(6) 非货币性资产交换损益；

(7) 委托他人投资或管理资产的损益；

(8) 因不可抗力因素，如遭受自然灾害而计提的各项资产减值准备；

(9) 债务重组损益；

(10) 企业重组费用，如安置职工的支出、整合费用等；

(11) 交易价格显失公允的交易产生的超过公允价值部分的损益；

(12) 同一控制下企业合并产生的子公司期初至合并日的当期净损益；

(13) 与公司正常经营业务无关的或有事项产生的损益；

(14) 除同公司正常经营业务相关的有效套期保值业务外，持有交易性金融资产、交易性金融负债产生的公允价值变动损益，以及处置交易性金融资产、交易性金融负债和可供出售金融资产取得的投资收益；

(15) 单独进行减值测试的应收款项减值准备转回；

(16) 对外委托贷款取得的损益；

(17) 采用公允价值模式进行后续计量的投资性房地产公允价值变动产生的损益；

(18) 根据税收、会计等法律、法规的要求对当期损益进行一次性调整对当期损益的影响；

(19) 受托经营取得的托管费收入；

(20) 除上述各项之外的其他营业外收入和支出；

(21) 其他符合非经常性损益定义的损益项目。

【例 4 - 1】报告期增加同一控制下子公司披露案例——精工钢构（600496）。

长江精工钢结构（集团）股份有限公司（以下简称精工钢构）1999 年 6 月 28 日在上海证券交易所上市。公司的经营范围：承包境外钢结构工程和境内国际招标工程以及上述工程的勘测、咨询、设计、监理项目和项目所需的设备、材料出口，对外派遣实施上述项目所需的劳务人员。生产销售轻型、高层用钢结构产品及新型墙体材料，钢结构设计、施工、安装。

该公司 2021 年度增加了一家同一控制下的子公司：浙江精工国际钢结构工程有限公司。以下为 2021 年度报告中对该事项的相关披露内容：

报告正文：在"第二节 公司简介和主要财务指标"中披露

报告期末公司前三年主要会计数据和财务指标的说明：

2021 年 4 月，公司同一控制下合并浙江精工国际钢结构工程有限公司，根据《企业会计准则第 20 号——企业合并》关于同一控制下企业合并的规定，公司对合并财务报表的期初数及合并日前的当期数进行追溯调整，同时对合并财务报表的前期比较数据相应追溯调整。

报告附注：

八、合并范围的变更

2. 同一控制下企业合并

被合并方名称	企业合并中取得的权益比例	构成同一控制下企业合并的依据	合并日	合并日的确定依据	合并当期期初至合并日被合并方的收入	合并当期期初至合并日被合并方的净利润	比较期间被合并方的收入	比较期间被合并方的净利润
浙江精工国际	100%	最终同一控制人	2021 年 4 月 1 日	实际取得控制权日		- 440 781.51		- 1 348 649.52

其他说明：

无

（1）合并成本

单位：元　币种：人民币

合并成本	浙江精工国际
——现金	122 546 600.00
——非现金资产的账面价值	

续表

合并成本	浙江精工国际
——发行或承担的债务的账面价值	
——发行的权益性证券的面值	
——或有对价	

（2）合并日被合并方资产、负债的账面价值

单位：元　币种：人民币

项目	浙江精工国际	
	合并日	上期期末
资产：	36 015 364.84	36 250 637.35
货币资金	49 133.83	49 616.97
应收款项	5 652 841.41	5 653 841.41
存货		
固定资产		
无形资产	30 313 389.60	30 547 178.97
负债：	616 527.00	411 018.00
借款		
应付款项		
应交税费	616 527.00	411 018.00
净资产	35 398 837.84	35 839 619.35
减：少数股东权益		
取得的净资产	35 398 837.84	35 839 619.35

企业合并中承担的被合并方的或有负债：

无

其他说明：

无

十八、补充资料

1. 当期非经常性损益明细表

单位：元　币种：人民币

项目	金额	说明
非流动资产处置损益	3 165 338.02	
越权审批或无正式批准文件的税收返还、减免		

续表

项目	金额	说明
计入当期损益的政府补助（与企业业务密切相关，按照国家统一标准定额或定量享受的政府补助除外）	37 738 446.68	
计入当期损益的对非金融企业收取的资金占用费		
企业取得子公司、联营企业及合营企业的投资成本小于取得投资时应享有被投资单位可辨认净资产公允价值产生的收益		
非货币性资产交换损益		
委托他人投资或管理资产的损益		
因不可抗力因素，如遭受自然灾害而计提的各项资产减值准备		
债务重组损益		
企业重组费用，如安置职工的支出、整合费用等		
交易价格显失公允的交易产生的超过公允价值部分的损益		
同一控制下企业合并产生的子公司期初至合并日的当期净损益	− 440 781.51	
与公司正常经营业务无关的或有事项产生的损益		
除同公司正常经营业务相关的有效套期保值业务外，持有交易性金融资产、衍生金融资产、交易性金融负债、衍生金融负债产生的公允价值变动损益，以及处置交易性金融资产、衍生金融资产、交易性金融负债、衍生金融负债和其他债权投资取得的投资收益	3 656 165.95	
单独进行减值测试的应收款项、合同资产减值准备转回		
对外委托贷款取得的损益		
采用公允价值模式进行后续计量的投资性房地产公允价值变动产生的损益		
根据税收、会计等法律、法规的要求对当期损益进行一次性调整对当期损益的影响		
受托经营取得的托管费收入		
除上述各项之外的其他营业外收入和支出	18 554 458.71	
其他符合非经常性损益定义的损益项目		
减：所得税影响额	10 073 948.17	
少数股东权益影响额	5 550.64	
合计	52 594 129 04	

资料来源：上海证券交易所官方网站（网址：http：//www.sse.com.cn/）精工钢构（股票代码：600496）2021 年年度报告。

4.2.2 同一控制下合并日会计处理

同一控制下投资方单体报表长期股权投资按照被投资方在最终控制方账面净资产和享有比例确认初始投资成本，被投资方投资人持股比例发生变更。合并日编制合并资产负债表，由于母公司长期股权投资和被合并方净资产除非特殊情况一般一致，二者正好抵销。合并利润表和合并现金流量表在没有内部交易的情况下，一般简单汇总就可以了。

【例 4 - 2】同一控制下合并日会计处理。

A 公司和 B 公司为甲集团公司设立的两个全资子公司。2018 年 6 月 30 日，A 公司向甲集团定向增发 1 000 万股普通股（每股面值 1 元）购买 B 公司 100% 的股权，并于当日取得对 B 公司 100% 的股权，能够对 B 公司实施控制。假设 A 公司和 B 公司在合并前和合并后均在较长的时间内被甲集团控制，两家公司在该合并前未发生过交易。B 公司账面净资产为在最终控制方甲集团公司的账面价值。假定 A 公司没有其他子公司。A 公司和 B 公司 2018 年 6 月 30 日资产负债表和 2018 年 1~6 月利润表如表 4 - 1、表 4 - 2 所示。

表 4 - 1　　　　　　　合并日合并方和被合并方的资产负债表

2018 年 6 月 30 日　　　　　　　　　　　　　　　单位：万元

资产	A 公司	B 公司	负债和所有者权益	A 公司	B 公司
货币资金	1 725	180	流动负债项目	1 500	900
应收账款	1 200	800	长期负债项目	1 150	240
存货	2 480	102	负债合计	2 650	1 140
流动资产合计	5 405	1 082			
长期股权投资	2 000	820	股本（实收资本）	3 000	1 000
固定资产	2 800	1 200	资本公积	2 000	600
无形资产	1 800		盈余公积	2 000	200
其他非流动资产		240	未分配利润	2 355	402
非流动资产合计	6 600	2 260	股东权益合计	9 355	2 202
资产总计	12 005	3 342	负债和所有者权益总计	12 005	3 342

表 4 - 2　　　　　　　合并方和被合并方合并当期利润表

2018 年 1~6 月　　　　　　　　　　　　　　　单位：万元

项目	A 公司	B 公司
营业收入	4 200	1 200
减：营业成本	3 380	955

续表

项目	A 公司	B 公司
税金及附加	20	5
销售费用	60	25
管理费用	150	50
财务费用	40	35
资产减值损失		
加：投资收益	30	10
其他收益		
营业外收支净额	−5	−10
利润总额	575	130
所得税费用	150	36
净利润	425	95

合并日 A 公司、B 公司、合并抵销和调整分录如下。

（1）A 公司单体报表确认对 B 公司的投资：

借：长期股权投资——A 公司（2018 年 6 月 30 日 B 公司净资产）2 202

　　贷：股本　　　　　　　　　　　　　　　　　　　　　　　　1 000

　　　　资本公积——股本溢价　　　　　　　　　　　　　　　　1 202

（2）B 公司股东发生变化（工商变更）：

借：股本——甲集团　　　　　　　　　　　　　　　　　　　　1 000

　　贷：股本——A 公司　　　　　　　　　　　　　　　　　　　1 000

（3）合并日合并资产负债表抵销：

借：实收资本——B 公司（下同）　　　　　　　　　　　　　　1 000

　　资本公积　　　　　　　　　　　　　　　　　　　　　　　600

　　盈余公积　　　　　　　　　　　　　　　　　　　　　　　200

　　未分配利润　　　　　　　　　　　　　　　　　　　　　　402

　　贷：长期股权投资　　　　　　　　　　　　　　　　　　　2 202

由于 A 公司、B 公司没有内部交易，合并利润表和合并现金流量表无须抵销。

（4）合并调整：在合并层面恢复子公司的盈余公积和未分配利润。本例中，A 公司单体报表中由于该合并增加资本公积——股本溢价 1 202 万元＞B 公司的留存收益 602 万元，可以全额恢复。

借：资本公积——股本溢价　　　　　　　　　　　　　　　　　602

　　贷：盈余公积　　　　　　　　　　　　　　　　　　　　　200

　　　　未分配利润　　　　　　　　　　　　　　　　　　　　402

【链接4-2】企业合并准则讲解：同一控制下的企业合并，在合并日的合并报表中，对于被合并方以前实现的留存收益中归属于合并方的部分，应根据不同情况进行适当的调整，自资本公积转入留存收益。

在同一控制下的控股合并中，视同合并后形成的报告主体自合并日及以前期间一直存在，参与合并各方在合并以前期间实现的留存收益应体现为合并财务报表中的留存收益。合并财务报表中，应以合并方单体报表的资本公积——资本溢价为限，在所有者权益内部进行调整，将被合并方在合并日以前实现的留存收益中按照持股比例计算归属于合并方的部分自资本公积——资本溢价转入留存收益。

该案例合并日的合并资产负债表和合并利润表如表4-3、表4-4所示。

表4-3　　　　　　　　合并日合并资产负债表（含调整过程）

2018 年 6 月 30 日　　　　　　　　　　　　　　　　单位：万元

资产	A公司单体（合并前）(1)	确认投资 (2)	A公司单体（确认投资后）(3) = (1) + (2)	B公司 (4)	合并抵销/调整 (5)	合并报表 (6) = (3) + (4) + (5)
货币资金	1 725		1 725	180		1 905
应收账款	1 200		1 200	800		2 000
存货	2 480		2 480	102		2 582
流动资产合计	5 405		5 405	1 082		6 487
长期股权投资	2 000	2 202	4 202	820	-2 202	2 820
固定资产	2 800		2 800	1 200		4 000
无形资产	1 800		1 800			1 800
其他非流动资产				240		240
非流动资产合计	6 600	2 202	8 802	2 260	-2 202	8 860
资产总计	12 005	2 202	14 207	3 342	-2 202	15 347
负债及所有者权益						
流动负债项目	1 500		1 500	900		2 400
长期负债项目	1 150		1 150	240		1 390
负债合计	2 650		2 650	1 140		3 790
股本（实收资本）	3 000	1 000	4 000	1 000	-1 000	4 000
资本公积	2 000	1 202	3 202	600	-1 202	2 600
盈余公积	2 000		2 000	200	-200 +200	2 200
未分配利润	2 355		2 355	402	-402 +402	2 757
股东权益合计	9 355	2 202	11 557	2 202	-2 202	11 557
负债和所有者总计	12 005	2 202	14 207	3342	-2 202	15 347

表 4 - 4　　　　　合并期初至合并日合并利润表（含调整过程）

2018 年 1～6 月　　　　　　　　　　　　　单位：万元

项目	A 公司	B 公司	抵销/调整	合并数
营业收入	4 200	1 200		5 400
减：营业成本	3 380	955		4 335
税金及附加	20	5		25
销售费用	60	25		85
管理费用	150	50		200
财务费用	40	35		75
资产减值损失				0
加：投资收益	30	10		40
其他收益				
营业外收支净额	-5	-10		-15
利润总额	575	130		705
所得税费用	150	36		185
净利润	425	95		520

【例 4 - 3】假定 A 公司向甲集团支付现金 3 000 万元购买 B 公司 100% 的股权，购买前 A 公司资本公积 2 000 万元中的资本溢价为 1 100 万元，其他不变。

（1）A 公司单体报表。

确认对 B 公司的投资：

借：长期股权投资——A 公司　　　　　　　　　　　　　　　　2 202

　　资本公积——股本溢价　　　　　　　　　　　　　　　　　798

　　　贷：银行存款　　　　　　　　　　　　　　　　　　　　　　3 000

（2）B 公司单体报表。

借：股本——甲集团　　　　　　　　　　　　　　　　　　　1 000

　　　贷：股本——A 公司　　　　　　　　　　　　　　　　　　　1 000

（3）合并日合并抵销。

借：实收资本——B 公司（下同）　　　　　　　　　　　　　1 000

　　资本公积　　　　　　　　　　　　　　　　　　　　　　600

　　盈余公积　　　　　　　　　　　　　　　　　　　　　　200

　　未分配利润　　　　　　　　　　　　　　　　　　　　　402

　　　贷：长期股权投资　　　　　　　　　　　　　　　　　　　2 202

（4）合并日合并调整。

A 公司资本公积——股本溢价的余额为 302 万元（1 100 - 798）。

A 公司资本公积——股本溢价 302 万元小于 B 公司的留存收益，应该在 302 万元范围内按照比例恢复。

因此盈余公积应恢复：

$302 \times 200 \div (200 + 402) = 100$（万元）

未分配利润应恢复：

$302 \times 402 \div (200 + 402) = 202$（万元）

合并报表调整：

借：资本公积   302

 贷：盈余公积   100

  未分配利润   202

4.2.3 同一控制下比较合并报表会计处理

同一控制下新增子公司，由于视同合并后形成的报告主体自合并日及以前期间一直存在，在编制比较合并报表时，应将上期新增子公司的资产负债表、利润表、现金流量表（当然也包括所有者权益变动表）纳入合并范围。母公司比较报表合并范围发生变化，应予以说明。

【例 4-4】接上例，A 公司和 B 公司 2017 年 12 月 31 日资产负债表和 2017 年 1~12 月利润表如表 4-5、表 4-6 所示。

假设 A 公司与 B 公司 2017 年度内未发生过交易，A 公司编制 2018 年度的比较报表时（比较期间为 2017 年度）时合并抵销和合并调整分录如下（合并底稿中出现，A 公司单体报表无须实际编制会计分录）。

表 4-5   合并方和被合并方上期期末资产负债表

2017 年 12 月 31 日   单位：万元

资产	A 公司	B 公司	负债和所有者权益	A 公司	B 公司
货币资金	1 200	200	流动负债项目	1 400	800
应收账款	570	86	长期负债项目	1 000	210
存货	2 400	511	负债合计	2 400	1 010
流动资产合计	4 170	797			
长期股权投资	2 000	840	股本（实收资本）	3 000	1 000
固定资产	3 000	1 240	资本公积	2 000	600
无形资产	2 160		盈余公积	1 920	192
其他非流动资产		240	未分配利润	2 010	315

资产	A 公司	B 公司	负债和所有者权益	A 公司	B 公司
非流动资产合计	7 160	2 320	股东权益合计	8 930	2 107
资产总计	11 330	3 117	负债和所有者权益总计	11 330	3 117

表 4 - 6　　　　　　　　　　合并方和被合并方上期利润表

2017 年 1 ~ 12 月　　　　　　　　　　　　　　　　　单位：万元

项目	A 公司	B 公司
营业收入	8 500	1 100
减：营业成本	7 220	990
税金及附加	30	2
销售费用	96	16
管理费用	120	30
财务费用	60	5
资产减值损失		
加：投资收益	40	20
其他收益		
营业外收支净额	60	30
利润总额	1 074	107
所得税费用	275	27
净利润	800	80

（1）模拟合并抵销。由于 2017 年底 A 公司账面没有对 B 公司长期股权投资，需要通过资本公积核算。B 公司 2017 年末所有者权益：

借：实收资本　　　　　　　　　　　　　　　　　　　　1 000

　　资本公积　　　　　　　　　　　　　　　　　　　　　600

　　盈余公积　　　　　　　　　　　　　　　　　　　　　192

　　未分配利润　　　　　　　　　　　　　　　　　　　　315

　　贷：资本公积——股本溢价　　　　　　　　　　　　2 107

（2）合并调整：在合并层面恢复子公司的盈余公积和未分配利润。

借：资本公积——股本溢价　　　　　　　　　　　　　　507

　　贷：盈余公积　　　　　　　　　　　　　　　　　　　192

　　　　未分配利润　　　　　　　　　　　　　　　　　　315

如果 A 公司、B 公司自其设立起就一直处于目前的实际控制人的最终控制下，股权比例也没有发生过变化，以上两笔分录可以简单处理合并为一笔分录：

借：实收资本   1 000

  贷：资本公积——股本溢价   1 000

如果遇到资本公积——股本溢价余额不足以恢复 B 公司的留存收益，同样应该在资本公积——资本溢价金额范围内按比例恢复。

【例 4-5】若 B 公司单体报表账面净资产为负数，如实收资本 100 万元、资本公积——其他资本公积 -500 万元、盈余公积 10 万元、未分配利润 30 万元，则比较报表合并抵销分录则为：

借：实收资本   100

  盈余公积   10

  未分配利润   30

  资本公积——股本溢价   360

  贷：资本公积——其他资本公积   500

假定 A 公司资本公积原有资本公积——资本溢价贷方余额为 380 万元，经过以上抵销后，资本公积——股本溢价余额为贷方 20 万元，因此无法完全恢复盈余公积和未分配利润，一种处理方式是按照比例恢复。即：

盈余公积恢复金额 = 20 × 10 ÷ (10 + 30) × 100% = 5（万元）

未分配利润恢复金额 = 20 × 30 ÷ (10 + 30) × 100% = 15（万元）

合并调整：

借：资本公积——股本溢价   20

  贷：盈余公积   5

   未分配利润   15

这种方式处理后，资本公积——股本溢价在合并报表为 0，其他资本公积为 -500 万元。子公司留存收益在合并层面恢复了一部分。理论上有这种可能，甚至资本公积——股本溢价余额出现负数，则完全不能恢复了。

如果采用简化处理方式，可以编制合并分录：

借：实收资本   100

  贷：资本公积——股本溢价   100

则 B 公司盈余公积 10 万元和未分配利润 30 万元完全在合并报表中体现，但同时资本公积——股本溢价在合并层面为 480 万元，资本公积——其他资本公积为 -500 万元。

讨论：通过以上处理可以得出，在母公司资本公积——股本溢价余额足以恢复子公司留存收益的情况下，先合并抵销再编制合并调整分录与直接简化处理编制一笔分录的结果是完全相同的。但母公司资本公积——股本溢价不足，则合并结果有所不同，即第一种处理方式合并层面只反映子公司部分留存收益甚至不反映（无股本溢价恢复）；第二种处理方式则全部反映。

因为同一控股下企业合并视同合并后形成的报告主体自合并日及以前期间一直存在，这类合并可理解为集团内部资源整合，内部净资产结构应反映其真实筹资结构，站在 A 公司合并层面看，一是无论 A 公司还是 B 公司的盈余公积均为按照法律规定或内部决议提取的内部积累，反映全貌是合理的；二是其他资本公积可能来源于 B 公司外部投资人或其他交易或事项的变动，股本溢价也是如此，本例来讲，冲减实收资本增加的 100 万元溢价可以理解为 A 公司上层控制人的股权安排。因此分别按照全貌反映资本公积的明细是合理的。合并实务中两种方法均有应用，其中第一种方法较常见。

比较合并资产负债表和比较利润表合并调整过程略。

4.2.4　合并实务：同一控制下分期付款购买股权

除了要根据 4.2.1 小节五项条件判断合并日外，合并实务中投资方往往采用现金支付、发行股份支付或者两者组合支付合并对价，并且常常会约定承诺（对赌）期，在对赌期结束后根据对赌约定履行情况支付最后一笔款项。对赌期限三年的较多，因此对投资方来讲账面上要确认一项长期应付款。

【实务案例】 同一控制下分期付款购买股权：一个讲得通的会计处理方案

上市公司 A 公司属于甲集团公司的子公司，为了改善 A 公司业务单一、经营风险较大的现状，A 公司决定拓展业务范围，制定了相关多元化策略。经过数轮谈判，A 公司决定将甲集团下的另一全资子公司 B 公司装入上市体系。B 公司账面净资产 10 000 万元，也是在最终控制方甲集团体现的账面价值。收益法评估 70 000 万元，增值率600%。2021 年 9 月 30 日，甲集团公司、A 公司、B 公司各项手续均履行完毕，9 月 30 日作为合并日是恰当的。至 9 月 30 日止，A 公司按照合同约定已经向 A 公司支付了80%的款项，剩余 12 000 万元在对赌期即三年后支付。A 公司以长期应付款列入账面，即合并日 A 公司单体报表编制如下分录：

借：长期股权投资　　　　　　　　　　　　　　　　10 000

　　资本公积、盈余公积等　　　　　　　　　　　　60 000

　　贷：银行存款、其他应收款等　　　　　　　　　　　　56 000

　　　　长期应付款——甲集团　　　　　　　　　　　　14 000

到 2021 年 12 月，A 公司开展预决算并邀请会计师事务所进行预审，A 公司自行预决算后发现由于该合并，造成合并净资产下降幅度较大，合并资产负债率大幅度上升，接近红线 70%。对该事项产生的长期应付款进行折现，A 公司财务人员和会计师事务所对此均无异议。在评估报告中评估机构按照收益法评估的年折现率 11.96%，会计师事务所签字注册会计师与所内风控负责人沟通后，认可了该折现率。因为上市公司每季度对外披露定期报告，因此 A 公司对 14 000 万元折现对各期的影响进行了测算（见表 4 - 7）。

首先将年折现率换算为季度折现率：

$(1 + i)^4 = 1 + 11.96\%$

季度折现率 $i = (1 + 11.96\%)^{-1/4} - 1 = 2.8645\%$

$PV(140\ 000\ 000, 2.8645\%, 12) = 99\ 756\ 078.04$（元）

计入未确认融资费用金额 $= 140\ 000\ 000 - 99\ 756\ 078.04 = 40\ 243\ 921.96$（元）

表 4 - 7   分期付款购买股权按照 11.96% 年折现对各季的影响

时间	现值（元） (1) = 上期 (4)	实际利率 (%)(2)	冲回未确认融资用 (元)(3) = (1) × (2)	终值（元） (4) = (1) + (3)
2021 年 12 月 31 日	99 756 078.04	2.8645	2 857 560.83	102 613 638.86
2022 年 3 月 31 日	102 613 638.86	2.8645	2 939 417.03	105 553 055.89
2022 年 6 月 30 日	105 553 055.89	2.8645	3 023 618.04	108 576 673.94
2022 年 9 月 30 日	108 576 673.94	2.8645	3 110 231.04	111 686 904.97
2022 年 12 月 31 日	111 686 904.97	2.8645	3 199 325.10	114 886 230.07
2023 年 3 月 31 日	114 886 230.07	2.8645	3 290 971.31	118 177 201.38
2023 年 6 月 30 日	118 177 201.38	2.8645	3 385 242.76	121 562 444.14
2023 年 9 月 30 日	121 562 444.14	2.8645	3 482 214.67	125 044 658.81
2023 年 12 月 31 日	125 044 658.81	2.8645	3 581 964.38	128 626 623.19
2024 年 3 月 31 日	128 626 623.19	2.8645	3 684 571.47	132 311 194.66
2024 年 6 月 30 日	132 311 194.66	2.8645	3 790 117.80	136 101 312.46
2024 年 9 月 30 日	136 101 312.46	2.8645	3 898 687.54	140 000 000.00
合计			40 243 921.96	

A 公司财务和审计师对折现差额 40 243 921.96 元计入未确认融资费用借方没有异议，由此长期应付款按照现值 99 756 078.04 元在报表中反映，符合准则要求。但未确认融资费用计入哪个科目产生了分歧。会计师事务所最初坚持计入财务费用，其理由是由于延迟付款应遵照其业务实质，类似于具有重大融资成分的分期购买商品处理。A 公司无法接受，一方面影响当期利润 4 000 余万元，从管理层、治理层均对此否决，该金额将影响上市公司预算能否完成，另一方面影响绩效考核和管理层的奖金。此外，对财务最初合并资产负债率不超过 70% 红线的意图适得其反。A 公司坚持该事项是同一控制下企业合并产生的，应按照"权益结合法"的原则，不能影响损益，计入资本公积。在 A 公司财务和会计师事务所对该业务的处理僵持的情况下，经过多轮沟通，最后达成口头约定，双方分别寻找准则依据，如果能说服对方，则按照对方意见处理。

后来，A 公司财务人员进行了内部讨论，查询并研究了相关准则，对此并没有对应的条款，但在《企业会计准则第 18 号——所得税（2006）》找到了可以类比的条款即第二十一条，企业当期所得税和递延所得税应当作为所得税费用或收益计入当期损益，但不包括下列情况产生的所得税：企业合并；直接在所有者权益中确认的交易或者事项。此条款对企业合并事项本身产生的暂时性差异做了指导，按照该原则，非同一控制产生的暂时性差异会影响商誉，不计入所得税费用，同一控制下的暂时性差异计入资本公积。

根据该条款，A 公司与签字注册会计师进行了再次沟通，依据之一强调分期付款的背景是发生同一控制下企业合并这件事情，延期付款才发生，如果不发生同一控制企业合并，不会有相关延迟付款条款，同一控制下企业合并会计处理原则是"权益结合法"，合并本身不能产生损益，如果计入财务费用，与其原则不一致。依据之二是根据所得税准则第二十一条，企业合并本身产生的暂时性差异是不能影响损益的，作为类似比照条款，同一控制下延迟付款也不能影响损益，应计入资本公积。

签字会计师查询了相关准则依据，没有拿出更有说服力的依据，经与本所风控沟通，最终说服了风控负责人。同意计入资本公积并在此后三年内反向冲回。该事项从 12 月预审到第二年 3 月审计报告出具，作为关键事项经过了四个月的持续交流。因为该事项，剔除当年第四季度的反向冲回，当年合并净资产增加 37 386 361.14 元，由于净资产增加的杠杆效应，A 公司的资产负债率为 69.17%，没有超出金融机构红线，第二年的续贷等融资工作没有受到大的影响。

该案例的会计分录列示如下。

2021 年 12 月 31 日，根据实际利率法计算，对长期应付款账面价值进行调整：

借：未确认融资费用　　　　　　　　　　　　40 243 921.96

　　贷：资本公积　　　　　　　　　　　　　　40 243 921.96

补充确认 2021 年第四季度应冲回的未确认融资费用：

借：资本公积　　　　　　　　　　　　　　　2 857 560.83

　　贷：未确认融资费用　　　　　　　　　　　2 857 560.83

2021 年资本公积余额 37 386 361.14 元。

2022 年第一季度，冲回未确认融资费用：

借：资本公积　　　　　　　　　　　　　　　2 939 417.03

　　贷：未确认融资费用　　　　　　　　　　　2 939 417.03

2022 年其余季度类似处理。

2022 年冲回资本公积 12 272 591.21 元。

同样 2023 年冲回资本公积 13 740 393.12 元，

2024 年前三季度冲回资本公积 11 373 376.81 元。

未确认融资费用三年后全部转回。

冲减资本公积管理层一般容易接受，不影响损益，并且逐期转回，对报表影响不大。

实务经验：在合并中遇到复杂的问题时，应寻求准则原文并进行解读。公司和审计师并非"猫和老鼠"的游戏，是合作关系。良好合作基于双方站在对方的角度考虑问题，在边界范围内解决争议问题。技术永远是财务立足的根本，在没有标准答案的情况下，提高自身职业判断能力是体现财务价值的前提条件。

4.2.5 对赌业绩未完成：业绩补偿

证监会《关于并购重组业绩补偿相关问题与解答》（2016 年 1 月 15 日）规定：交易对方为上市公司控股股东、实际控制人或者其控制的关联人，无论标的资产是否为其所有或控制，也无论其参与此次交易是否基于过桥等暂时性安排，上市公司的控股股东、实际控制人或者其控制的关联人均应以其获得的股份和现金进行业绩补偿。如果资产基础法中对于一项或几项资产采用了基于未来收益预期的方法，上市公司的控股股东、实际控制人或者其控制的关联人也应就此部分进行业绩补偿。

1. 业绩补偿方式之一：注销股份。

已经确认并经过相关程序后：

借：股本

　　贷：库存股

注销股份后：

借：库存股

　　贷：资本公积

2. 业绩补偿方式之二：现金补偿。

已经确认并经过相关程序后：

借：其他应收款

　　贷：资本公积

收到现金补偿：

借：银行存款

　　贷：其他应收款

【例 4－6】业绩承诺未完成披露——永吉股份（股票代码：603058）①。

证券代码：603058	证券简称：永吉股份	公告编号：2022－071
转债代码：113646	转债简称：永吉转债	

---

① 资料来源：上海证券交易所官网 http://www.sse.com.cn/。

贵州永吉印务股份有限公司

关于子公司收到业绩承诺补偿款的公告

本公司董事会及全体董事保证本公告内容不存在任何虚假记载、误导性陈述或者重大遗漏，并对其内容的真实性、准确性和完整性承担法律责任。

一、基本情况概述

贵州永吉印务股份有限公司（以下简称公司）于 2021 年 4 月 30 日召开第五届董事会第一次会议审议通过了《关于收购二级控股子公司少数股权的议案》，公司子公司贵州永吉新型包装材料有限公司以自有资金收购永吉盛珑少数股东成都盛珑包装有限公司持有的 20% 股权，并签署《股权转让协议》《股份购买和业绩对赌承诺函》。相关内容请查阅公司在指定信息披露媒体上海证券交易所网站（www. sse. com. cn）披露的《关于收购二级控股子公司少数股权的进展公告》（公告编号：2021 - 063）。

根据《股权转让协议》和《股份购买和业绩对赌承诺函》的相关约定，并经大华会计师事务所（特殊普通合伙）出具的大华核字 ［2022］009423 号《2021 年度业绩承诺实现情况说明的专项审核报告》确认：业绩承诺方应对公司进行现金补偿，补偿金额 = 4 500 000. 00 ×40% ×（150 000 000 - 87 335 973. 36）÷150 000 000 =751 968. 32（元人民币）。

二、业绩补偿履行情况

业绩承诺方于 2022 年 7 月 13 日向公司子公司贵州永吉盛珑包装有限公司支付了业绩补偿款 751 968. 32 元。业绩承诺方 2021 年度业绩承诺补偿款已全部支付完毕。

特此公告。

贵州永吉印务股份有限公司董事会
2022 年 7 月 15 日

4.3　非同一控制下企业合并

4.3.1　报告期增加子公司的合并范围

非同一控制下的企业合并视为公平的市场交易，采用"购买法"，购买日之前的利润表和现金流量表是发生额，最终体现在静态报表资产负债表上，某种意义上从财务角度购买的就是一张资产负债表。购买日仅需编制合并资产负债表，只需将购买日之后的财务状况、经营成果和现金流量情况纳入合并范围。比较合并报表亦无须考虑此前数据。

报告期增加非同一控制下子公司合并报表合并范围如图 4 -2 所示。

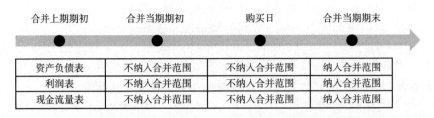

图 4-2　报告期增加非同一控制下子公司合并报表合并范围

4.3.2　非同一控制下购买日会计处理

参与合并的各方在合并前后不受同一方或相同的多方最终控制的，为非同一控制下的企业合并。非同一控制下投资方单体报表长期股权投资按照支付对价的公允价值作为初始投资成本。购买日仅编制合并资产负债表，母公司长期股权投资大于被合并方可辨认净资产的公允价值的差额，确认为商誉；前者小于后者，计入营业外收入。除非特殊情况，商誉一般仅在合并报表中出现。

母公司应当设置备查簿，记录企业合并中取得的子公司各项可辨认资产、负债及或有负债等在购买日的公允价值。在此后期间编制合并财务报表时，应当以购买日确定的各项可辨认资产、负债及或有负债的公允价值为基础对子公司的财务报表进行调整。

非同一控制下企业合并，由于不必考虑购买日之前新增子公司的会计信息，因此在编制比较合并报表时，无须将新增子公司的比较信息纳入合并范围。

1. 正商誉。实务中溢价收购情况比较常见，如诸多上市公司在合并报表中出现商誉。通过案例来说明购买日合并资产负债表编制。

【例 4-7】非同一控制下购买日会计处理。

承〖例 3-7〗，为方便阅读，仍将部分资料列示如下。

甲公司为一家上市公司，2017 年 5 月，拟从 A 公司收购其全资控股的 B 公司。A 公司不经营具体业务，A 公司下有一家全资子公司 B 公司，B 公司为 A 公司一年前从其他关联方受让而来（同一控制）。B 公司具备生产经营条件，从事与甲公司类似的生产经营活动。双方协商：甲公司通过受让 A 公司 100% 股权的方式完成收购；收购全部采取现金出资；评估基准日为 2017 年 6 月 30 日；评估基准日至收购日之间的经营成果全部归属于甲公司。合同签订后，甲公司依约支付了 30% 的收购款；9 月底，工商变更等法律程序全部完成后，甲公司支付了其余全部款项。按照会计准则，甲公司将 9 月 30 日确定为收购日是恰当的。甲公司、乙公司不具备关联关系，甲公司、A 公司、B 公司采用的会计政策一致。所得税税率 25%。

案例仅考虑甲公司、A 公司、B 公司购买日的合并抵销。

判断：该案例中，B 公司为上市公司收购的标的公司，甲公司通过收购 B 公司的壳公司 A 公司股权的方式完成对标的公司的收购。甲公司、A 公司不受同一方或相同多方最终控制，该合并属于非同一控制下的控股合并。

其他资料列示如下：

甲公司现金出资 12 000 万元收购 A 公司 100% 股权。

6 月 30 日 A 公司、B 公司评估结果如下。

A 公司采用资产基础法评估，除长期股权投资外，评估价值和账面价值一致（见表 4 - 8）。

表 4 - 8　　　　　　　　　　A 公司资产基础法评估结果　　　　　　金额单位：万元

项目	评估价值	账面价值	增值额	增值率（%）
净资产	12 300.00	7 000.00	5 300.00	75.71
其中：长期股权投资	11 800.00	6 500.00	5 300.00	81.54

B 公司采用资产基础法和收益法两种方法评估，采用收益法评估价值为 11 800 万元；采用资产基础法，除存货、固定资产（主要为房屋建筑物评增）、无形资产（土地使用权评增）外，评估价值和账面价值一致（见表 4 - 9）。

表 4 - 9　　　　　　　　　　B 公司资产基础法评估结果　　　　　　金额单位：万元

项目	评估价值	账面价值	增值额	增值率（%）
净资产	9 500.00	7 300.00	2 200.00	30.14
其中：存货	300.00	240.00	60.00	25.00
固定资产	3 700.00	2 800.00	900.00	32.14
无形资产	3 640.00	2 400.00	1 240.00	51.67

评估基准日为 2017 年 6 月 30 日，购买日为 9 月 30 日，根据协议，评估基准日至收购日之间的经营成果全部归属于甲公司。购买日编制合并资产负债表，要考虑评估基准日和购买日之间的变化。

评估基准日与购买日之间 A 公司由于是壳公司，盈亏平衡，账面净资产没有任何变化。

B 公司经营情况：

6 ~ 9 月 B 公司实现净利润 100 万元，其中 6 月 30 日的存货全部销售；B 公司固定资产、无形资产评估与账面价值，折旧/摊销差额如表 4 - 10 所示。

表 4 – 10 　　　　　评估基准日至购买日 B 公司固定资产、

无形资产增值折摊差异表　　　　金额单位：万元

项目	评估价值	账面价值	评估增值	6月30日时点预计使用月份数	月折旧/摊销差额	7~9月折旧摊销差额	12个月折旧摊销差额
固定资产	3 700.00	2 800.00	900.00	84	10.71	32.14*	128.57
无形资产	3 640.00	2 400.00	1 240.00	220	5.64	16.91*	67.64
合计	7 340.00	5 200.00	2 140.00	—	16.35	49.05	196.21

注：＊由于单位为万元，显示有尾差。

截至 9 月 30 日，A 公司、B 公司的净资产分布情况（见表 4 – 11）。

表 4 – 11　　　　　A 公司、B 公司单体报表账面净资产明细　　　单位：万元

项目	实收资本	资本公积	盈余公积	未分配利润	合计
A 公司	7 600.00	—	—	– 600.00	7 000.00
B 公司	5 000.00	1 000.00	400.00	900.00 + 100.00*	7 400.00

注：＊B 公司 6~9 月净利润 100 万元，全部计入该项目，简化处理，不另行考虑计提盈余公积，B 公司基准日账面净资产 7 300 万元，购买日账面净资产 7 400 万元。

下面分步说明购买日（9 月 30 日）甲公司在合并报表层面的处理以及商誉的计量。

合并思路：

先合并第一层面 A 公司并 B 公司，权益合并；再合并第二层面甲公司并 A 公司：顺次考虑评估增值、评估日至购买日公允价值的变化、利润调整、递延所得税资产/负债影响等因素。

第一层面合并：A 公司并 B 公司，权益合并。

（1）A 公司长期股权投资与 B 公司净资产抵销。

　　借：实收资本　　　　　　　　　　　　　　　　　　5 000
　　　　资本公积　　　　　　　　　　　　　　　　　　1 000
　　　　盈余公积　　　　　　　　　　　　　　　　　　 400
　　　　未分配利润　　　　　　　　　　　　　　　　　 100
　　　贷：长期股权投资　　　　　　　　　　　　　　　　6 500

说明：A 公司单体报表采用成本法核算，长期股权投资的账面价值 6 500 万元，B 公司账面净资产 7 400 万元，在该层面合并时，A 公司可以在合并底稿中先按照权益法调整即调增 A 公司长期股权投资 900 万元，然后进行抵销，即：

借：长期股权投资　　　　　　　　　　　　　　　　　　　900

　　贷：未分配利润——年初（此前年度累计未分配利润，假定金额为 X）

　　　　　　　　　　　　　　　　　　　　　　　　　　　　X

　　　　投资收益（购买日之前当年度实现的净利润）　　900 – X

再进行抵销：

借：实收资本　　　　　　　　　　　　　　　　　　　　5 000

　　资本公积　　　　　　　　　　　　　　　　　　　　1 000

　　盈余公积　　　　　　　　　　　　　　　　　　　　 400

　　未分配利润　　　　　　　　　　　　　　　　　　　1 000

　　贷：长期股权投资　　　　　　　　　　　　　　　　7 400

投资收益最终要计入未分配利润，做两笔分录，即先恢复再进行抵销。对未分配利润的整体影响为：$X + (900 - X) - 1\ 000 = -100$（万元）。

两种方式其合并抵销结果是一样的：A 公司长期股权投资和子公司的盈余公积、资本公积全部抵销，未分配利润抵销 100 万元。未分配利润在合并层面反映 900 万元。

请务必牢记，实务中合并财务报表是在单体报表各项目简单汇总基础上进行合并抵销编制的。关于两种方法抵销在第 5 章合并财务报表仍会提及。实务中，新手往往先恢复权益法再抵销，比较熟练的一般采用第一种方法直接抵销。

第二层面合并：站在甲公司角度，考虑到 A 公司是壳公司，穿透后可辨认净资产的公允价值和账面价值差额最终体现在 B 公司按照资产基础法评估增值的存货、固定资产和无形资产上。

（2）考虑 A 公司资产公允价值变化（暂不考虑评估基准日和购买日之间的价值变动）。从可操作性上看，将资产基础法评估价值作为相关资产的公允价值是适当的。根据表 4–9 合并调增相关资产公允价值和账面价值的差额。

借：固定资产　　　　　　　　　　　　　　　　　　　　900

　　无形资产　　　　　　　　　　　　　　　　　　　　1 240

　　贷：资本公积　　　　　　　　　　　　　　　　　　2 140

注：存货评估增值 60 万元，由于在评估日至购买日之间已经实现销售，评估日至购买日经营成果归属于甲公司，已经反映在未分配利润中，考虑与否不影响最终结果，在此简化处理，不做考虑。

（3）考虑合并层面公允价值增加对递延所得税的影响（存货无须考虑），由于税法不认可按照公允价值调整部分，计税基础不变，应确认递延所得税负债 535 万元（$2\ 140 \times 25\%$）。

借：资本公积   535

  贷：递延所得税负债   535

（4）考虑合并层面评估日至购买日由于公允价值计量对利润（进而未分配利润）的调整（根据表4-10）：

借：未分配利润   49.05

  贷：固定资产   32.14

    无形资产   16.91

（5）考虑第4项对递延所得税的影响，应转回递延所得税负债12.26万元（49.05 × 25%），分录：

借：递延所得税负债   12.26

  贷：所得税费用   12.26

注：根据分录（3），在初始确认时，递延所得税负债由于是企业合并产生的，根据所得税准则不能计入损益。但在冲回时，由于在合并层面影响了损益，计入所得税费用。

经过（1）~（5）合并调整后，净资产各项目金额列示如下（单位：万元）。

实收资本：7 600 = 7 600 + 5 000 - 5 000

资本公积：1 005 = -600 + 1 000 - 1 000 + 2 140 - 535

盈余公积：0 = 400 - 400

未分配利润：863.21 = 1 000 - 100 - 49.05 + 12.26

至此合并净资产小计9 468.21万元。

（6）将甲公司的长期股权投资与合并净资产抵销，差额计入商誉。

借：实收资本   7 600

  资本公积   1 005

  未分配利润   863.21

  商誉   2 531.79

  贷：长期股权投资   12 000

合并调整过程如表4-12所示。

表4-12   **非同一控制下企业合并工作底稿**   单位：万元

项目	甲公司 (1)	A公司 (2)	B公司 (3)	汇总 (4) = (1) + (2) + (3)	合并调整 (5) = (1) - (6)	合并金额 (6) = (4) + (5)
长期股权投资	12 000.00	6 500.00		18 500.00	-18 500.00	0.00
固定资产				0.00	867.86	867.86

续表

项目	甲公司 （1）	A 公司 （2）	B 公司 （3）	汇总 （4）＝（1）＋ （2）＋（3）	合并调整 （5）＝ （1）－（6）	合并金额 （6）＝ （4）＋（5）
无形资产				0.00	1 223.09	1 223.09
商誉				0.00	2 531.79	2 531.79
递延所得税负债				0.00	522.74	522.74
实收资本	7 600.00	5 000.00		12 600.00	−12 600.00	0.00
资本公积	−600.00	1 000.00		400.00	−400.00	0.00
盈余公积		400.00		400.00	−400.00	0.00
未分配利润		1 000.00		1 000.00	−1 000.00	0.00
净资产	7 000.00	7 400.00		14 400.00	−14 400.00	0.00
勾稽关系检验：						
资产类项目 调整发生额					−13 877.26	
权益类项目 调整发生额					−13 877.26	

2. 负商誉。如果购买方合并成本小于合并中取得的被购买方可辨认净资产公允价值份额的差额，则为负商誉，企业合并准则要求对该差额应谨慎处理：先对取得的被购买方各项可辨认资产、负债及或有负债的公允价值以及合并成本的计量进行复核；经复核后合并成本仍小于合并中取得的被购买方可辨认净资产公允价值份额的，其差额应当计入当期营业外收入。

由于非同一控制下企业合并在购买日不编制合并利润表，因此复核后仍满足条件的，应直接计入合并资产负债表的未分配利润项目。母公司单体报表无须处理。合并当期期末编制购买日至期末的合并利润表时，应在合并底稿中进行调整：

借：长期股权投资

　　贷：营业外收入

否则合并资产负债表净资产和合并利润表净利润相关项目勾稽关系不符。

【例 4 - 8】承〖例 4 - 7〗假如甲公司购买 A 公司 100% 股权的购买价格为 8 000 万元，其余不变。则购买日第（1）至第（5）笔合并调整分录不变，第（6）笔合并调整分录为：

借：实收资本　　　　　　　　　　　　　　　　　　　　　　　　　7 600

　　资本公积　　　　　　　　　　　　　　　　　　　　　　　　　1 005

  未分配利润   863.21

   贷：长期股权投资   8 000

    未分配利润   1 468.21

当年年末编制购买日至年末合并利润表，合并调整分录：

  借：长期股权投资   1 468.21

   贷：营业外收入   1 468.21

  3. 少数股东权益。如果被购买方存在少数股东，在购买日母公司编制的合并资产负债表中，应确认少数股东权益。

  【例4-9】承〖例4-7〗，假定甲公司购买 A 公司 80% 的股权，其他条件不变。A 公司存在少数股东权益，占比 20%。在 A 公司的合并报表中不用考虑少数股东权益，除非 B 公司有少数股东权益。但在甲公司合并层面上，应考虑少数股东权益。

  甲公司享有可辨认净资产公允价值 = 9 468.21 × 80% = 7 574.57（万元）

  少数股东权益 = 9 468.21 × 20% = 1 893.64（万元）

  商誉 = 12 000 - 7 574.57 = 4 425.43（万元）

  则购买日第（1）至第（5）笔合并调整分录不变，第（6）笔合并调整分录为：

  借：实收资本   7 600

   资本公积   1 005

   未分配利润   863.21

   商誉   4 425.43

   贷：长期股权投资   12 000

    少数股东权益   1 893.64

4.3.3 非同一控制下吸收合并产生商誉

  非同一控制下的吸收合并，购买方在购买日应当按照合并中取得的被购买方各项可辨认资产、负债的公允价值确定其入账价值，确定的企业合并成本与取得被购买方可辨认净资产公允价值的差额，应确认为商誉或计入当期损益。

  【例4-10】甲公司和乙公司无关联关系，2008 年 1 月 5 日两公司达成协议，甲公司支付 1 500 万元现金作为合并对价对乙公司进行吸收合并。合并日乙公司可辨认资产、负债的公允价值和计税价为：固定资产公允价值 900 万元、计税基础 800 万元，存货公允价值 600 万元、计税基础 450 万元；其他应付款公允价值 200 万元、计税价基础 0 万元。甲公司采用资产负债表债务法，适用的所得税税率为 25%。

  则甲公司购买日会计处理为（单位：万元）：

借：固定资产   900
　　存货   600
　　递延所得税资产 $[(200-0)\times 25\%]$50
　　商誉   212.5
　　贷：递延所得税负债 $\{[(900-800)+(600-450)]\times 25\%\}$62.5
　　　　其他应付款   200
　　　　银行存款   1 500

第5章 合并财务报表

【**内容提要**】《企业会计准则第 33 号——合并财务报表（2014）》对合并财务报表的编制给出指引，包括合并范围、合并程序、合并抵销以及特殊交易的合并原则。合并财务报表指反映母公司和其全部子公司形成的企业集团整体财务状况、经营成果和现金流量的财务报表。合并财务报表由母公司编制，合并财务报表至少应当包括"四表一注"：合并资产负债表、合并利润表、合并现金流量表、合并所有者权益（或股东权益）变动表以及合并报表附注。中期合并财务报表可以不编制合并所有者权益变动表。特殊交易的合并处理单独在此后章节介绍。

5.1 合并理论

合并财务报表是将企业集团作为一个"特殊会计主体"编制的财务报表。编制合并财务报表首要问题是将哪些主体纳入合并范围。基于此问题的产生的合并理论主要三种：母公司理论、实体理论以及所有权理论。

5.1.1 母公司理论

母公司理论认为合并财务报表主要是为母公司的股东和债权人服务的，为母公司现实的和潜在的投资者服务的，强调的是母公司股东的利益。

在采用母公司理论的情况下，在确定合并范围时，通常更多的是以法定控制为基础，以是否持有被投资企业多数股权或表决权、是否签署控制协议导致存在法定支配来确定合并范围。在这种情况下，所采用的合并处理方法都是从母公司本身的股东利益来考虑，如对于子公司少数股东的权益，在合并资产负债表中通常视为一项负债处理；对于集团内部销售收入的抵销，需要考虑销售的顺销和逆销：对于顺销，只抵销子公司中母公司持有股权相对的份额，少数股东股权对应的份额，视为实现销售处理，不进行抵销。这一理论忽略了少数股东的利润和信息需要。

5.1.2　实体理论

实体理论认为合并财务报表是企业集团各成员企业构成的经济联合体的财务报表。编制合并报表是为整个经济体服务的，强调企业集团中所有成员企业所构成的经济实体，它对控股股东和少数股东一视同仁、同等对待。

在采用实体理论的情况下，少数股东权益通常视为股东权益的一部分，在合并资产负债表中股东权益部分列示和反映。企业集团内部各成员企业之间发生的销售行为，其内部销售商品或提供劳务过程中所实现的销售损益，均属于未实现内部销售损益，应当予以抵销。无论是顺销还是逆销，其实现的内部销售损益，对于企业集团来说都是未实现内部销售损益，均属于抵销范围。

采用实体理论编制的合并报表，有利于企业集团内部管理人员从整体上把握企业集团经营活动的情况，相对来说更能够满足企业集团内部管理人员对财务信息的需要。

5.1.3　所有权理论

所有权理论认为，母公司理论和实体理论都不能解决隶属于两个或两个以上企业集团的企业的合并报表编制问题。如某一企业的全部股权由两个投资企业投资形成，各拥有 50% 股权。此时，任何一个投资企业都不能单独控制，根据母公司理论和实体理论无法确定该企业的财务报表由哪个投资企业合并。因为此时，既没有单一的母公司，也没有少数股东；既不存在法定支配权，也不存在单一的经济主体，因此提出所有权理论来弥补以上不足。

在采用所有权理论的情况下，对于其拥有所有权的企业的资产、负债和当期实现的净损益，均按照一定的比例合并计入合并财务报表。

目前，国际财务报告准则和我国企业会计准则均采用实体理论。由于我国企业会计准则与国际财务报告准则实质性趋同，均采用"控制"为标准判断是否将被投资方纳入合并范围，子公司存在少数股东的，少数股东权益在合并报表中单独在所有者权益项下列示。

【链接 5 - 1】《国际财务报告准则第 10 号——合并财务报表》节选：

1. 本《国际财务报告准则》的目的是在一个实体控制一个或多个其他实体时，为合并财务报表的列报和编制确立原则。

2. 为实现第 1 款中的目标，本《国际财务报告准则》：

（1）要求控制一个或多个其他实体（子公司）的实体（母公司）提交合并财务报表；

（2）定义控制原则，并将控制确立为合并的基础；

（3）规定如何应用控制原则来确定投资者是否控制被投资者，因此必须合并被投资方；

（4）列出编制合并财务报表的会计要求；

（5）定义投资实体，并规定合并投资实体特定子公司的例外情况。

3. 本《国际财务报告准则》不涉及业务合并的会计要求及其对合并的影响，包括业务合并产生的商誉（见《国际财务报告准则第3号——业务合并》）。

4. 母公司实体应提交合并财务报表。本《国际财务报告准则》适用于所有实体，但以下情况除外（略）。

5. 投资者，无论其参与实体（被投资方）的性质如何，均应通过评估其是否控制被投资方来确定其是否为母公司。

6. 当被投资者因参与被投资者而获得可变回报时，投资者控制被投资者，并有能力通过其对被投资者的权力影响这些回报。

7. 因此，当且仅当投资者具备以下所有条件时，投资者才能控制被投资者：

（1）对被投资者的权力（见第10－14段）；

（2）因与被投资者有牵连而产生的可变收益的风险敞口或权利；

（3）能够利用其对被投资方的权力来影响投资者的回报金额。

5.2 合并范围

5.2.1 合并范围以控制为基础确定

合并财务报表的合并范围应当以控制为基础予以确定。控制，是指投资方拥有对被投资方的权力，通过参与被投资方的相关活动而享有可变回报，并且有能力运用对被投资方的权力影响其回报金额。

投资方应当在综合考虑所有相关事实和情况的基础上对是否控制被投资方进行判断。一旦相关事实和情况的变化导致对控制定义所涉及的相关要素发生变化的，投资方应当进行重新评估。相关事实和情况主要包括：（1）被投资方的设立目的；（2）被投资方的相关活动以及如何对相关活动作出决策；（3）投资方享有的权利是否使其目前有能力主导被投资方的相关活动；（4）投资方是否通过参与被投资方的相关活动而享有可变回报；（5）投资方是否有能力运用对被投资方的权力影响其回报金额；（6）投资方与其他方的关系。

投资方享有现时权利使其目前有能力主导被投资方的相关活动，而不论其是否实际行使该权利，视为投资方拥有对被投资方的权力。投资方在判断是否拥有对被投资方的权力时，应当仅考虑与被投资方相关的实质性权利，包括自身所享有的实质性权利以及其他方所享有的实质性权利。仅享有保护性权利的投资方不拥有对被投资方的权力。保护性权利，是指仅为了保护权利持有人利益却没有赋予持有人对相关活动决策权的一项权利。保护性权利通常只能在被投资方发生根本性改变或某些例外情况发生时才能够行使，它既没有赋予其持有人对被投资方拥有权力，也不能阻止其他方对被投资方拥有权力。

【例5－1】特殊目的实体（SPV）是否纳入合并范围问题。

自2014年以来，资产证券化成为银企融资的重要方式，为了证券化实施，进行风险隔离等目的成立的SPV能否并入发起机构（原始债权人）的合并报表，其判断的准则依据仍然是能否满足"控制"定义。其基本操作流程如图5－1所示。

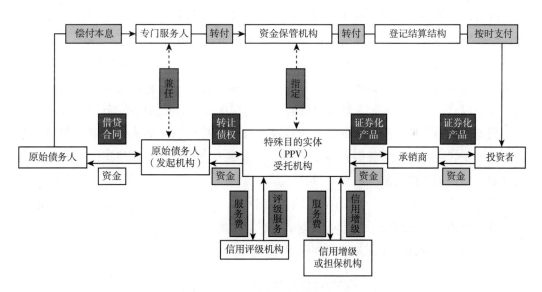

图5－1　资产证券化操作流程

SPV能否纳入合并报表，取决于发起机构能否"控制"SPV，其从SPV获取的是否为可变回报，回报的风险是否足够大。需要根据发起文件的实质性条款进行判断。从实务来看，发起机构或其母公司往往购买占比5%左右的劣后级证券，如果发起机构或其母公司对优先级证券签署了差额支付的托底条款，站在本公司或母公司合并层面，实质为原始债权的质押融资，无论发起机构单体还是母公司合并层面，均应将SPV纳入合并范围，总体来讲债权无法出表。如果没有托底条款，按照《企业会计准则第 23 号——金融资产转移（2017）》符合"不垫款、不占用、不延误"三原则的过手安排，优先级证券可以在合并层面出表，即 SPV 不纳入合并范围，在发起机构单体报表按照继续涉入程度确认相应的继续涉入资产和继续涉入负债即可。

5.2.2 投资性主体合并范围的特殊考虑

母公司应当将其全部子公司（包括母公司所控制的单独主体）纳入合并财务报表的合并范围。如果母公司是投资性主体，则母公司应当仅将为其投资活动提供相关服务的子公司（如有）纳入合并范围并编制合并财务报表；其他子公司不应当予以合并，母公司对其他子公司的投资应当按照公允价值计量且其变动计入当期损益。

当母公司同时满足下列条件时，该母公司属于投资性主体：（1）该公司是以向投资者提供投资管理服务为目的，从一个或多个投资者处获取资金；（2）该公司的唯一经营目的，是通过资本增值、投资收益或两者兼有而让投资者获得回报；（3）该公司按照公允价值对几乎所有投资的业绩进行考量和评价。

投资性主体的母公司本身不是投资性主体，则应当将其控制的全部主体，包括那些通过投资性主体所间接控制的主体，纳入合并财务报表范围。

当母公司由非投资性主体转变为投资性主体时，除仅将为其投资活动提供相关服务的子公司纳入合并财务报表范围编制合并财务报表外，企业自转变日起对其他子公司不再予以合并，按照视同在转变日处置子公司但保留剩余股权的原则进行会计处理。

当母公司由投资性主体转变为非投资性主体时，应将原未纳入合并财务报表范围的子公司于转变日纳入合并财务报表范围，原未纳入合并财务报表范围的子公司在转变日的公允价值视同为购买的交易对价。

投资性主体一般为财务投资者，不像战略投资者，往往不是为了控制实体，而是通过股权或类似权益增值后从市场上退出，获取投资回报。

母公司为投资性主体合并范围如图 5-2 所示。

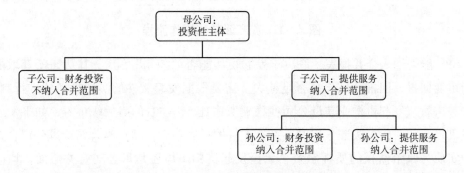

图 5-2 母公司为投资性主体合并范围

5.2.3　报告期新增或处置子公司的合并范围

1. 合并资产负债表。母公司在报告期内因同一控制下企业合并增加的子公司以及业务，编制合并资产负债表时，应当调整合并资产负债表的期初数，同时应当对比较报表的相关项目进行调整，视同合并后的报告主体自最终控制方开始控制时点起一直存在。因非同一控制下企业合并或其他方式增加的子公司以及业务，编制合并资产负债表时，不应当调整合并资产负债表的期初数。

母公司在报告期内处置子公司以及业务，编制合并资产负债表时不应当调整合并资产负债表的期初数。

2. 合并利润表。母公司在报告期内因同一控制下企业合并增加的子公司以及业务，应当将该子公司以及业务合并当期期初至报告期末的收入、费用、利润纳入合并利润表，同时应当对比较报表的相关项目进行调整，视同合并后的报告主体自最终控制方开始控制时点起一直存在。因非同一控制下企业合并或其他方式增加的子公司以及业务，应当将该子公司以及业务购买日至报告期末的收入、费用、利润纳入合并利润表。

母公司在报告期内处置子公司以及业务，应当将该子公司以及业务期初至处置日的收入、费用、利润纳入合并利润表。

3. 合并现金流量表。母公司在报告期内因同一控制下企业合并增加的子公司以及业务，应当将该子公司以及业务合并当期期初至报告期末的现金流量纳入合并现金流量表，同时应当对比较报表的相关项目进行调整，视同合并后的报告主体自最终控制方开始控制时点起一直存在。因非同一控制下企业合并增加的子公司以及业务，应当将该子公司购买日至报告期末的现金流量纳入合并现金流量表。

母公司在报告期内处置子公司以及业务，应当将该子公司以及业务期初至处置日的现金流量纳入合并现金流量表。

5.3　合并财务报表前期准备

合并财务报表是母公司在母公司单体报表和子公司单体报表简单汇总的基础上进行合并抵销编制的。以母公司为主体通过产权连接以"控制"为基础形成的"企业集团"可能涉及数十家甚至上百家子（孙）公司。纳入合并范围内的公司可能涉及多种业态，涉及境内外，各子公司采用的会计政策甚至遵循的准则、会计制度体系可能不一致，某些子公司记账本位币可能以人民币以外的货币作为记账本位币，会计年度未必采用公历年度等。为了使编制的合并财务报表符合我国的会计准则的要求，全面反映企业集团的真实情况，合并范围内如有所列情况，应在合并之前进行适当处理。

5.3.1 统一母子公司的会计政策

如果子公司的会计政策与母公司会计政策不一致，应将子公司按照其会计政策进行会计处理的业务重新表述为按照母公司的会计政策进行会计处理的数据。

会计政策是企业在会计核算和编制财务报表时所采用的原则、程序和会计处理方法，是编制财务报表的基础。会计政策一般体现在企业所采用的会计制度、会计准则及相关法规之中。由于某些会计政策具有一定的"弹性"，对相同或类似的交易某一具体企业可能选用此种会计政策，另一具体企业可能选用另一种会计政策，均未违反会计准则。如存货发出计价方法，母公司选用加权平均法，如果某一黄金首饰销售子公司采用个别计价法，均遵循会计准则，但在编制合并报表时需要将黄金首饰销售子公司的发出存货和期末存货按照加权平均法在底稿中重新表述，即调整营业成本和期末存货的金额，在此基础上编制合并财务报表。常见会计政策一览如表 5 – 1 所示。

表 5 –1 常见会计政策一览

序号	涉及准则	内容	会计政策
1	企业会计准则第 1 号——存货（2006）	存货发出计价方法 存货期末计价 周转材料的摊销方法 存货的盘存制度	先进先出法、加权平均法、个别计价法 成本与可变现净值孰低 一次转销、五五摊销、多次摊销 永续盘存制、实地盘存制
2	企业会计准则第 2 号——长期股权投资（2014）	长期股权投资的后续计量	成本法、权益法
3	企业会计准则第 3 号——投资性房地产（2006）	投资性房地产的后续计量	成本模式、公允价值模式
4	企业会计准则第 4 号——固定资产（2006）	固定资产的初始计量	实际成本、公允价值比例分配（购买多项无单独标价）、现值（融资性质）、预计弃置费用现值（特殊行业）
5	企业会计准则第 6 号——无形资产（2006）	自行研发的无形资产	划分研究阶段和开发阶段标准 开发阶段资本化条件
6	企业会计准则第 7 号——非货币性资产交换（2019）	商业实质判断 换入资产计量基础	商业实质或不具有商业实质的判断标准 换出资产公允价值/账面价值为基础

续表

序号	涉及准则	内容	会计政策
7	企业会计准则第 8 号——资产减值（2006）	资产可收回金额的计量	公允价值减去处置费用后的净额、资产预计未来现金流量的现值，以上二者计量
8	企业会计准则第 9 号——职工薪酬（2014）企业会计准则第 11 号——股份支付（2006）	应付职工薪酬和股份支付确认和计量	包括短期薪酬、离职后福利、辞退福利和其他长期职工福利的会计处理方法
9	企业会计准则第 12 号——债务重组（2019）	债务重组的确认和计量	债权人/债务人采用不同的债务重组方式重组债权和债务的会计处理原则
10	企业会计准则第 13 号——或有事项（2006）	预计负债的确认和计量	预计负债最佳估计数按照中间值、最可能发生金额、概率加权等方法确定
11	企业会计准则第 14 号——收入（2017）	收入的确认和计量	合同履约义务履约标准；不同类型收入的具体确认方法
12	企业会计准则第 16 号——政府补助（2017）	政府补助分类	划分与资产相关的政府补助、与收益相关的政府补助的判断依据及会计处理方法
13	企业会计准则第 17 号——借款费用（2006）	借款费用会计处理方法	借款费用资本化、费用化的确认原则
14	企业会计准则第 18 号——所得税（2006）	所得税的会计处理方法	当期所得税、递延所得税以及递延所得税豁免原则
15	企业会计准则第 19 号——外币折算（2006）	外币折算采用汇率	即期汇率、即期汇率的近似汇率
16	企业会计准则第 21 号——租赁（2018）	租赁的确认和计量	作为出租人租赁经营租赁和融资租赁具体分类标准；作为承租人短期租赁和低价值租赁的判断标准；租赁分拆、租赁变更判断标准及会计处理方法

序号	涉及准则	内容	会计政策
17	企业会计准则第 22 号——金融工具确认和计量（2017）	金融工具的分类 金融工具减值	金融资产、金融负债具体分类标准；金融工具减值三阶段的判断标准
18	企业会计准则第 23 号——金融资产转移（2017）	金融资产转移的判断	风险和报酬转移与否的判断标准；控制权的判断标准；继续涉入程度发行 ABS 优先级和劣后级实质性条款的判断标准
19	企业会计准则第 42 号——持有待售的非流动资产、处置组和终止经营（2017）	持有待售的非流动资产或处置组	持有待售的非流动资产或处置组的分类标准

需要说明的是，母子公司会计估计不一致无须调整，可以在合并报表中附注中披露。会计估计是指企业对其结果不确定的交易或事项以最近可利用的信息为基础所作的判断。会计估计应对的是计量金额问题。下面是常见的会计估计：（1）公允价值的确定；（2）存货可变现净值的确定；（3）非流动资产可收回金额的确定；（4）固定资产的使用寿命、预计净残值和折旧方法；（5）无形资产的预计使用寿命、残值、摊销方法；（6）预计负债金额的确定；（7）一般借款利息资本化金额的确定；（8）应纳税暂时性差异和可抵扣暂时性差异的确定；（9）与金融工具相关的公允价值的确定、摊余成本的确定、金融资产减值损失的确定等。

5.3.2 统一母子公司的资产负债表日和会计期间

财务报表总是反映一定日期的财务状况和一定会计期间的经营成果。母公司和子公司的单体财务报表只有在反映财务状况的日期和反映经营成果的会计期间一致的情况下，才能进行合并。为了编制合并财务报表，应当将子公司的资产负债表日和会计期间与母公司一致，若不一致，应当调整为母公司的资产负债表日和会计期间。

母公司和子公司如果均在中国境内，适用中国会计准则，母子公司资产负债表日和会计期间是一致的，一般无须调整。如果有子公司在中国境外，则其资产负债表日和会计期间可能会与中国境内母公司不一致，则应当在编制合并报表前按照母公司的资产负债表日和会计期间进行重新表述。

5.3.3　子公司外币表示的财务报表折算

子公司财务报表以母公司记账本位币以外的货币作为记账本位币，在编制合并报表时应当将子公司的财务报表折算为母公司所采用的记账本位币。

《会计法》第十二条规定：会计核算以人民币为记账本位币。业务收支以人民币以外的货币为主的单位，可以选定其中一种货币作为记账本位币，但是编报的财务会计报告应当折算为人民币。

根据《企业会计准则第 19 号——外币折算（2006）》的规定，我国外币财务报表的折算方法采用的是现行汇率法。外币交易应当在初始确认时，采用交易发生日的即期汇率将外币金额折算为记账本位币金额；也可以采用按照系统合理的方法确定的、与交易发生日即期汇率近似的汇率折算。

企业在资产负债表日，应当按照下列规定对外币货币性项目和外币非货币性项目进行处理：外币货币性项目，采用资产负债表日即期汇率折算。因资产负债表日即期汇率与初始确认时或者前一资产负债表日即期汇率不同而产生的汇兑差额，计入当期损益。以历史成本计量的外币非货币性项目，仍采用交易发生日的即期汇率折算，不改变其记账本位币金额。

货币性项目，是指企业持有的货币资金和将以固定或可确定的金额收取的资产或者偿付的负债。非货币性项目，是指货币性项目以外的项目。

企业对境外经营的财务报表进行折算时，应当遵循下列规定：

（1）资产负债表中的资产和负债项目，采用资产负债表日的即期汇率折算，所有者权益项目除"未分配利润"项目外，其他项目采用发生时的即期汇率折算。

（2）利润表中的收入和费用项目，采用交易发生日的即期汇率折算；也可以采用按照系统合理的方法确定的、与交易发生日即期汇率近似的汇率折算。

按照上述（1）、（2）折算产生的外币财务报表折算差额，在资产负债表中所有者权益项目下单独列示。比较财务报表的折算比照上述规定处理。

5.3.4　收集编制合并财务报表的系列资料

合并财务报表以母公司和纳入合并范围的子公司的单体报表为基础，在简单汇总的基础上通过内部交易的抵销进行编制的。编制合并财务报表除需要取得母子公司当期的单体财务报表外，还需要取得母子公司、子公司相互之间内部交易的相关资料，包括但不限于内部投资、内部购销、债权债务、利润分配等详细资料。

5.4　合并程序

合并财务报表的编制是实务中一项颇显"高大上"的工作，需要有些功底的会计专业人士组织或提供技术支撑，需母公司财务负责人指导、会计经理主导协调，母公司及各子公司会计骨干参与，通力合作才能完成的一项技术性很强的任务。

5.4.1　合并程序

一般来讲，合并财务报表编制程序大致如下：

1. 设置合并工作底稿：合并工作底稿一般有通用格式，如果可行，企业可以采用所聘用会计师事务所年报审计的合并工作底稿。自行编制中期合并财务报表时运用中介模板，年报编制时也能够延续。需要说明的有三点：一是企业自身财务软件系统自行设置的合并工作底稿可能与中介的模板格式不完全相同，个别项目可能需要调整填列；二是中介的模板会根据准则的变化、财政部或证监会的要求适时微调；三是如果合并范围和业务比较简单的企业集团，可以通过 Excel 表格自行设置合并工作底稿，忽略诸多不会发生业务涉及到的项目。

2. 将单体报表的数据过入合并工作底稿：包括母公司、子公司单体报表项目，过入数据时要准确，不要错行。

3. 编制合并抵销调整分录：这是合并财务报表的核心内容。

4. 计算合并财务报表各项目的合并金额。合并金额是在母子公司各项目简单汇总的基础上经过合并调整而来。

5. 根据合并底稿中的合并金额填列合并财务报表各项目。

实务中，合并财务报表的工作底稿、合并调整分录、正式报表的填列由一系列具有勾稽关系的套表组成。合并报表实务中过入底稿前及正式出具合并报表应关注的勾稽关系、逻辑检验等将在第 6 章详细讲述。本部分只提供一个大概的思路。

5.4.2　合并工作底稿速览

【例 5-2】下面为某中介对一建筑公司一个真实合并审计/合并调整工作底稿（见表 5-2、表 5-3、表 5-4），该建筑公司当时拟挂牌"新三板"，委托具有证券资质的某会计师事务所进行两年一期审计。该公司下设一家分公司、一家子公司。会计师事务所在该建筑公司各单体报表简单汇总的基础上进行审计/合并调整，编制合并资产

表5-2

某建筑公司2016年度合并试算平衡表（合并工作底稿）
资产负债表（年末数）调整算试衡表
2016年12月31日

编制单位：××建筑股份有限公司　　　　　　　　　　　　　　　　　　金额单位：元

资产	行次	调整前（简单汇总）	审计调整 借方	审计调整 贷方	调整后
流动资产：					
货币资金	1	4 104 800.72			4 104 800.72
结算备付金	2				
拆出资金	3				
交易性金融资产	4				
应收票据	5				
应收账款	6	61 939 720.87		864 815.00	61 074 905.87
减：应收账款坏账准备	7	4 418 943.67	43 240.75		4 375 702.92
应收账款净额	8	57 520 777.20			56 699 202.95
预付款项	9	35 235 337.59			35 235 337.59
应收保费	10				
应收分保账款	11				
应收分保合同准备金	12				
应收利息	13				
应收股利	14				
其他应收款	15	17 696 840.01		7 951 800.00	9 745 040.01
减：其他应收款坏账准备	16	8 613 893.73	397 500.00		8 216 393.73
其他应收款净额	17	9 082 946.28			1 528 646.28
买入返售金融资产	18				
存货	19	36 249 132.12			36 249 132.12
减：存货跌价准备	20				
存货净额	21	36 249 132.12			36 249 132.12
一年内到期的非流动资产	22				

负债和所有者权益（或股东权益）	行次	调整前（简单汇总）	审计调整 借方	审计调整 贷方	调整后
流动负债：					
短期借款	58	17 800 000.00			17 800 000.00
向中央银行借款	59				
吸收存款及同业存放	60				
拆入资金	61				
交易性金融负债	62				
应付票据	63	2 626 550.00			2 626 550.00
应付账款	64	22 624 039.85	864 815.00		21 759 224.85
预收款项	65	3 278 827.20			3 278 827.20
卖出回购金融资产款	66				
应付手续费及佣金	67				
应付职工薪酬	68	6 792 576.48			6 792 576.48
应交税费	69	3 946 239.77			3 946 239.77
应付利息	70				
应付股利	71				
其他应付款	72	13 634 830.38	7 951 800.00		5 683 030.38
应付分保账款	73				
保险合同准备金	74				
代理买卖证券款	75				
代理承销证券款	76				
一年内到期的非流动负债	77				
内部往来（贷）	77-1				
内部银行存款	77-2				

续表

资产部分

资产	行次	调整前（简单汇总）	审计调整 借方	审计调整 贷方	调整后
内部往来（借）	22-1				
内部银行存款	22-2				
其他流动资产	23				
流动资产合计	24	142 192 993.91	440 740.75	8 816 615.00	133 817 119.66
非流动资产：					
发放贷款及垫款	25	300 000.00			300 000.00
可供出售金融资产	26				
持有至到期投资	27				
长期应收款	28				
长期股权投资	29	4 605 827.23		4 605 827.23	
减：长期股权投资减值准备	30	4 605 827.23			
长期股权投资净额	31	4 605 827.23			
投资性房地产	32	3 023 154.03			3 023 154.03
减：投资性房地产减值准备	33	59 833.25			59 833.25
投资性房地产净额	34	2 963 320.78			2 963 320.78
固定资产	35	4 998 795.85			4 998 795.85
减：累计折旧	36	3 407 281.26			3 407 281.26
减：固定资产减值准备	37				
固定资产净额	38	1 591 514.59			1 591 514.59
在建工程	39				
减：在建工程减值准备	40				
在建工程净额	41				
工程物资	42				
固定资产清理	43				
生产性生物资产	44				

负债和所有者权益（或股东权益）部分

负债和所有者权益（或股东权益）	行次	调整前（简单汇总）	审计调整 借方	审计调整 贷方	调整后
其他流动负债	78				
流动负债合计	79	70 703 063.68	8 816 615.00		61 886 448.68
非流动负债：					
长期借款	80	7 500 000.00			7 500 000.00
应付债券	81				
长期应付款	82				
专项应付款	83				
预计负债	84				
递延所得税负债	85				
其他非流动负债	86				
非流动负债合计	87	7 500 000.00			7 500 000.00
负债合计	88	78 203 063.68	8 816 615.00		69 386 448.68

续表

资产	行次	调整前（简单汇总）	审计调整 借方	审计调整 贷方	调整后
油气资产	45				
无形资产	46	191 770.88			191 770.88
减：无形资产减值准备	47				
无形资产净额	48	191 770.88			191 770.88
开发支出	49				
商誉	50				
减：商誉减值准备	51				
商誉净额	52				
长期待摊费用	53	635 546.06			635 546.06
递延所得税资产	54	1 932 756.42			1 932 756.42
其他非流动资产	55				
非流动资产合计	56	12 220 735.96		4 605 827.23	7 614 908.73
资产总计	57	154 413 729.87	440 740.75	13 422 442.23	141 432 028.39

负债和所有者权益（或股东权益）	行次	调整前（简单汇总）	审计调整 借方	审计调整 贷方	调整后
所有者权益（或股东权益）：					
实收资本（或股本）	89	55 000 000.00	5 000 000.00		50 000 000.00
资本公积	90	6 255 827.23		394 172.77	6 650 000.00
减：库存股	91				
专项储备	92				
盈余公积	93	2 336 343.73			2 336 343.73
一般风险准备	94				
未分配利润	95	12 618 495.23	3 351 279.61	3 792 020.36	13 059 235.98
外币报表折算差额	96				
归属于母公司所有者权益合计	97	76 210 666.19	8 351 279.61	4 186 193.13	72 045 579.71
少数股东权益	98				
所有者权益（或股东权益）合计	99	76 210 666.19	8 351 279.61	4 186 193.13	72 045 579.71
负债和所有者权益（或股东权益）总计	100	154 413 729.87	17 167 894.61	4 186 193.13	141 432 028.39

表 5 - 3

利润及利润分配表（本年数）调整试算平衡表

2016 年度

编制单位：××建筑股份有限公司 金额单位：元

项目	行次	调整前	审计调整 借方	审计调整 贷方	调整后
一、营业收入	1	136 869 793.95	2 957 106.84		133 912 687.11
利息收入	2				
已赚保费	3				
手续费及佣金收入	4				
营业总收入	5	136 869 793.95	2 957 106.84		133 912 687.11
减：营业成本	6	102 452 503.88		2 957 106.84	99 495 397.04
利息支出	7				
手续费及佣金支出	8				
退保金	9				
赔付支出净额	10				
提取保险合同准备金净额	11				
保单红利支出	12				
分保费用	13				
营业税金及附加	14	4 851 079.54			4 851 079.54
销售费用	15	969 890.06			969 890.06
管理费用	16	12 157 433.27			12 157 433.27
财务费用	17	1 341 335.71			1 341 335.71
资产减值损失	18	9 896 404.82		440 740.75	9 455 664.07
营业总成本	19	131 668 647.28	3 397 847.59		128 270 799.69
加：公允价值变动收益	20				
投资收益	21				
其中：对联营企业和合营企业的投资收益	22				
汇兑收益	23				
二、营业利润（亏损以"-"号填列）	24	5 201 146.67	2 957 106.84	3 397 847.59	5 641 887.42
加：营业外收入	25	20 140.01			20 140.01
减：营业外支出	26	286 803.64			286 803.64
其中：非流动资产处置损失	27				
三、利润总额（亏损总额以"-"号填列）	28	4 934 483.04	2 957 106.84	3 397 847.59	5 375 223.79
减：所得税费用	29	1 900 097.49			1 900 097.49
四、净利润（净亏损以"-"号填列）	30	3 034 385.55	2 957 106.84	3 397 847.59	3 475 126.30
其中：被合并方在合并前实现的净利润					
归属于母公司所有者的净利润	31	3 034 385.55	2 957 106.84	3 397 847.59	3 475 126.30
少数股东损益	32				
加：年初未分配利润	33	9 880 096.79		394 172.77	9 880 096.79
其他转入	34				
五、可供分配的利润	35	12 914 482.34	3 351 279.61	3 792 020.36	13 355 223.09
减：提取法定盈余公积	36	295 987.11			295 987.11
提取一般风险准备	37				
提取职工奖励及福利基金	38				

续表

项目	行次	调整前	审计调整 借方	审计调整 贷方	调整后
提取储备基金	39				
提取企业发展基金	40				
利润归还投资	41				
六、可供股本分配的利润	42	12 618 495.23	3 351 279.61	3 792 020.36	13 059 235.98
减：应付优先股股利	43				
提取任意盈余公积	44				
应付普通股股利	45				
转作股本的普通股股利	46				
七、未分配利润	47	12 618 495.23	3 351 279.61	3 792 020.36	13 059 235.98

补充资料：

项目	行次	调整前	审计调整 借方	审计调整 贷方	调整后
1. 出售、处置部门或被投资单位所得收益	48				
2. 自然灾害发生的损失	49				
3. 会计政策变更增加（或减少）利润总额	50				
4. 会计估计变更增加（或减少）利润总额	51				
5. 债务重组损失	52				
6. 其他	53				

表 5－4 　　　　　　本年调整分录汇总

客户名称：××建筑股份有限公司

所属期间：2016 年 12 月 31 日

审核员：　　日期：　　索引号：
复核员：　　日期：　　页次：
金额单位：元

分录序号	调整内容	借/贷	调整分录科目名称 一级科目	调整分录科目名称 二级科目	资	利	金额 借方金额	金额 贷方金额
1	合并调整分录（同一控制下）：	借	股本				5 000 000.00	
	合并调整分录（同一控制下）：	贷	年初未分配利润		✓	✓		394 172.77
	合并调整	贷	长期股权投资		✓			4 605 827.23
2	合并调整分录（同一控制下）：	借	年初未分配利润		✓	✓	394 172.77	
	合并调整	贷	资本公积		✓			394 172.77
3	合并调整分录（同一控制下）：	借	其他应付款	B－子公司	✓		7 950 000.00	
		贷	其他应收款	A－母公司	✓			7 950 000.00
4	合并调整分录（同一控制下）：	借	其他应付款	A－母公司	✓		1 800.00	
		贷	其他应收款	A公司分公司	✓			1 800.00
5	合并调整分录（同一控制下）：	借	营业收入		✓	✓	2 957 106.84	
	子公司 B 给母公司 A 的内部收入	贷	营业成本		✓	✓		2 957 106.84
6	冲回子公司 B 对母公司 A 其他应收款计提的坏账准备	借	其他应收款坏账准备		✓		397 500.00	
		贷	资产减值损失			✓		397 500.00

续表

分录序号	调整内容	借/贷	调整分录科目名称				金额	
			一级科目	二级科目	资	利	借方金额	贷方金额
7	抵销母公司 A 和子公司 B 应收和应付	借	应付账款	B–子公司	√		864 815.00	
		贷	应收账款	A–母公司	√			864 815.00
8	冲回由于 7 由于抵销应收账款应当转回的坏账准备	借	应收账款坏账准备	合并抵销	√		43 240.75	
		贷	资产减值损失			√		43 240.75

注：

①坏账准备当时计入资产减值损失，按照新金融工具准则，金融资产减值目前计入信用减值损失。

②原单体报表对内部计提的坏账准备未考虑递延所得税资产，因此合并抵销调整分录 6、8 冲回坏账准备无须考虑递延所得税资产的转回；

③该案例内内部应收应付计提坏账准备，由于该建筑股份有限公司 A 公司、子公司 B 公司适用税率分别为 25%、10%，递延所得税资产和减值准备的比例不符合 25%；

④由于 A 公司的分公司亏损预计未来不能税前弥补，未确认递延所得税资产，以及当期所得税按照税法调整事项，合并所得税费用和利润总额对 25% 有所偏离。

负债表、合并利润表和合并现金流量表。由于该公司现金流量表没有内部抵销，在此从略。此外，由于准则的变化，某些项目与目前有所不同，为了忠于案例本身和该中介当时底稿不做修正，且只列示某一年的审计/合并调整底稿，即审计/合并试算平衡表。简单汇总过程略。

过入正式合并资产负债表和合并利润表过程略。

该案例比较简单，涉及的合并抵销内容并不复杂，期望为读者提供一个合并程序的思路。

5.5　合并抵销内容

根据《企业会计准则第 33 号——合并财务报表（2014）》规定，合并抵销调整的内容分为合并资产负债表项目、合并利润表项目、合并现金流量表项目和合并所有者权益变动表项目的抵销。

5.5.1　合并资产负债表项目：除第（5）项确认递延所得税资产或递延所得税负债外，抵销余额

合并资产负债表应当以母公司和子公司的资产负债表为基础，在抵销母公司与子公司、子公司相互之间发生的内部交易对合并资产负债表的影响后，由母公司合并编制。

（1）母公司对子公司的长期股权投资与母公司在子公司所有者权益中所享有的份额应当相互抵销，同时抵销相应的长期股权投资减值准备。

子公司持有母公司的长期股权投资，应当视为企业集团的库存股，作为所有者权益的减项，在合并资产负债表中所有者权益项目下以"减：库存股"项目列示。

子公司相互之间持有的长期股权投资，应当比照母公司对子公司的股权投资的抵销方法，将长期股权投资与其对应的子公司所有者权益中所享有的份额相互抵销。

（2）母公司与子公司、子公司相互之间的债权与债务项目应当相互抵销，同时抵销相应的减值准备。

（3）母公司与子公司、子公司相互之间销售商品（或提供劳务，下同）或其他方式形成的存货、固定资产、工程物资、在建工程、无形资产等所包含的未实现内部销售损益应当抵销。

对存货、固定资产、工程物资、在建工程和无形资产等计提的跌价准备或减值准备与未实现内部销售损益相关的部分应当抵销。

（4）母公司与子公司、子公司相互之间发生的其他内部交易对合并资产负债表的影响应当抵销。

（5）因抵销未实现内部销售损益导致合并资产负债表中资产、负债的账面价值与其在所属纳税主体的计税基础之间产生暂时性差异的，在合并资产负债表中应当确认递延所得税资产或递延所得税负债，同时调整合并利润表中的所得税费用，但与直接计入所有者权益的交易或事项及企业合并相关的递延所得税除外。

子公司所有者权益中不属于母公司的份额，应当作为少数股东权益，在合并资产负债表中所有者权益项目下以"少数股东权益"项目列示。

5.5.2　合并利润表项目：抵销发生额

合并利润表应当以母公司和子公司的利润表为基础，在抵销母公司与子公司、子公司相互之间发生的内部交易对合并利润表的影响后，由母公司合并编制。

（1）母公司与子公司、子公司相互之间销售商品所产生的营业收入和营业成本应当抵销。

母公司与子公司、子公司相互之间销售商品，期末全部实现对外销售的，应当将购买方的营业成本与销售方的营业收入相互抵销。

母公司与子公司、子公司相互之间销售商品，期末未实现对外销售而形成存货、固定资产、工程物资、在建工程、无形资产等资产的，在抵销销售商品的营业成本和营业收入的同时，应当将各项资产所包含的未实现内部销售损益予以抵销。

（2）在对母公司与子公司、子公司相互之间销售商品形成的固定资产或无形资产所包含的未实现内部销售损益进行抵销的同时，也应当对固定资产的折旧额或无形资产的摊销额与未实现内部销售损益相关的部分进行抵销。

（3）母公司与子公司、子公司相互之间持有对方债券所产生的投资收益、利息收入及其他综合收益等，应当与其相对应的发行方利息费用相互抵销。

（4）母公司对子公司、子公司相互之间持有对方长期股权投资的投资收益应当抵销。

（5）母公司与子公司、子公司相互之间发生的其他内部交易对合并利润表的影响应当抵销。

子公司当期净损益中属于少数股东权益的份额，应当在合并利润表中净利润项目下以"少数股东损益"项目列示。

子公司当期综合收益中属于少数股东权益的份额，应当在合并利润表中综合收益总额项目下以"归属于少数股东的综合收益总额"项目列示。

母公司向子公司出售资产所发生的未实现内部交易损益，应当全额抵销"归属于母公司所有者的净利润"。

子公司向母公司出售资产所发生的未实现内部交易损益，应当按照母公司对该子公司的分配比例在"归属于母公司所有者的净利润"和"少数股东损益"之间分配抵销。

子公司之间出售资产所发生的未实现内部交易损益，应当按照母公司对出售方子公司的分配比例在"归属于母公司所有者的净利润"和"少数股东损益"之间分配抵销。

子公司少数股东分担的当期亏损超过了少数股东在该子公司期初所有者权益中所享有的份额的，其余额仍应当冲减少数股东权益。

5.5.3　合并现金流量表：抵销发生额

合并现金流量表应当以母公司和子公司的现金流量表为基础，在抵销母公司与子公司、子公司相互之间发生的内部交易对合并现金流量表的影响后，由母公司合并编制。

（1）母公司与子公司、子公司相互之间当期以现金投资或收购股权增加的投资所产生的现金流量应当抵销。

（2）母公司与子公司、子公司相互之间当期取得投资收益、利息收入收到的现金，应当与分配股利、利润或偿付利息支付的现金相互抵销。

（3）母公司与子公司、子公司相互之间以现金结算债权与债务所产生的现金流量应当抵销。

（4）母公司与子公司、子公司相互之间当期销售商品所产生的现金流量应当抵销。

（5）母公司与子公司、子公司相互之间处置固定资产、无形资产和其他长期资产收回的现金净额，应当与购建固定资产、无形资产和其他长期资产支付的现金相互抵销。

（6）母公司与子公司、子公司相互之间当期发生的其他内部交易所产生的现金流量应当抵销。

合并现金流量表及其补充资料也可以根据合并资产负债表和合并利润表进行编制。

5.5.4　合并所有者权益变动表：抵销余额

合并所有者权益变动表应当以母公司和子公司的所有者权益变动表为基础，在抵销母公司与子公司、子公司相互之间发生的内部交易对合并所有者权益变动表的影响后，由母公司合并编制。

（1）母公司对子公司的长期股权投资应当与母公司在子公司所有者权益中所享有的份额相互抵销。

子公司持有母公司的长期股权投资以及子公司相互之间持有的长期股权投资，应当按照合并资产负债表抵销规定处理。

（2）母公司对子公司、子公司相互之间持有对方长期股权投资的投资收益应当抵销。

（3）母公司与子公司、子公司相互之间发生的其他内部交易对所有者权益变动的影响应当抵销。

合并所有者权益变动表也可以根据合并资产负债表和合并利润表进行编制。

有少数股东的，应当在合并所有者权益变动表中增加"少数股东权益"栏目，反映少数股东权益变动的情况。

特殊交易的合并处理开设单独章节介绍。

第6章 合并实务

【内容提要】前五章详细介绍了与合并财务报表相关的准则,从基本准则到所得税、长期股权投资、企业合并和合并财务报表,对编制合并财务报表奠定了坚实的理论基础,其最终目的在于落地。在编制合并财务报表实际工作中,有些经验积累需要和读者分享沟通。比如合并报表编制的组织、对合并前单体报表勾稽关系的检验、可能遇到1分钱尾差的处理以及对大部分企业来讲常见的合并抵销调整分录,以及合并定稿前的勾稽关系检验等。本章更侧重于合并实务工作,期冀编著者团队的企业合并经验、审计经验、投资财务尽调及教学经验能为读者带来更多的来源于准则之外的感悟。

6.1 合并财务报表的组织

6.1.1 集团财务负责人重视,搭建合并团队、配备适当人员

财务部门属于集团公司重要的后勤职能部门之一,财务负责人在集团公司属于高管职位,是财务部门的一把手。财务部门的职能包括但不限于资金筹集与管理、核算、预算编制与分析、税务管理、业财融合情境下与业务部门沟通协调等。核算属于最基础的职能,"基础不牢、地动山摇"。核算人员的日常工作无微不至,结账周期经常加班,合并财务报表的编制归属于核算板块。

合并报表编制工作要做好首先组织上做好准备,财务负责人要重视。具体来说,一是要重视核算工作,从母公司到各子公司单独设置合并报表岗;二是要配备与合并报表岗能力适当的人员,总部该岗位的人员应当具备较强的协调能力;三是要做好合并报表人员能力的持续提升和知识更新,不断提高职业判断能力;四是要重视培养后续人才。有些集团公司合并范围达到上百家公司,没有一个合适的合并团队难以高质量地完成合并工作。当然,对于只有几家纳入合并范围的公司,可以"一人多岗",由会计主管或总账会计兼任合并报表岗。

6.1.2 持续提高会计核算水平,制定、完善核算手册

规范会计核算是企业财务工作永恒的话题。核算不规范隐藏着税务风险、经营风

险等诸多风险。科目应用正确、金额准确，合并范围内母公司与子公司、子公司之间发生业务，会计处理对称是规范核算的基本要求。自 2006 年实施企业会计准则体系以来，与国际会计准则实质性趋同的路径选择导致我国会计准则经常更新，需要核算人员不断学习才能满足工作的需要，并对职业判断能力提出更高的要求。对集团公司来说，在成熟的时候应当制定适应本集团的会计核算手册，包括明确界定会计科目特别是自设明细科目的核算内容，在全集团范围内实施。对多业态的集团公司来说，可能面临着两套或两套以上不同明细科目体系的选择，这就要求集团财务部权衡如何协调在集团"大合并"层面实现数据生成和数据挖掘问题。随着准则的变化和集团业务的拓展，会计核算手册应不定期更新和完善。

6.1.3　专人对涉及合并财务报表的交易进行日常记录

指定专人对涉及合并抵销的交易进行日常记录，并由合并人员在合并前对记录进行合理性检验。这些日常交易主要包括：

1. 内部债权债务记录与定期对账。内部购销产生的应收应付母公司与子公司、子公司之间至少每季度末对账一次；对内部资金往来应由专人记录，包括资金性质、资金调配的日期和金额、还款日期和金额、计息天数、利率和利息计算、开票情况，每季度末母子公司及子公司之间的余额是否一致等。原则上讲，资金往来应视同借贷，有合同支撑，按照集团外部综合融资成本计息，利息开具增值税发票，缴纳增值税。

2. 内部商品购销业务，包括内部购销商品的流转路径、次数、定价、内部各公司的成本结转、发票开具，期末是否最终对外实现销售，期末未实现销售部分的状态。

3. 内部购销购买方形成固定资产等非流动资产的情况。销售方的销售价格、成本结转、开票情况；购买方作为固定资产等入账价值、使用年限、折旧情况等。

4. 内部投资、子公司分红等，这部分数据往往需要投资部门提供原始依据，财务部门应及时与投资部门沟通，及时记录、入账。

6.1.4　设置适当的合并模板

目前比较多的企业仍然习惯通过 Excel 套表进行合并，采用 Excel 套表合并十几家甚至几十家公司没问题。如前所述，如果可行，可以将中介的模板直接来用。这种情况下，请关注两点：一是看中介的知名度，一般比较知名、较大的会计师事务所的模板已经经过多次检验，成熟度高，可以信赖，如果是当地小所，应谨慎使用。二是套表设置了复杂的公式，包括表内、表与表之间具有众多的逻辑检验，不要轻易删除行或列，否则可能造成勾稽关系不平。

当然，对于 Excel 表格运用熟练、对公式设置没有障碍的财务人员根据本集团公司的情况自设合并套表更具有适用性，并且可以根据自己的理解将众多的逻辑检验设定好公式，可以一劳永逸。

6.1.5 关注财务软件输出报表可靠性

目前财务软件已经普及，甚至对某些集团公司来说成为企业资源管理系统的一个子系统。实务中，单体财务报表生成一般没什么问题，但合并报表的生成特别是合并现金流量表主表和附表的生成可能存在或多或少的问题。对于打算利用财务软件生成合并报表的企业来说，即使企业有专业的电算化人员，建议仍然最好借助第三方的技术支持，因为不专业的人员修改报表公式可能会使整个勾稽关系混乱。同时在测试期间手工合并和软件合并要相互验证一段时间才能甩掉手工合并底稿。

对于新增公司纳入合并范围，需要同样谨慎，测试、验证，平稳运行一段较长的时间，才算可靠。

软件生成现金流量表除了软件本身可靠以外，要求制单人持续提高在制单过程中现金流量的归类，保证现金流量表的相对准确。如果系统无法生成现金流量表或错漏百出，除了按照会计准则的规定根据报表项目的变动来编制外（该方法经过实务验证误差较大），更为靠谱的做法是根据现金和银行日记账按照现金流量表的分类手工编制。

6.1.6 重视合并工作考核，与绩效结合起来

责权利是等边三角形关系，权由责而生，授权不足，没有足够可调配的资源难以完成职责，授权过度，可能造成权力滥用。责任履行好了，没有有效的激励措施，"鞭打快牛"，难以持续调动职工积极性；履行不好，没有惩罚措施，会产生"群羊效应"，都不再勤勉履职。对合并工作人员一样，应有有效的考核机制。

企业应当将合并报表人员的培养与绩效、晋升有效联系起来。比如说，合并人员目前能力较弱，当然可以从外部引进能力强的人员，但不能普遍解决问题，一个方法是可以请第三方集中培训一段时间，以提高合并水平。在此前提下，总部合并报表人员可以随时给各子公司人员予以指导，规范核算。比如有些公司每月 3 日要求各子公司在财务系统中上报上月的财务报表，总公司可以对此考核，一是时间上延迟上报给出日常记录，二是上报的报表是否有错误，如勾稽关系、现金流量表的准确性，最开始允许出现最多 2 个错误，超过 2 个纳入考核；半年后不允许有错误。这样操作性就

很强，年底评优时可以作为一项指标按照一定的权重予以量化。这样各子公司参与合并的人员（核算人员）有压力并有意愿持续提高业务水平。

6.2　合并前勾稽关系与内部交易记录合理性检验

合并财务报表是母公司在母公司和子公司单体报表汇总的基础上对内部交易进行抵销调整后编制的。开设合并工作底稿后，在将母子公司单体报表各项目过入底稿前，一个非常重要的实务经验是务必检查各单体报表的勾稽关系，保证母子公司单体报表的可靠性，否则合并后再检查合并财务报表的勾稽关系，发现问题后再追溯原因，往往需要大量工作，单体报表勾稽关系的检验可分为表内之间的勾稽关系以及表与表之间的勾稽关系。同样，在编制合并抵销分录前，对内部交易日常记录汇总后，合并人员应对内部交易记录的整体合理性进行测算，这是保障抵销金额可靠性的前提。

6.2.1　单体报表勾稽关系检验

1. 表内勾稽关系检验。表内勾稽关系检验包括对各子公司上报的资产负债表、利润表和现金流量表三张报表表内勾稽关系的复核。其复核的主要内容为三张报表的数据勾稽关系是否正确，是否有尾差。

（1）资产负债表。复核人员拿到资产负债表后，不能仅仅看报表的最后一行报表是平的就想当然认为没问题，无论是在中介审计实务还是在企业编制实务中，都遇到过不止一次看似平的，实际上自上而下加总后存在问题的资产负债表。"磨刀不误砍柴工"，切记不可盲信别人提供的报表，先至少复核一遍有无数据上的错误，尤其关注 1 分钱的尾差或误差。

资产负债表复核还应特别关注递延所得税资产项目与各项减值准备余额合计的比例关系是否符合所得税税率，如不符合，应查明偏离所得税税率的原因，偏离的金额要一一找出。

【例 6 - 1】某有限公司控股三家子公司，三家子公司同属于一个业态，账务处理采用同一科目体系。2022 年 10 月，三家子公司通过财务软件系统上报 9 月 30 日的资产负债表。母公司的合并工作人员自设了合并工作底稿（Excel 套表），将财务软件中的数据导出，并根据三家公司的资产负债表和部分科目的余额逐项手工录入 Excel 表格进行复核。其中公司 1、公司 2 适用所得税税率 25%，公司 3 适用所得税税率 15%。三家公司各项数据及其检验结果如表 6 - 1 所示。

表6-1　某有限公司三家子公司资产负债表表内勾稽关系检验

单位：元

项目	公司1	公司2	公司3
资产			
流动资产：			
货币资金	8 931 170.60	29 672 989.22	7 239 731.38
以公允价值计量且其变动计入当期损益的金融资产	0.00	0.00	0.00
应收票据	0.00	0.00	524 060.28
应收账款	920 527 194.00	798 334 864.12	557 441 792.70
减：应收账款坏账准备	0.00	0.00	631 370.79
应收账款净额	920 527 194.00	798 334 864.12	556 810 421.92
预付款项	1 204 834.92	916 629.26	196 755.18
应收利息	0.00	0.00	0.00
应收股利	0.00	0.00	0.00
其他应收款	625 763.88	1 974 621.54	368 242.60
减：其他应收款坏账准备	32 717.78	35 692.74	133 838.26
其他应收款净额	593 046.10	1 938 928.80	234 404.34
存货	32 470 574.38	33 226 657.46	101 704 005.66
减：存货跌价准备	6 232 890.14	6 583 011.24	46 470 972.32
存货净额	26 237 684.24	26 643 646.22	55 233 033.34
持有待售的资产	0.00	0.00	0.00

续表

项目	公司 1	公司 2	公司 3
一年内到期的非流动资产	0.00	0.00	0.00
其他流动资产	9 203 210.52	4 993 436.64	8 365 836.78
流动资产合计	966 697 140.38	862 500 494.26	628 604 243.22
非流动资产：			
可供出售金融资产	0.00	14 836 400.00	0.00
持有至到期投资	0.00	0.00	0.00
长期应收款	0.00	0.00	0.00
长期股权投资	0.00	0.00	0.00
减：长期股权投资减值准备	0.00	0.00	0.00
长期股权投资净额	0.00	0.00	0.00
投资性房地产	0.00	0.00	0.00
固定资产	160 989 405.34	181 897 471.70	183 009 409.48
减：累计折旧	69 525 972.20	65 522 909.80	73 794 806.74
固定资产净值	91 463 433.14	116 374 561.90	109 214 602.74
减：固定资产减值准备	0.00	0.00	0.00
固定资产净额	91 463 433.14	116 374 561.90	109 214 602.74
在建工程	26 415.10	368 077.82	19 603 656.86
减：在建工程减值准备	0.00	0.00	0.00

续表

项目	公司 1	公司 2	公司 3
在建工程净额	26 415.10	368 077.82	19 603 656.86
工程物资	0.00	0.00	0.00
固定资产清理	0.00	0.00	0.00
生产性生物资产	0.00	0.00	0.00
油气资产	0.00	0.00	0.00
无形资产	10 242 288.54	21 336 050.70	24 330 387.64
减：累计摊销	1 999 615.92	3 544 119.48	5 800 031.56
无形资产净值	8 242 672.62	17 791 931.22	18 530 356.08
减：无形资产减值准备	0.00	0.00	0.00
无形资产净额	8 242 672.62	17 791 931.22	18 530 356.08
开发支出	0.00	0.00	0.00
商誉	0.00	0.00	0.00
长期待摊费用	1 184 980.68	0.00	475 271.48
递延所得税资产	2 929 101.98	1 654 675.98	7 643 067.16
其他非流动资产	0.00	0.00	0.00
非流动资产合计	103 846 603.52	151 025 646.92	155 466 954.32
资产总计	1 070 543 743.90	1 013 526 141.18	784 071 197.54
负债和所有者权益（或股东权益）	0.00	0.00	0.00

续表

项目	公司 1	公司 2	公司 3
流动负债：			
短期借款	60 000 000.00	114 000 000.00	20 000 000.00
以公允价值计量且其变动计入当期损益的金融负债	0.00	0.00	0.00
应付票据	0.00	0.00	0.00
应付账款	23 042 701.60	25 050 568.92	24 902 791.88
预收款项	1 721 044.92	3 440 617.60	2 405 884.12
应付职工薪酬	9 125 394.56	9 756 999.84	6 896 837.34
应交税费	3 385 538.48	48 605 322.08	1 450 350.40
应付利息	95 700.00	499 443.84	87 000.00
应付股利	0.00	0.00	0.00
其他应付款	546 542 525.16	100 132 378.46	305 557 465.08
持有待售的负债	0.00	0.00	0.00
一年内到期的非流动负债	0.00	2 108 333.34	1 687 981.02
其他流动负债	0.00	0.00	0.00
流动负债合计	643 912 904.72	303 593 664.08	362 988 309.84
非流动负债：			
长期借款	0.00	0.00	0.00
应付债券	0.00	0.00	0.00

续表

项目	公司1	公司2	公司3
其中：优先股	0.00	0.00	0.00
永续债	0.00	0.00	0.00
长期应付款	0.00	0.00	0.00
长期应付职工薪酬	0.00	0.00	0.00
专项应付款	0.00	0.00	0.00
预计负债	0.00	0.00	0.00
递延收益	0.00	21 283 333.74	16 428 104.38
递延所得税负债	0.00	0.00	0.00
其他非流动负债	0.00	0.00	0.00
非流动负债合计	0.00	21 283 333.74	16 428 104.38
负债合计	643 912 904.72	324 876 997.82	379 416 414.22
所有者权益（或股东权益）：			
实收资本（或股本）	240 000 000.00	200 000 000.00	300 000 000.00
其他权益工具	0.00	0.00	0.00
其中：优先股	0.00	0.00	0.00
永续债	0.00	0.00	0.00
资本公积	0.00	0.00	0.00
减：库存股	0.00	0.00	0.00

续表

项目	公司 1	公司 2	公司 3
其他综合收益	0.00	0.00	0.00
专项储备	0.00	0.00	0.00
盈余公积	33 950 471.70	49 897 457.04	44 218 107.62
一般风险准备	0.00	0.00	0.00
未分配利润	152 680 367.48	438 751 686.32	60 436 675.70
归属于母公司所有者权益合计	426 630 839.18	688 649 143.36	404 654 783.32
少数股东权益	0.00	0.00	0.00
所有者权益（或股东权益）合计	426 630 839.18	688 649 143.36	404 654 783.32
负债和所有者权益（或股东权益）总计	1 070 543 743.90	1 013 526 141.18	784 071 197.54
表内勾稽关系检验：			
递延所得税资产/ $\sum$ 各项减值准备检验	46.7489%	25.0000%	16.1805%
应收账款净额检验	0.00	0.00	-0.01
其他应收款净额检验	0.00	0.00	0.00
存货净额检验	0.00	0.00	0.00
长期股权投资净额检验	0.00	0.00	0.00
固定资产净额检验	0.00	0.00	0.00
在建工程净额检验	0.00	0.00	0.00
无形资产净额检验	0.00	0.00	0.00

续表

项目	公司1	公司2	公司3
应付债券检验	0.00	0.00	0.00
其他权益工具检验	0.00	0.00	0.00
流动资产合计检验	0.00	0.00	0.00
非流动资产合计检验	0.00	0.00	0.00
资产总计检验	0.00	0.00	0.00
流动负债合计检验	0.00	0.00	0.00
非流动负债合计检验	0.00	0.00	0.00
负债合计检验	0.00	0.00	0.00
归属于母公司所有者权益合计检验	0.00	0.00	0.00
所有者权益合计检验	0.00	0.00	0.00
负债和所有者权益（或股东权益）总计检验	0.00	0.00	0.00
资产总计与负债和所有者权益总计检验	0.00	0.00	0.00

注：根据公式设定，除递延所得税资产／$\sum$各项减值准备检验行次显示所得税税率外，其他行次检验结果显示为0.00，则表内勾稽关系正确。

通过以上表内勾稽关系的检验，可以看出：

①公司 1 存在问题，应退回报表。递延所得税资产/$\sum$ 各项减值准备远远偏离适用所得税税率 25%，应退回报表，要求财务人员复核报表，找出偏离的具体原因。公司 1 财务人员应重新复核各项减值准备的期初余额、本期计提、转回、期末余额情况，列出明细，逐项分析涉及递延所得税资产的处理。从结果来看，大概率是本期转回的减值准备涉及相应的递延所得税资产没有做对等转回。

②公司 2 从检验结果来看没有问题，可以接纳该报表。但这并不意味着该报表没有任何错误，如某项费用应记入"管理费用——差旅费"科目而实际记入"销售费用——业务招待费"科目，存在科目运用不准确的问题，这是需要公司持续改善会计核算才能解决的，站在母公司合并层面无须过多考虑，该报表从表内勾稽关系上是没有问题的。

③公司 3 从检验结果来看存在严重问题，应退回报表。存在的问题之一是递延所得税资产/$\sum$ 各项减值准备偏离适用所得税税率 15%，虽然偏离得不多，但仍然要同公司 1 一样重新复核，直至找到差异。

存在的问题之二是应收账款减掉计提的坏账准备后应收账款净额存在 0.01 元的差额，这是非常严重的问题。由于该差异，整个报表后面的数据包括流动资产合计、非流动资产合计、资产总计都有 0.01 元差额，实际上资产负债表是不平的。根据实务经验，这种 1 分钱的差额往往十分难以查找原因，或者需要很大的工作量才能找出源头，因为打破了所有的平衡，不仅仅是表内，还包括打破了表间的勾稽关系。其中一种可能是多个数据造成的尾差（Excel 表格本身缺陷、显示位数、增值税发票开票精确到 8 位等），还有一种可能是财务软件报表生成公式设置循环问题，以及其他复杂的原因。如果这 1 分钱差异找不到就挤到某个其他项目继续编制合并报表，在合并报表勾稽关系检验时仍然会像"钉子"一样冒出来，如"苍蝇"般萦绕不去。

（2）利润表。利润表项目的检验除了数据逻辑的检验外，应从以下四方面重点关注：一是从金额上来看有没有"扎眼"的项目，如当期营业外支出金额很突兀，复核人员应看下该公司的营业外支出的明细，分析其合理性。二是不经常发生的项目本期有发生额，要予以确认。三是虽然不是报表分析，仍然建议测算本期毛利率、净利润率等项目，看波动是否异常。通过与同业态其他子公司横向和与自身的纵向比较，如果该公司本期波动较大，可能本期该公司结转成本存在问题，即对数据的合理性进行分析，以提醒该公司是否在账务处理上存在无意识的错误。这种分析只是大致测算，不必耗费过多精力。四是所得税费用／利润总额的比率是否偏离所得税率，关注偏离的原因。

（3）现金流量表。现金流量表项目的检验类似利润表，即数据逻辑检验、关注突兀项目是否真实。另外要关注经营活动现金流量净额是正还是负，这也是集团财务经理和财务负责人、企业管理当局很关注的，同样，合并财务报表人员只是浏览，心里有底，不必过于耗费精力。

重点应关注现金等价物的构成明细，该公司视同"现金"的现金等价物是否符合集团公司的定义。现金等价物是指企业持有的期限短，流动性强，易于转化为已知金额的现金、价值变动风险很小的投资。实务中，对于商业汇票的处理不同企业有所不同，很多企业将商业汇票无论期限长短都不视同现金等价物；随着市场环境的变化，大企业承兑的商业承兑汇票也屡屡违约，甚至银行承兑也出现风险，不作为现金等价物有一定道理。但笔者认为，对于信誉良好的大银行承兑的汇票，如果到期日在 3 个月以内，是可以作为"现金等价物"列示的。

2. 表间勾稽关系检验。

（1）资产负债表与利润表。资产负债表与利润表最基本的勾稽关系是利润表中的净利润和资产负债表未分配利润期末期初的变动，一般情况下，在当期没有增减资、提取盈余公积、分配利润的情况下，资产负债表未分配利润的变动金额应等于本期净利润。

（2）资产负债表与现金流量表。有观点认为现金流量表解释的是资产负债表第一个项目货币资金。由于现金流量表中的现金不包含受限资金，除某些企业将三个月内到期的商业汇票作为现金等价物要特殊考虑外，一般情况下，现金与现金等物的期末期初余额应小于等于货币资金的余额。如果不相等，则存在受限资金，应列出受限资金的明细，与差额比较是否一致。

（3）利润表、资产负债表与现金流量表。净利润与经营活动现金流量净额存在诸多勾稽关系，尤其体现在间接法编制的现金流量表附表（补充资料）即将净利润调整为经营活动现金流量净额部分。这些勾稽关系既涉及利润表也涉及资产负债表，附表项目填列应与对应项目的增减变动金额一致，现金流量附表的编制可以说是难点之一，前面提及，某些企业的财务账套难以自动生成，某些项目的检查甚至需要查看明细账。

现金流量表补充资料净利润调整为经营活动现金流量净额的基本思路为：

净利润（调整起点）

+不影响经营活动现金流量但减少净利润的项目

−不影响经营活动现金流量但增加净利润的项目

+与净利润无关但增加经营活动现金流量的项目

−与净利润无关但减少经营活动现金流量的项目

=经营活动产生的现金流量净额（调整终点）

表 6 - 2 列示了现金流量表补充资料各个项目的填列要点，作为参考，也是进行勾稽检验的依据。

表 6 - 2 　　　　　　　　　　　现金流量表补充资料各项目填列要点

项目	填列	特别说明
1. 将净利润调节为经营活动现金流量		
净利润	调整起点，利润表"净利润"直接引入	
加：资产减值准备	根据各种减值准备发生额分析填列 简化：∑ 各项减值准备（期末余额 - 期初余额）	核销坏账和坏账收回应该剔除
固定资产折旧、油气资产折耗、生产性生物资产折旧	简化：期末余额 - 期初余额	有处置/资本化/投资应分析影响
无形资产摊销	简化：期末余额 - 期初余额	有处置/资本化/投资应分析影响
长期待摊费用摊销	简化：期初余额 - 期末余额	
处置固定资产、无形资产和其他长期资产的损失（收益以"-"号填列）	营业外收支明细分析，净收益负数填列	若已转入持有待售资产不应调整
固定资产报废损失（收益以"-"号填列）	原理同上	
公允价值变动损失（收益以"-"号填列）	发生额利润表"公允价值变动损益"	
财务费用（收益以"-"号填列）	筹资和投资活动加回，发生额：利息支出	利息收入、手续费支出属于经营活动
投资损失（收益以"-"号填列）	利润表"投资收益"	和减值准备无关
递延所得税资产减少（增加以"-"号填列）	资产负债表"递延所得税资产" - （期末余额 - 期初余额）	

项目	填列	特别说明
递延所得税负债增加（减少以"－"号填列）	资产负债表"递延所得税负债"期末余额－期初余额	
存货的减少（增加以"－"号填列）	存货账面余额－（期末余额－期初余额）	无须考虑跌价准备，投资的剔除
经营性应收项目的减少（增加以"－"号填列）	应收票据应收账款预付账款其他应收款其他流动资产	无关坏账准备，其他应收内部借款应该剔除
经营性应付项目的增加（减少以"－"号填列）	应付票据应付账款预收账款应付职工薪酬应交税费其他应付款其他流动负债	其他应付内部借款应剔除；如仍有可以容忍的差额，最后"倒挤"在该项目
其他	一般为0	不要填列；否则会引起关注
经营活动产生的现金流量净额	以上计算下来，与现金流量表主表该项必须一致	勾稽关系正确
2. 不涉及现金收支的重大投资和筹资活动		
债务转为资本	如有，分析填列	
一年内到期的可转换公司债券	如有，分析填列	
融资租入固定资产	如有，分析填列	新租赁准则承租方不再区分经营租赁和融资租赁，原来的经营租赁也需要考虑，除非简化处理
3. 现金及现金等价物净变动情况		
现金的期末余额	现金流量表主表直接引用	
减：现金的期初余额	同上	
加：现金等价物的期末余额	同上	
减：现金等价物的期初余额	同上	
现金及现金等价物净增加额	以上差额，与现金流量表表一致	

现金流量表补充资料完全准确填列比较困难，如表内所述，为了满足主表和附表"经营活动现金流量净额"勾稽关系正确，金额一致，在可容忍的范围之内，可以将该差额倒挤在"经营性应付项目的增加（减少以"－"号填列）"一行，但编制者自己应心中有数，倒挤的金额做一个备注。从某种意义上讲，这个表是个近似报表。

【例6-2】表6-3综合列示了三家子公司报表之间项目勾稽关系的检验，亦为试算平衡表或合并工作底稿的一部分。工作底稿一般为通用，某些项目对具体企业来讲可能不常见，为了其完整性，全部列示。

根据以上表间关系的检验，应重点关注：

（1）公司1：

利润表资产处置收益、营业外收入、营业外支出与现金流量表资产"处置固定资产、无形资产和其他长期资产所收回的现金净额"金额之间的勾稽关系。

（2）公司2：

本期利润分配的依据是否充分，是否经过股东会批准而仅仅是董事会批准。

（3）公司3：

货币资金期末余额大于现金及现金等价物的余额600万元即"受限资金"的明细以及资产处置收益。

通过以上案例也可以看出，现金流量表补充资料和利润表、资产负债表相关项目的变动检验需花费比较多的精力。这也是许多企业需要改进的部分。

6.2.2　内部交易记录合理性检验

1. 内部债权债务记录检验。

（1）内部购销产生的应收应付。内部购销业务产生的应收账款和应付账款财务每月应从账套导出明细，关键看金额是否一致。两者不一致的原因可能来源于一方已经记账另一方没有及时记账，则没有记账的一方应及时入账。很多情况下，应更多地关注销售方当月发票额度已经用完，没有开具增值税发票，但已经实现销售，并且按照无票收入进行了纳税申报，会计上确认了销项税额。购买方也已经暂估入账，但增值税无须暂估，导致内部销售方的应收账款和购买方的应付账款差了一个增值税税额。对于第二种情况，记录和检验人员应列出明细，在合并抵销时进行汇总处理，否则应收应付抵销不干净。

（2）内部资金往来产生的其他应收应付。对内部资金往来会计上债权方一般计入其他应收款，债务方计入其他应付款，有些集团公司为了便于对账，统一计入其他应收款。无论是通过一个科目核算还是两个科目核算资金往来，在明细科目设置的时候均应区分本金和利息两部分。前已提及，内部单纯的资金调配原则上应视同借贷，否则有很大的税务风险。资金往来的利息应根据记录开具增值税普通发票，同样应关注利息的开票情况，对于没有开具利息发票的列出明细，在合并抵销时进行汇总处理。内部借款利息，尤其要关注资金借入方支付的利息符合资本化的情况。

对于合并人员，无须耗费巨大精力重新检查记录和复核每笔交易，可以总体测算其合理性，如根据平均期初期末内部借贷资金规模和内部结算利率计算内部利息及其增值税的合理性。

2. 内部商品购销业务。根据专人记录的内部购销商品的流转路径、次数、定价、内部各公司的成本结转、发票开具的汇总数据，合并人员总体复核数据的合理性。同时记录内部购销购买方形成固定资产等非流动资产的情况。销售方的销售价格、成本结转、开票情况；购买方作为固定资产等入账价值、使用年限、折旧情况等。

【例 6 – 3】某集团合并范围内有四家子公司，集团公司本身没有业务，与四家子公司没有内部商品购销情况。公司 1、公司 2、公司 3 之间互有材料供应情况，但最终产品通常通过公司 4 组装后对外销售。某合并期间，专人记录人员将数据汇总，合并人员根据汇总数据设定表格进行总体合理性检验。公司 1 增值税税率 15%，其余为 25%。其结果如表 6 – 4 所示。

其中公司 3 销售给公司 1 的 351 万元公司 1 作为固定资产管理，并在合并期间达到预定可使用状态。

增值税额一般从开票系统中获取，这是最可靠的，销售价格一般是做账的数据，即确认收入的数据。

根据以上测算，公司 2 增值税额和内部销售价格与增值税税率不匹配，进一步明细测算，其差异在于对公司 4 的销售。要进一步弄清原因，是存在未开具发票部分，还是收入记账金额错误。

该表格同时汇总了公司 4 对外销售的情况。为内部销售的抵销和内部未实现损益的抵销提供了坚实的基础。

3. 内部投资、子公司分红等其他内部交易的检验。这部分交易往往不经常发生，由其他部门主导，对合并人员来说，需要取得相关的原始依据，以判断入账从而合并抵销的合法合理性。

表6-3 某股份有限公司纳入合并范围三家子公司试算平衡表（表间勾稽关系检验）

编制单位：某股份有限公司

财务报表截止日：2018年12月31日

单位：元

资产负债表项目	公司1	公司2	公司3
流动资产：			
货币资金	3 965 194.83	12 633 810.09	21 805 113.16
△结算备付金			
△拆出资金			
以公允价值计量且其变动计入当期损益的金融资产			
衍生金融资产			
应收票据	4 000 000.00	1 000 000.00	
应收账款	482 341 867.82	76 618 012.04	445 787 962.09
坏账准备——应收			
应收账款净额	482 341 867.82	76 618 012.04	445 787 962.09
预付款项	641 178.98	2 540 613.63	90 075.51
坏账准备——预付			
预付款项净额	641 178.98	2 540 613.63	90 075.51
△应收保费			
△应收分保账款			
△应收分保合同准备金			
应收利息			

续表

资产负债表项目	公司 1	公司 2	公司 3
应收股利			
其他应收款	209 308.24	38 352.14	10 397 496.48
坏账准备——其他应收	10 465.41	1 879.90	16 801.15
其他应收款净额	198 842.83	36 472.24	10 380 695.33
△买入返售金融资产			
存货	12 690 432.86	3 004 060.07	8 744 155.72
其中：原材料			
库存商品（产成品）			
存货跌价准备	1 719 907.25		1 397 473.15
其中：存货跌价准备——原材料			
存货跌价准备——库存商品（产成品）			
存货净额	10 970 525.61	3 004 060.07	7 346 682.57
划分为持有待售的资产			
一年内到期的非流动资产			
其他流动资产	3 634 602.62		228 483.60
流动资产合计	505 752 212.69	95 832 968.07	485 639 012.26
非流动资产：			
△发放贷款及垫款			
可供出售金融资产			

续表

资产负债表项目	公司1	公司2	公司3
可供出售金融资产减值准备			
可供出售金融资产净值	0.00	0.00	0.00
持有至到期投资			
持有至到期投资减值准备			
持有至到期投资净值	0.00	0.00	0.00
长期应收款			
长期应收款减值准备			
长期应收款净值	0.00	0.00	0.00
长期股权投资			
长期股权投资减值准备			
长期股权投资净值	0.00	0.00	0.00
投资性房地产			9 636 974.30
投资性房地产减值准备			
投资性房地产净值	0.00	0.00	9 636 974.30
固定资产原价	80 764 022.67	310 476.98	156 810 402.50
减：累计折旧	36 627 948.19	111 990.42	52 888 174.09
固定资产净值	44 136 074.48	198 486.56	103 922 228.41
减：固定资产减值准备			
固定资产净额	44 136 074.48	198 486.56	103 922 228.41

续表

资产负债表项目	公司1	公司2	公司3
在建工程			1 351 161.82
在建工程减值准备			
在建工程净值	0.00	0.00	1 351 161.82
工程物资			
工程物资减值准备	0.00	0.00	0.00
工程物资净值			
固定资产清理			
生产性生物资产			
生产性生物资产减值准备			
生产性生物资产净值	0.00	0.00	0.00
油气资产			
油气资产减值准备			
油气资产净值	0.00	0.00	0.00
无形资产	4 066 870.24	0.00	25 786 599.46
无形资产减值准备	0.00		
无形资产净值	4 066 870.24	0.00	25 786 599.46
开发支出			
商誉			
商誉减值准备			

续表

资产负债表项目	公司 1	公司 2	公司 3
商誉净值	0.00	0.00	0.00
长期待摊费用	523 464.34		
递延所得税资产	1 113 943.16	164 469.97	1 182 718.58
其他非流动资产			
其中：特准储备物资			
非流动资产合计	49 840 352.22	362 956.53	141 879 682.57
资产总计	555 592 564.91	96 195 924.60	627 518 694.83
流动负债：			
短期借款	60 000 000.00		63 000 000.00
△向中央银行借款			
△吸收存款及同业存放			
△拆入资金			
以公允价值计量且其变动计入当期损益的金融负债			
衍生金融负债			
应付票据	0.00		30 000 000.00
应付账款	19 218 535.38	57 607 185.34	21 202 886.53
预收款项	1 070 125.91		973 680.70
△卖出回购金融资产款			

续表

资产负债表项目	公司 1	公司 2	公司 3
△应付手续费及佣金	0.00	0.00	0.00
应付职工薪酬	4 559 216.49	1 381 462.54	6 404 101.23
其中：应付工资	0.00	0.00	0.00
应付福利费	0.00	0.00	0.00
#其中：职工奖励及福利基金	0.00	0.00	0.00
应交税费	1 165 411.82	7 971 021.69	4 140 120.85
其中：应交税金			
应付利息	79 750.00		216 037.50
应付股利			0.00
其他应付款	239 596 486.15	3 972 736.67	57 447 114.21
△应付分保账款			
△保险合同准备金	0.00	0.00	0.00
△代理买卖证券款	0.00	0.00	0.00
△代理承销证券款			
划分为持有待售的负债	0.00	0.00	0.00
一年内到期的非流动负债			1 907 356.24
其他流动负债			
流动负债合计	325 689 525.75	70 932 406.24	185 291 297.26
非流动负债：			

续表

资产负债表项目	公司1	公司2	公司3
长期借款			90 000 000.00
应付债券			
长期应付款			
长期应付职工薪酬			
专项应付款			
预计负债			
递延收益			24 256 659.21
递延所得税负债			
其他非流动负债			
其中：特准储备基金			
非流动负债合计	0.00	0.00	114 256 659.21
负债合计	325 689 525.75	70 932 406.24	299 547 956.47
所有者权益（或股东权益）：			
实收资本（股本）	120 000 000.00	25 000 000.00	180 000 000.00
国有资本	120 000 000.00	25 000 000.00	180 000 000.00
其中：国有法人资本		25 000 000.00	180 000 000.00
集体资本	0.00	0.00	0.00
民营资本	0.00	0.00	0.00
其中：个人资本	0.00	0.00	0.00

续表

资产负债表项目	公司1	公司2	公司3
外商资本	0.00	0.00	0.00
#减：已归还投资	0.00	0.00	0.00
实收资本（或股本）净额	120 000 000.00	25 000 000.00	180 000 000.00
其他权益工具	0.00	0.00	0.00
其中：优先股			0.00
永续债			0.00
资本公积			
减：库存股	0.00	0.00	0.00
其他综合收益	0.00	0.00	0.00
其中：外币报表折算差额			
专项储备	0.00	0.00	0.00
盈余公积	16 975 235.85	319 629.56	19 600 351.64
其中：法定公积金	16 975 235.85	319 629.56	19 600 351.64
任意公积金	0.00	0.00	0.00
#储备基金	0.00	0.00	0.00
#企业发展基金	0.00	0.00	0.00
#利润归还投资	0.00	0.00	0.00
△一般风险准备	0.00	0.00	0.00
未分配利润	92 927 803.31	−56 111.20	128 370 386.72

续表

资产负债表项目	公司1	公司2	公司3
归属于母公司所有者权益合计	229 903 039.16	25 263 518.36	327 970 738.36
＊少数股东权益			
所有者权益合计	229 903 039.16	25 263 518.36	327 970 738.36
负债和所有者权益总计	555 592 564.91	96 195 924.60	627 518 694.83
总资产与负债权益合计差异检验	0.00	0.00	0.00
资产负债表与利润分配表未分配利润检验	0.00	0.00	0.00
利润表项目	公司1	公司2	公司3
一、营业总收入	136 957 739.60	263 802 535.56	161 163 398.45
其中：营业收入	136 957 739.60	263 802 535.56	161 163 398.45
其中：主营业务收入	136 957 739.60	263 802 535.56	161 163 398.45
其他业务收入			
△利息收入	0.00	0.00	0.00
△已赚保费	0.00	0.00	0.00
△手续费及佣金收入	0.00	0.00	0.00
二、营业总成本	111 178 006.94	275 719 462.51	126 734 069.95
其中：营业成本	84 332 564.15	265 814 425.99	104 430 862.19
其中：主营业务成本	84 332 564.15	265 814 425.99	104 430 862.19
其他业务成本			
△利息支出	0.00	0.00	0.00

续表

资产负债表项目	公司1	公司2	公司3
△手续费及佣金支出	0.00	0.00	0.00
△退保金	0.00	0.00	0.00
△赔付支出净额	0.00	0.00	0.00
△提取保险合同准备金净额	0.00	0.00	0.00
△保单红利支出	0.00	0.00	0.00
△分保费用	0.00	0.00	0.00
税金及附加	1 531 735.83	3 641 546.33	916 354.02
销售费用	1 109 447.32	4 242 085.71	1 114 183.86
管理费用	3 959 962.02	1 987 870.70	5 921 461.03
研究费用			
财务费用	11 717 956.55	33 585.77	7 543 393.99
其中：利息支出	10 376 368.51	63 862.97	5 660 219.21
利息收入	13 977.55	33 785.20	46 920.86
汇兑净损失（净收益以"-"号填列）	0.00	0.00	0.00
资产减值损失	8 526 341.07	-51.99	6 807 814.86
其他			
加：公允价值变动收益（损失以"-"号填列）			
投资收益（损失以"-"号填列）			
其中：对联营企业和合营企业的投资收益			

续表

资产负债表项目	公司1	公司2	公司3
资产处置收益（损失以"－"号填列）	－2 926.28		108.03
其他收益		12 175 900.00	
三、营业利润（亏损以"－"号填列）	25 776 806.38	258 973.05	34 429 436.53
加：营业外收入	59 235.34		1 178 095.54
其中：非流动资产处置利得	23.20		
非货币性资产交换利得			
政府补助			
债务重组利得			
减：营业外支出	247 062.91	300 000.00	297 886.06
其中：非流动资产处置损失	242 262.91		
非货币性资产交换损失			
债务重组损失			
四、利润总额（亏损总额以"－"号填列）	25 588 978.81	－41 026.95	35 309 646.01
减：所得税费用	4 690 472.32	15 084.25	6 773 429.54
五、净利润（净亏损以"－"号填列）	20 898 506.49	－56 111.20	28 536 216.47
（一）按经营持续性分类			
1. 持续经营净利润（净亏损以"－"号填列）			
2. 终止经营净利润（净亏损以"－"号填列）			
（二）按所有权归属分类			

续表

资产负债表项目	公司1	公司2	公司3
1. 少数股东损益（净亏损以"-"号填列）			
2. 归属于母公司股东的净利润（净亏损以"-"号填列）	20 898 506.49	-56 111.20	28 536 216.47
六、每股收益			
基本每股收益			
稀释每股收益			
七、其他综合收益			
归属于母公司所有者的其他综合收益			
归属于少数股东的其他综合收益			
八、综合收益总额	20 898 506.49	-56 111.20	28 536 216.47
归属于母公司所有者的综合收益总额	20 898 506.49	-56 111.20	28 536 216.47
*归属于少数股东的综合收益总额	0.00	0.00	0.00

利润分配表项目	公司1	公司2	公司3
净利润（亏损以"-"号填列）	20 898 506.49	-56 111.20	28 536 216.47
减：少数股东损益	0.00	0.00	0.00
归属于母公司所有者的净利润（亏损以"-"号填列）	20 898 506.49	-56 111.20	28 536 216.47
年初未分配利润	72 029 296.82	2 876 666.03	99 834 170.25
盈余公积补亏	0.00		
可供分配的利润	92 927 803.31	2 820 554.83	128 370 386.72
提取法定盈余公积			

续表

资产负债表项目	公司 1	公司 2	公司 3
提取法定公益金	0.00	0.00	0.00
提取职工奖励及福利基金	0.00	0.00	0.00
提取储备基金	0.00	0.00	0.00
提取企业发展基金	0.00	0.00	0.00
提取一般风险准备	0.00	0.00	0.00
利润归还投资	0.00	0.00	0.00
补充流动资本	0.00	0.00	0.00
单项留用的利润	0.00	0.00	0.00
分配其他	0.00	0.00	0.00
可供投资者分配的利润	92 927 803.31	2 820 554.83	128 370 386.72
应付优先股股利	0.00	0.00	
提取任意盈余公积	0.00	0.00	
应付普通股股利（应付利润）		2 876 666.03	
转作资本（股本）的普通股股利	0.00	0.00	
其他分配	0.00	0.00	
未分配利润	92 927 803.31	-56 111.20	128 370 386.72
其中：应由以后年度税前利润弥补的亏损（以"＋"号填列）			
持股比例：			

续表

现金流量表项目	公司 1	公司 2	公司 3
一、经营活动产生的现金流量			
销售商品、提供劳务收到的现金	110 754 044.43	265 895 585.68	99 195 188.46
△客户存款和同业存放款项净增加额	0.00	0.00	0.00
△向中央银行借款净增加额	0.00	0.00	0.00
△向其他金融机构拆入资金净增加额	0.00	0.00	0.00
△收到原保险合同保费取得的现金	0.00	0.00	0.00
△收到再保险业务现金净额	0.00	0.00	0.00
△保户储金及投资款净增加额	0.00	0.00	0.00
△处置交易性金融资产净增加额	0.00	0.00	0.00
△收取利息、手续费及佣金的现金	0.00	0.00	0.00
△拆入资金净增加额	0.00	0.00	0.00
△回购业务资金净增加额	0.00	20 079 000.00	0.00
收到的税费返还	3 263 055.26	40 075.20	29 963 092.10
收到其他与经营活动有关的现金	114 017 099.69	286 014 660.88	129 158 280.56
经营活动现金流入小计	71 077 908.64	248 307 932.55	98 128 903.99
购买商品、接收劳务支付的现金			
△客户贷款及垫款净增加额	0.00	0.00	0.00
△存放中央银行和同业款项净增加额	0.00	0.00	0.00
△支付原保险合同赔付款项的现金	0.00	0.00	0.00
△支付利息、手续费及佣金的现金	0.00	0.00	0.00

续表

现金流量表项目	公司 1	公司 2	公司 3
△支付保单红利的现金	0.00	0.00	0.00
支付给职工以及为职工支付的现金	11 532 752.87	1 869 015.00	13 326 779.80
支付的各项税费	11 668 774.37	47 480 250.84	5 596 909.55
支付其他与经营活动有关的现金	2 448 673.46	6 010 065.71	17 033 319.58
经营活动现金流出小计	96 728 109.34	303 667 264.10	134 085 912.92
经营活动产生的现金流量净额	17 288 990.35	−17 652 603.22	−4 927 632.36
二、投资活动产生的现金流量			
收回投资收到的现金			
取得投资收益收到的现金			
处置固定资产、无形资产和其他长期资产所收回的现金净额	80 648.11		
处置子公司及其他营业单位收回的现金净额			
收到其他与投资活动有关的现金			
投资活动现金流入小计	80 648.11	0.00	0.00
购建固定资产、无形资产和其他长期资产所支付的现金	3 280 565.56		3 008 827.05
投资支付的现金			
△质押贷款净增加额			
取得子公司及其他营业单位支付的现金净额			
支付其他与投资活动有关的现金			
投资活动现金流出小计	3 280 565.56	0.00	3 008 827.05

续表

现金流量表项目	公司 1	公司 2	公司 3
投资活动产生的现金流量净额	-3 199 917.45	0.00	-3 008 827.05
三、筹资活动产生的现金流量			
吸收投资收到的现金			144 000 000.00
其中：子公司吸收少数股东投资收到的现金	60 000 000.00		
㈠发行债券收到的现金			
收到其他与筹资活动有关的现金	170 260 755.56	21 876 666.03	101 371 747.89
筹资活动现金流入小计	230 260 755.56	21 876 666.03	245 371 747.89
偿还债务所支付的现金	70 000 000.00		90 000 000.00
分配股利、利润或偿付利息所支付的现金	1 065 030.56	2 931 252.14	3 408 912.63
其中：子公司支付给少数股东的股利、利润			
支付其他与筹资活动有关的现金	173 927 480.56	19 000 000.00	140 734 404.97
筹资活动现金流出小计	244 992 511.12	21 931 252.14	234 143 317.60
筹资活动产生的现金流量净额	-14 731 755.56	-54 586.11	11 228 430.29
四、汇率变动对现金及现金等价物的影响			
五、现金及现金等价物净增加额	-642 682.66	-17 707 189.33	3 291 970.88
加：期初现金及现金等价物余额	4 607 877.49	30 340 999.42	12 513 142.28
六、期末现金及现金等价物余额	3 965 194.83	12 633 810.09	15 805 113.16
货币资金余额与现金及现金等价物余额检验	0.00	0.00	-6 000 000.00

续表

现金流量表补充资料项目	公司1	公司2	公司3
1. 将净利润调节为经营活动的现金流量			
净利润	20 898 506.49	−56 111.20	28 536 216.47
加：资产减值准备	−761 903.26	−51.99	464 961.44
固定资产折旧、油气资产折耗、生产性生物资产折旧	3 081 127.80	38 371.51	5 044 008.51
无形资产摊销	65 359.29	0.00	317 043.36
长期待摊费用及其他长期资产摊销	82 312.47	0.00	0.00
处置固定资产、无形资产和其他长期资产的损失（收益以"−"号填列）	2 926.28	0.00	0.00
固定资产报废损失（收益以"−"号填列）	242 239.71	0.00	0.00
公允价值变动损失（收益以"−"号填列）	0.00	0.00	0.00
财务费用（收益以"−"号填列）	10 376 368.51	63 862.97	5 660 219.21
投资损失（收益以"−"号填列）	0.00	0.00	0.00
递延所得税资产减少（增加以"−"号填列）	190 475.82	13.00	−116 240.36
递延所得税负债增加（减少以"−"号填列）	0.00	0.00	0.00
存货的减少（增加以"−"号填列）	−465 609.74	−3 004 060.07	843 265.76
经营性应收项目的减少（增加以"−"号填列）	−36 655 189.02	−29 577 769.60	−81 139 537.61
经营性应付项目的增加（减少以"−"号填列）	20 232 376.00	14 883 142.16	35 462 430.86
其他	0.00	0.00	0.00
经营活动产生的现金流量净额	17 288 990.35	−17 652 603.22	−4 927 632.36
2. 不涉及现金收支的重大投资和筹资活动			

续表

现金流量表补充资料项目	公司 1	公司 2	公司 3
债务转为资本			
一年内到期的可转换公司债券			
融资租入固定资产			
3. 现金及现金等价物净增加情况			
现金的期末余额	3 965 194.83	12 633 810.09	15 805 113.16
减：现金的期初余额	4 607 877.49	30 340 999.42	12 513 142.28
加：现金等价物的期末余额			
减：现金等价物的期初余额			
现金及现金等价物净增加额	-642 682.66	-17 707 189.33	3 291 970.88
现金流量表主表和资料经营活动现金流量净额检验	0.00	0.00	0.00
资产减值准备项目检验	根据各种减值准备发生额分析填列，简化：Σ各项减值准备（期末余额-期初余额）		
固定资产折旧、油气资产折耗、生产性生物资产折旧项目检验等（略）	根据表 6 - 2 各项目填列内容，收集相关明细信息分析检验		

注：2018 年度，该公司未开始执行新金融工具准则。

表6-4

内部购销业务数据汇总及合理性检验

单位：元

项目	公司1		公司2		公司3		公司4		
	销售价格	增值税	销售价格	增值税	销售价格	增值税	购进价格	对外销售	未对外销售
公司1			467 900.00	116 975.00	3 510 000.00	877 500.00	3 918 650.77	3 918 650.77	
公司2	1 918 250.77	287 737.62	700 970.00	175 242.50			9 168 870.00	9 168 870.00	
公司3	2 000 400.00	300 060.00	8 000 000.00	1 760 000.00	7 070 000.00	1 767 500.00	10 580 000.00	8 000 000.00	2 580 000.00
公司4									
合计	3 918 650.77	587 797.62	9 168 870.00	2 052 217.50	10 580 000.00	2 645 000.00	23 667 520.77	21 087 520.77	2 580 000.00
税率检验	15.00%		22.38%		25.00%				

6.3　合并实务常见的合并抵销（调整）分录

需再次强调，合并财务报表编制的要点：

- 合并报表编制以母公司及其子公司单体报表为基础
- 编制合并报表将整个企业集团视为一个会计主体
- 合并是以权益法为逻辑基础
- 子公司会计政策应当与母公司一致
- 母公司及其子公司报表数据汇总的基础上进行调整，调整（抵销）分录是核心
- 连续编制要重点判断合并当期"调表不调账"的分录对下期及以后各期的影响，特别是对未分配利润的影响，是否在下期及以后各期需要"滚动调整"

不考虑特殊交易，实务中常见的合并抵销（调整）分录可归为 8 类（笔）。

6.3.1　合并调整 1：母公司长期股权投资与在子公司所有者权益享有份额相互抵销

基本分录：

借：股本（实收资本）

　　资本公积

　　盈余公积

　　未分配利润

　　长期股权投资减值准备（如有）

　贷：长期股权投资

合并是以权益法为基础，在实务中，该笔调整（抵销）分录有两种做法：一是分两步做即先恢复权益法再进行抵销；二是不恢复直接抵销。两者结果是一致的。对生手来说，喜欢按部就班，采用第一种即分两步走；熟手一般直接抵销。

【例 6-4】假定 A 公司投资 B 公司股份，占比 100%，B 公司当年实现净利润 100 万元，A 公司初始投资成本 1 000 万元（个别报表成本法，初始投资时股本 1 000 万元，无其他净资产）。

合并以权益法为逻辑基础，以母子公司个别报表为基础汇总后调整编制，则汇总长投 1 000 万元（母），股本 1 000 万元（子），未分配利润 100 万元（子）。

第一种方法：转换为权益法。

借：长期股权投资　　　　　　　　　　　　　　　（1 000×100%）100

贷：投资收益	100

抵销长期股权投资：

借：股本	1 000
未分配利润	100
贷：长期股权投资	1 100

以上两笔分录第一笔投资收益增加 100 万元，从而未分配利润增加 100 万元；第二笔冲减未分配利润 100 万元（等额减少）。长期股权投资先增加 100 万元后减少 100 万元。

第二种方法：不转为权益法，直接抵销。

借：股本	1 000
贷：长期股权投资	1 000

以上分录对未分配利润无影响，合并数即为汇总金额 100 万元。

子公司之间相互持股类似处理。孙公司若有分红，子公司应确认投资收益，即编制一笔分录，借记应收股利，贷记投资收益，直接修改报表会影响合并资产负债表和利润表之间的勾稽关系。

结论：是否转换为权益法并不影响合并结果且不会影响合并资产负债表和合并利润表之间的勾稽关系。

6.3.2　合并调整 2：母公司确认的投资收益与子公司当年的利润分配相互抵销

母公司对子公司确认的投资收益与子公司当年利润分配的金额相互抵销，合并调整分录：

借：投资收益（子公司当年利润分配金额×母公司持股比例）
　　少数股东损益（子公司当年利润分配金额×子公司少数股东持股比例）
　　贷：未分配利润——年末（子公司当年利润分配金额）

6.3.3　合并调整 3：确认少数股东权益

确认当年少数股东权益合并调整分录：

借：少数股东损益（子公司净利润×子公司少数股东持股比例）
　　贷：少数股东权益（子公司净利润×子公司少数股东持股比例）
滚动调整期初少数股东权益合并调整分录：

借：未分配利润——年初（上年末子公司净资产×子公司少数股东持股比例）

贷：少数股东权益（上年末子公司净资产×子公司少数股东持股比例）

少数股东权益确认包含年初和本期。少数股东权益只存在合并财务报表中，且由母公司确认，包含少数股东的公司本身不予以确认。如表6-5所示：A公司控股B公司占70%的股份，B公司控股C公司占60%的股份，C公司还有其他股东占比40%，为最底层公司。

表6-5　　　　　　　　　公司控股层级及少数股东权益的确认

第一层	第二层	第三层
A		
70%	B	
	60%	C

则C公司虽然有其他股东占比40%，但在C公司单体报表中无须考虑少数股东权益；B公司在合并C公司的合并报表中要考虑C公司40%少数股东权益，但无须考虑自身A公司以外股东30%的权益问题；A公司在合并B公司时考虑B公司30%少数股东权益。

实务中，多层级的控股关系一般采用自下而上的层层合并，即B公司并C公司之后，A公司再并B公司。

【例6-5】A公司占B公司80%的股份，2022年初，B公司的净资产为3 000万元。2022年B公司实现净利润400万元。则确认少数股东权益：

（1）"滚动调整"2022年初的少数股东权益：

借：未分配利润——年初　　　　　　　　　　　　（3 000×20%）600

　　贷：少数股东权益——年初　　　　　　　　　　　　　　　　600

由于个别报表没有少数股东权益，合并报表是在单体报表简单汇总的基础上经过合并调整/抵销而来，期初的少数股东权益要重新确认，即所谓"滚动调整"。

（2）确认本年度少数股东权益：

借：少数股东损益——本期　　　　　　　　　　　　（400×20%）80

　　贷：少数股东权益——本期　　　　　　　　　　　　　　　　80

本期的少数股东权益通过该笔分录"一笔调整"。在合并利润表中"少数股东损益"项目填列80万元，在"归属于母公司股东的净利润"项目填列320万元而不是400万元。

以上两笔分录在合并资产负债表期末金额"少数股东权益"项目填列680万元，期初金额填列600万元，与上年度合并资产负债表期末金额一致。

6.3.4　合并调整 4：母公司与子公司、子公司之间债权债务相互抵销

合并抵销三个要点：一是要求各主体之间债权债务账务处理应对称，金额一致，否则抵销不干净；二是不考虑坏账准备，按照账面余额抵销；三是内部销售没有开具发票的，购买方无须暂估增值税，销售方确认无票收入并确认销项税额，会造成应收应付不一致。合并底稿中应对未暂估的增值税补充增加一笔分录，即：

借：应交税费

　　贷：应付账款

该笔应交税费的借方发生额可以在"其他非流动资产"填列，并在合并报表附注中说明。

基本会计分录：

借：应付账款——子公司（母公司账面或相反、或子公司之间，应付债权人下同）

　　其他应付款

　　其他往来相关科目（债务）

　　贷：应收账款——母公司（母公司账面或相反、或子公司之间，应收债务人下同）

　　　　其他应收款

　　　　其他往来相关科目（债权）

对内部应收账款、其他应收款计提坏账准备的，从合并层面应收账款、其他应收款抵销后不存在了，应将相应的坏账准备转回；坏账准备确认递延所得税资产的，还应将对应的递延所得税资产一并转回。

转回内部应收、其他应收计提的坏账准备：

借：坏账准备

　　贷：信用减值损失

转回对应的递延所得税资产：

借：所得税费用——递延所得税（转回的坏账准备×适用税率）

　　贷：递延所得税资产

6.3.5　合并调整 5：内部购销未实现销售相互抵销

要点有三：一是全部抵销，无须考虑控股比例，少数股东权益通过调整分录 2 实现；二是母子公司均为增值税纳税主体，纳税义务已经发生，抵销无须考虑增值税；

三是部分实现对外销售按比例对等处理。

【例 6 – 6】假定 A 公司（母）现销产品给 B 公司（子），销售收入 100 万元，存货账面余额 80 万元。所得税税率 25%（不考虑增值税）。

情况 1：A 公司对该存货未计提存货跌价准备。

（1）B 公司完全未对外销售，期末该批存货的可变现净值为 85 万元。

（2）期末 B 公司对外销售 60%，期末剩余 40% 可变现净值为 30 万元。60% 销售价格 70 万元。

情况 2：B 公司万元未实现对外销售，A 公司在销售给 B 公司前对该存货计提跌价准备 10 万元，且期末该存货可变现净值为 95 万元。

以上各种情况，下年度均完全实现对外销售。

写出当年各单体报表会计分录、合并抵销分录及下年度"滚动调整"分录。

情况 1：A 公司对该存货未计提存货跌价准备。

（1）B 公司完全未对外销售，期末该批存货的可变现净值为 85 万元。

当年单体报表：

A 公司单体报表会计分录：

借：银行存款	100	
贷：主营业务收入		100
借：主营业务成本	80	
贷：库存商品		80

B 公司单体报表会计分录：

借：库存商品	100	
贷：银行存款		100

当年合并抵销：

从合并层面看，该销售未实现，应将营业收入 100 万元和营业成本 80 万元抵销，并且存货按照 A 公司的实际成本列示即 80 万元，而目前在 B 公司报表中列示 100 万元，应调减 20 万元。因此其合并抵销分录为：

借：营业收入	100	
贷：营业成本		80
存货		20

注：合并抵销分录以报表项目列示，单体报表为会计科目。

经过抵销后，存货在合并层面列示 80 万元，该批存货期末可变现净值为 85 万元，合并层面无须计提存货跌价准备。但由于 B 公司单体报表列示的仍为 100 万元，其计税基础为 B 公司的账面价值 100 万元，而合并层面列示 80 万元，则产生可抵扣暂时性差异 20 万元，应确认递延所得税资产：

借：递延所得税资产　　　　　　　　　　　　　　　（20×25%）5

　　贷：所得税费用——递延所得税费用　　　　　　　　　　　　5

下年合并底稿"滚动调整"：

上年合并分录中涉及损益的项目，应由"未分配利润——年初"替代，涉及资产负债项目的，沿用原项目，上年度两笔合并抵销分录则写为：

借：未分配利润——年初　　　　　　　　　　　　　　　　　　100

　　贷：未分配利润——年初　　　　　　　　　　　　　　　　　80

　　　　存货　　　　　　　　　　　　　　　　　　　　　　　20

借：递延所得税资产　　　　　　　　　　　　　　　　　　　　5

　　贷：未分配利润——年初　　　　　　　　　　　　　　　　　5

其中第一笔分录可简化为：

借：未分配利润——年初　　　　　　　　　　　　　　　　　　20

　　贷：存货　　　　　　　　　　　　　　　　　　　　　　　20

（2）期末 B 公司对外销售 60%，期末剩余 40% 可变现净值为 30 万元。

当年单体报表：

A 公司单体报表会计分录：

借：银行存款　　　　　　　　　　　　　　　　　　　　　　100

　　贷：主营业务收入　　　　　　　　　　　　　　　　　　　100

借：主营业务成本　　　　　　　　　　　　　　　　　　　　80

　　贷：库存商品　　　　　　　　　　　　　　　　　　　　　80

B 公司单体报表会计分录：

借：库存商品　　　　　　　　　　　　　　　　　　　　　　100

　　贷：银行存款　　　　　　　　　　　　　　　　　　　　　100

借：银行存款　　　　　　　　　　　　　　　　　　　　　　70

　　贷：主营业务收入　　　　　　　　　　　　　　　　　　　70

借：主营业务成本　　　　　　　　　　　　　　　　（100×60%）60

　　贷：库存商品　　　　　　　　　　　　　　　　　　　　　60

期末剩余存货账面价值 40 万元，可变现净值 30 万元，B 公司计提存货跌价准备，并确认递延所得税资产。

借：资产减值损失　　　　　　　　　　　　　　　　　　　　10

　　贷：存货跌价准备　　　　　　　　　　　　　　　　　　　10

借：递延所得税资产　　　　　　　　　　　　　　　（10×25%）2.5

　　贷：所得税费用——递延所得税费用　　　　　　　　　　　2.5

当年合并抵销：

从合并层面看，该销售部分对外实现了销售、部分未实现，内部销售营业收入100万元应调减，对外实现销售部分60%，营业成本应调减92万元 [80 + 60% × (100 - 80)]，剩余40%存货实际成本为32万元，在B公司账面价值为40万元，调减8万元。因此其合并抵销（调整）分录为：

借：营业收入　　　　　　　　　　　　　　　　　　　100
　　贷：营业成本　　　　　　　　　　　　　　　　　　　　92
　　　　存货　　　　　　　　　　　　　　　　　　　　　　8

经过上述调整后，存货合并层面账面价值为32万元。由于B公司单体报表存货已经在40万元的基础上调减10万元，为可变现净值30万元。即将本笔分录调减的8万元存货恢复过来。因此合并层面进行相应调整：

借：存货跌价准备　　　　　　　　　　　　　　　　　　8
　　贷：资产减值损失　　　　　　　　　　　　　　　　　　8
借：所得税费用——递延所得税费用　　　　　　　　　　2
　　贷：递延所得税资产　　　　　　　　　　　　　　　　　2

下年合并底稿"滚动调整"：

同样，上年合并分录中涉及损益的项目，应由"未分配利润——年初"替代，涉及资产负债项目的，沿用原项目。

借：未分配利润——年初　　　　　　　　　　　　　　8
　　贷：存货　　　　　　　　　　　　　　　　　　　　　8
借：存货跌价准备　　　　　　　　　　　　　　　　　8
　　贷：未分配利润——年初　　　　　　　　　　　　　　8

以上两笔分录结合起来看，对下年初未分配利润无影响。

借：未分配利润——年初　　　　　　　　　　　　　　2
　　贷：递延所得税资产　　　　　　　　　　　　　　　　2

情况2：B公司完全未实现对外销售，A公司在销售给B公司前对该存货计提跌价准备10万元，且期末该存货可变现净值为95万元。

当年单体报表：

A公司单体报表会计分录：

借：银行存款　　　　　　　　　　　　　　　　　　　100
　　贷：主营业务收入　　　　　　　　　　　　　　　　　100
借：主营业务成本　　　　　　　　　　　　　　　　　70
　　存货跌价准备　　　　　　　　　　　　　　　　　10
　　贷：库存商品　　　　　　　　　　　　　　　　　　　80

A 公司存货跌价准备计提的递延所得税资产转回：

借：所得税费用——递延所得税费用　　　　　　　　　（10×25%）2.5

　　　贷：递延所得税资产　　　　　　　　　　　　　　　　　2.5

B 公司单体报表会计分录：

借：库存商品　　　　　　　　　　　　　　　　　　　　　100

　　　贷：银行存款　　　　　　　　　　　　　　　　　　　　100

期末该批存货的可变现净值 95 万元，计提存货跌价准备：

借：资产减值损失　　　　　　　　　　　　　　　　　　　5

　　　贷：存货跌价准备　　　　　　　　　　　　　　　　　　5

确认递延所得税资产：

借：所得税费用——递延所得税　　　　　　　　　　　　1.25

　　　贷：递延所得税资产　　　　　　　　　　　　　　　　1.25

当年合并抵销：

从合并层面看，该销售未实现，应将营业收入 100 万元和营业成本 70 万元抵销。A 公司结转的 10 万元存货跌价准备，假定是当年计提并计入了当年的资产减值损失，从合并层面看，期末存货的可变现净值为 95 万元，大于实际成本 80 万元，因此不应确认，应予以转回。即存货仍然按照 A 公司的实际成本列示即 80 万元。因此其合并抵销分录为：

借：营业收入　　　　　　　　　　　　　　　　　　　100

　　　贷：营业成本　　　　　　　　　　　　　　　　　　　70

　　　　　资产减值损失　　　　　　　　　　　　　　　　10

　　　　　存货　　　　　　　　　　　　　　　　　　　　20

经过抵销后，存货在合并层面列示 80 万元，由于 B 公司单体报表列示的仍为 100 万元，应确认递延所得税资产：

借：递延所得税资产　　　　　　　　　　　　　　（20×25%）5

　　　贷：所得税费用——递延所得税费用　　　　　　　　　5

由于 B 公司单体报表存货计提减值损失，从合并层面看无须计提，应从合并层面将单体报表处理反向冲回：

借：存货跌价准备　　　　　　　　　　　　　　　　　　5

　　　贷：资产减值损失　　　　　　　　　　　　　　　　　5

借：递延所得税资产　　　　　　　　　　　　　　　　　1.25

　　　贷：所得税费用——递延所得税　　　　　　　　　　1.25

下年合并底稿"滚动调整"：

借：未分配利润——年初	20	
贷：存货		20

借：递延所得税资产   5

    贷：未分配利润——年初   5

借：递延所得税资产   1.25

    贷：未分配利润——年初   1.25

6.3.6 合并调整6：现金流量表项目相互抵销

现金流量表项目的抵销主要包括：母子公司、子公司之间现金投资、母子公司、子公司之间分配现金股利、母子公司、子公司之间借款及利息、母子公司、子公司之间购销商品、母子公司、子公司之间处置、购建固定资产、无形资产及其他长期资产等。根据现金流量记录和对明细分析汇总做如下抵销分录。

借：各类支付现金（调减）

    贷：各类收到现金（调减）

6.3.7 合并调整7：内部借款利息资本化调整

集团内部资金利息资金借出方计入财务费用——利息收入，资金借入方计入财务费用——利息支出，两者从财务费用的总账科目来看是自动抵销的，合并可做明细调整，即：

借：财务费用——利息收入

    贷：财务费用——利息支出

但如果资金借入方符合利息资本化条件，则应进行相应的合并调整即：企业集团母公司与子公司、子公司之间的借款利息资本化的金额，应调整抵销。

【例6-7】假定A公司将一笔资金借给集团内B公司，利息106万元，该笔借款利息符合资本化条件。增值税税率6%。则：

A公司（借出方）：

借：其他应收款——B公司（利息）   106

    贷：财务费用——利息收入（内部）   100

        应交税费——应交增值税（销项税额）   6

B公司（借入方）符合资本化：

借：在建工程   106

    贷：其他应付款——A公司（利息）   106

注：利息只能开具增值税普通发票，B 公司无法抵扣。

站在集团合并的角度来看，该部分内部往来的借款属于内部资金，自己用自己的资金，不应确认利息收入，100 万元的利息收入是不合理的（从而不能资本化）；假定该笔款项是从外部借入的，已经确认了利息支出，若内部确认一笔利息收入，抵销后资金没有成本，显然不合理，一定不要忘记合并是以单体报表汇总为基础调整的，因此应进行调整：

借：财务费用——利息支出（其他）　　　　　　　　　　　　106
　　贷：在建工程　　　　　　　　　　　　　　　　　　　　　　106

可以看到，这样调整有 6 万元的差异，即应交的增值税，很显然，这是企业实际支出的成本，合并附注中可以放到其他明细或放到利息支出也没问题。

同时，由于税法认可 106 万元的计税基础，抵销后会造成资产的账面价值小于计税基础，相应确认一项递延所得税资产，假定税率 25%。

借：递延所得税资产　　　　　　　　　　　　　　　　　　26.5
　　贷：所得税费用——递延所得税费用　　　　　　　　　　　　26.5

并在以后折旧年限内转回。

6.3.8　合并调整 8：如何理解所谓"滚动调整"

产生滚动调整的原因可以分为两类：

1. 单体报表：审计认为应该调账，企业由于前期漏记、错记且没有及时根据审计调整将调整分录输入账套，造成审计底稿中所谓"滚动调整"。

【例 6 - 8】某公司某项设备 2019 度财务账面折旧 1 000 元，审计认为，该设备在开始使用时未能按照准则要求及时转固，应补提 2018 年度折旧 300 元。

则 2019 年审计补提 2018 年度的折旧，审计调整分录：

借：未分配利润——年初　　　　　　　　　　　　　　　　300
　　贷：固定资产——累计折旧　　　　　　　　　　　　　　　　300

同时还应调整相应的所得税和盈余公积（假定调整后净利润仍为正）：

借：应交税费——应交所得税　　　　　　　　　（300×25%）75
　　贷：未分配利润——年初　　　　　　　　　　　　　　　　75

借：盈余公积——法定盈余公积　　　　　　　（225×10%）22.5
　　贷：未分配利润——年初　　　　　　　　　　　　　　　　22.5

该笔分录如果被审单位在 2019 年度根据审计调整输入了账套，即 2019 年度做了如下分录：

借：以前年度损益调整   300

      贷：累计折旧   300

借：应交税费——应交所得税   75

      贷：以前年度损益调整   75

借：盈余公积——法定盈余公积   22.5

      贷：以前年度损益调整   22.5

借：利润分配——未分配利润   202.5

      贷：以前年度损益调整   202.5

不考虑其他因素，则 2019 年度的审定报表和账套生成的财务报表是一致的，2021 年在审计 2020 年财务报表时无须考虑该事项。如果被审单位没有将相关会计分录输入账套，2019 年整套生成的报表和审定报表仍然不一致，且持续存续下去。对审计而言，在以后年度审计时均必须考虑该事项的影响，在审计底稿中每年均需要"滚动调整"下去。

另外需要说明的是，"以前年度损益调整"科目在实务中很少用。如果非上市公司审计，出现了所示案例情况，上年度由于出具了审计报告，审计报告具有法定效力，当年的审计师一般不会对上年度的审计报告提出质疑，否则可能面临需要与前任审计师沟通。对上市公司，意味着年初未分配利润发生变动，除了更谨慎以外，需要单独披露该差额，甚至要出具专项报告。

非常重要的实务经验是，可以在账套内调账的（主要是单体报表），建议根据审计师的初审意见，企业认可调整的，应将"初审"的所谓"调整分录"输入账套，这样输出的报表和审定报表尽量一致。当然，这类"初审"的"调整分录"一旦输入账套，就不是审计定稿中的调整分录了。

2. 合并报表：该类分录只会在合并调整（抵销）中出现，单体报表账套中无须输入，如果该类分录不仅影响当期，还会影响以后各期，无论企业还是审计，均需对该类分录做"滚动调整"。

如此前非同一控制下企业合并案例〖例 4 - 7〗中评估增值的固定资产、无形资产在合并日做了以下分录：

借：固定资产（资产法评增金额）

    无形资产（资产法评增金额）

    贷：资本公积

则在此后的合并底稿中要"滚动调整"下去，直至相应的固定资产、无形资产从账面注销，当然要考虑各期该差异对递延所得税负债的影响。

再如〖例 6 - 5〗"少数股东权益"在单体报表（没有下属子公司合并）中不会出现，因此上一级在编制合并报表的时候，如果存在少数股东的，均应将少数股东期初应享有的份额从上期末"滚动调整"过来，否则合并报表期初没有少数股东权益的金额了。

为了帮助读者更透彻理解"滚动调整"的逻辑，再举一合并过程中经常遇到的未实现内部损益的案例（模型）。

【例 6 - 9】假定 2020 年 12 月，新设一公司 A 公司，投资人以货币出资 150 万元，以存货出资 80 万元（公允价值）；同月，A 公司以货币出资 150 万元成立 B 公司，占股 100%。A 公司、B 公司 12 月没有其他交易。所得税税率 25%，不考虑合并现金流量表。则 A（母公司）、B（子公司）2020 年 12 月 31 日的资产负债情况如表 6 - 6 所示。

表 6 - 6　　　　母子公司 2020 年 12 月 31 日资产负债表简表　　　　单位：万元

项目	母公司	子公司
货币资金	0	150
存货	80	0
长期股权投资	150	0
实收资本	230	150

2020 年 12 月 31 日，编制合并资产负债表（见表 6 - 7），合并调整分录：

借：实收资本　　　　　　　　　　　　　　　　　　　　　　　150
　　贷：长期股权投资　　　　　　　　　　　　　　　　　　　　　　150

表 6 - 7　　　　　　2020 年 12 月 31 日合并资产负债表底稿　　　　　单位：万元

项目	母公司	子公司	汇总	合并调整		合并金额
				借方	贷方	
货币资金	0	150	150			150
存货	80	0	80			80
长期股权投资	150	0	150		150	0
实收资本	230	150	380	150		230

2021 年，母公司将存货销售给子公司，销售价格 100 万元，以银行存款支付，不考虑增值税。至 2021 年末，该批存货没有实现对外销售。则：

母公司会计处理：

借：银行存款 100

    贷：主营业务收入 100

借：主营业务成本 80

    贷：库存商品 80

母公司确认所得税费用：

借：所得税费用——当期所得税 [（100 - 80）×25%]5

    贷：应交税费——应交所得税 5

子公司会计处理：

借：库存商品 100

    贷：银行存款 100

年末合并调整分录：

抵销母公司长期股权投资与子公司实收资本：

借：实收资本 150

    贷：长期股权投资 150

由于年末完全未对外销售，合并调整分录：

借：营业收入 100

    贷：营业成本 80

        存货 20

由于存货调减 20 万元，计税基础为 B 公司单体报表的账面价值 100 万元，应确认递延所得税资产 5 万元，合并调整分录：

借：递延所得税资产 5

    贷：所得税费用——递延所得税费用 5

2021 年 12 月 31 日合并资产负债表底稿如表 6 - 8 所示，2021 年合并利润表底稿如表 6 - 9 所示。

表 6 - 8   **2021 年 12 月 31 日合并资产负债表底稿**   单位：万元

项目	母公司	子公司	汇总	合并调整		合并金额
				借方	贷方	
货币资金	100	50	150			150
存货	0	100	100		20	80
长期股权投资	150	0	150		150	0
递延所得税资产			0	5		5

续表

项目	母公司	子公司	汇总	合并调整		合并金额
				借方	贷方	
应交税费	5	0	5			5
实收资本	230	150	380	150		230
未分配利润	15	0	15	20	5	0

表 6-9　　　　　　　　2021 年合并利润表底稿　　　　　　　单位：万元

项目	母公司	子公司	汇总	合并调整		合并金额
				借方	贷方	
营业收入	100	0	100	100		0
减：营业成本	80	0	80		80	0
利润总额	20	0	20	100	80	0
减：所得税费用	5	0	5		5	0
净利润	15	0	15	100	85	0

2022 年，子公司将该批存货全部现销出去，销售价格 130 万元。母公司除了缴纳所得税外没有其他变动。则：

母公司会计处理：

借：应交税费——应交所得税　　　　　　　　　　　　　　　5

　　贷：银行存款　　　　　　　　　　　　　　　　　　　　　　　5

子公司会计处理：

借：银行存款　　　　　　　　　　　　　　　　　　　　　　130

　　贷：主营业务收入　　　　　　　　　　　　　　　　　　　　130

借：主营业务成本　　　　　　　　　　　　　　　　　　　　100

　　贷：库存商品　　　　　　　　　　　　　　　　　　　　　　100

确认所得税费用：

借：所得税费用——当期所得税　　　　　　[（130 - 100）× 25%]7.5

　　贷：应交税费——应交所得税　　　　　　　　　　　　　　7.5

合并调整分录：

由于合并报表是在单体报表简单汇总基础上进行合并调整编制的，2022 年初的资产负债表合并金额同样是在 2022 年初单体报表基础上进行合并调整而来，因此，对于影响 2021 年末资产负债项目（上期期末）的合并调整分录，同样影响 2022 年初的合并资产负债项目，对此类分录应进行所谓的"滚动调整"，但对于损益类项目，由于不再影响 2022 年度的利润表，为了勾稽关系正确，应使用"未分配利润——年初"替代。即上年末的合并调整分录，涉及资产负债项目的，直接复制过来，涉及损益类项目的，用"未分配利润——年初"替代。

本例 2021 年度合并调整分录有三笔，"滚动调整"到 2022 年初：

抵销母公司长期股权投资与子公司实收资本：

借：实收资本　　　　　　　　　　　　　　　　　　　　　　150

　　贷：长期股权投资　　　　　　　　　　　　　　　　　　　　150

上年未实现内部销售：

借：未分配利润——年初　　　　　　　　　　　　　　　　　　20

　　贷：存货　　　　　　　　　　　　　　　　　　　　　　　　20

递延所得税资产 5 万元：

借：递延所得税资产　　　　　　　　　　　　　　　　　　　　　5

　　贷：未分配利润——年初　　　　　　　　　　　　　　　　　　5

则 2022 年初的合并资产负债表工作底稿如表 6 - 10 所示。

表 6 - 10　　　　　　　2022 年 1 月 1 日合并资产负债表底稿　　　　单位：万元

项目	母公司	子公司	汇总	合并调整		合并金额
				借方	贷方	
货币资金	100	50	150			150
存货	0	100	100		20	80
长期股权投资	150	0	150		150	0
递延所得税资产			0	5		5
应交税费	5	0	5			5
实收资本	230	150	380	150		230
未分配利润——年初	15	0	15	20	5	0

2022 年当年合并调整分录：

抵销母公司长期股权投资和子公司实收资本：

借：实收资本　　　　　　　　　　　　　　　　　　　　　　150

　　贷：长期股权投资　　　　　　　　　　　　　　　　　　　　150

合并期初存货调整 20 万元冲减营业成本：

借：存货　　　　　　　　　　　　　　　　　　　　　　20
　　贷：营业成本　　　　　　　　　　　　　　　　　　　　20

存货已经实现对外销售，可抵扣暂时性差异消失，冲减合并期初递延所得税资产：

借：所得税费用——递延所得税费用　　　　　　　　　　　5
　　贷：递延所得税资产　　　　　　　　　　　　　　　　　5

2022 年 12 月 31 日合并资产负债表工作底稿、2022 年合并利润表工作底稿如表 6－11、表 6－12 所示。

表 6－11　　　　　2022 年 12 月 31 日合并资产负债表底稿　　　　单位：万元

项目	母公司	子公司	汇总	合并年初调整影响	合并调整——当年		合并金额
					借方	贷方	
货币资金	95	180	275				275
存货	0	0	0	－20	20		0
长期股权投资	150	0	150			150	0
递延所得税资产			0	5		5	0
应交税费	0	7.5	7.5				7.5
实收资本	230	150	380			150	230
未分配利润	15	22.5	37.5	－15		15	37.5

表 6－12　　　　　　　2022 年合并利润表底稿　　　　单位：万元

项目	母公司	子公司	汇总	合并调整——当年		合并金额
营业收入	0	130	130			130
减：营业成本	0	100	100		20	80
利润总额	0	30	30			50
减：所得税费用	0	7.5	7.5	5		12.5
净利润	0	22.5	22.5	5	20	37.5

编制 2022 年合并资产负债表和合并利润表简表如表 6－13、表 6－14 所示。

表 6-13   **2022 年 12 月 31 日合并资产负债表**   单位：万元

资产	期末金额	年初金额	负债和所有者权益	期末金额	年初金额
流动资产			流动负债		
货币资金	275	150	应交税费	7.5	5
存货		80	负债合计	7.5	5
流动资产合计	275	230	所有者权益		
长期股权投资			实收资本	230	230
递延所得税资产		5	未分配利润	37.5	
非流动资产合计		5	所有者权益合计	267.5	230
资产总计	275	235	负债和所有者权益总计	275	235

表 6-14   **2022 年合并利润表**   单位：万元

项目	本期金额	上期金额
营业收入	130	0
减：营业成本	80	0
利润总额	50	0
减：所得税费用	12.5	0
净利润	37.5	0

检验合并资产负债表和合并利润表的勾稽关系，未分配利润增加 37.5 万元，为本年实现的净利润。

该案例很好地解释了所谓"滚动调整"的逻辑起点和具体做法：既影响上期也影响当期的调整分录，当期需要"滚动调整"过来，涉及资产负债比表项目的，直接复制该项目，涉及利润表项目的，用"未分配利润——年初"代替。

6.3.9 常见合并调整分录汇总

常见合并调整分录汇总如表 6-15 所示。

表6-15　常见合并调整分录汇总（含连续编制"滚动调整"）

序号	合并调整类型	合并调整分录	连续编制合并调整	说明
1	母公司长期股权投资与在子公司所有者权益享有的份额相互抵销	借：股本（实收资本） 　　资本公积 　　盈余公积 　　未分配利润 　　长期股权投资减值准备（如有） 　贷：长期股权投资	同左	（1）长期股权投资依次抵销股本（实收资本）全部金额。 （2）如果合并日编制合并资产负债表，按照少数股东比例确认少数股东权益。 （3）如果购买日的编制合并资产负债表，除了确认少数股东享有份额，长期股权投资大于享有份额的公允价值，确认为商誉
2	母公司确认的投资收益与子公司当年的利润分配相互抵销	借：投资收益（子公司当年利润分配金额×母公司持股比例） 　　少数股东损益（子公司当年利润分配金额×子公司少数股东持股比例） 　贷：未分配利润——年末（子公司当年利润分配金额）	无须"滚动调整"	（1）现金股利做合并抵销，股票股利合并母公司单体报表均无须账务处理，但持股比例可能发生变化，子公司股本增加。 （2）现金股利需要子公司股东会通过不做会计处理
3	确认少数股东权益	借：少数股东损益（子公司净利润×子公司少数股东持股比例） 　贷：少数股东权益（子公司净利润×子公司少数股东持股比例）	借：未分配利润——年初（上年末子公司净资产×子公司少数股东持股比例） 　贷：少数股东权益（上年末子公司净资产×子公司少数股东持股比例）	（1）除非合并日或购买日编制合并报表，调整1无须考虑当年少数股东权益，通过该笔分录"一笔调整"。 （2）包含少数股东的公司本层不予以确认少数股东损益和少数股东权益，由上层在合并报表中确认

续表

序号	合并调整类型	合并调整分录	连续编制合并调整	说明
4	母公司与子公司、子公司之间债权债务相互抵销	借：应付账款——子公司（母公司账面或相反，或子公司之间，应付债权人，下同） 其他应付款 其他往来相关科目（债务） 贷：应收账款——母公司（母公司之间，或公司之间，应收债务人，下同） 其他应收款 其他往来相关科目（债权）	无须"滚调"	（1）不考虑坏账准备，按照账面余额抵销。 （2）如果内部应其他应收计提坏账准备的，在合并层面冲回，并转回确认的递延所得税资产。 （3）内部销售没有开具发票的，购买方确认无票收入并确认销项增值税，销售方确认应收付不一致，会造成未暂付未暂估对应的增值税补充增加一笔分录即： 借：应交税费（未开具发票的增值税额） 贷：应付账款（未开具发票的增值税额） 暂估的应交税费可以在资产负债表"其他流动资产"项目填列

续表

序号	合并调整类型	合并调整分录	连续编制合并调整	说明
5	内部购销未实现销售相互抵销	借：营业收入（内部销售全部金额） 贷：营业成本 [内部销售的全部金额除了最后环节对外结转的全部金额 +（内部销售最后环节的单体报表结转的存货成本 - 内部销售最后环节单体报表结转的存货成本）× 对外实现销售的比例] 存货减值损失（以上差额） 借：资产减值损失 贷：存货跌价准备 或相反。 借：递延所得税资产 贷：所得税费用——递延所得税费用	年初需要"滚调"： 借：未分配利润——年初 贷：存货 借：未分配利润——年初 贷：存货——存货跌价准备 借：递延所得税资产 贷：未分配利润——年初 当年实现销售，合并调整： 借：存货 贷：营业成本 借：存货——存货跌价准备 贷：营业成本 借：所得税费用——递延所得税费用 贷：递延所得税资产	（1）应从合并层面确认期末未实现对外销售存货的可变现净值和合并抵销后的账面价值两者孰低，并确认了存货是否发生减值。如果子公司单体确认了存货跌价准备，应确认该部分还是是需要补提。 （2）同样，应从合并层面确认可抵扣暂时性差异，即考虑合并价值与子公司存货账面余额（计税基础）的差额，并应做相应冲回和补提递延所得税资产。 （3）连续编制合并报表对相应的分录要"滚调"，连续编制的第一期期末仍然未完全实现对外销售，下期根据以上原则需要继续"滚调"，直至完全实现对外销售

续表

序号	合并调整类型	合并调整分录	连续编制合并调整	说明
6	现金流量表项目相互抵销	借：各类支付现金（调减） 贷：各类收到现金（调减）	无须"滚动调整"	现金流量表项目的抵销主要包括：母子公司、子公司之间现金投资、母子公司、子公司之间分配现金股利、子公司之间借款商品、母子公司、子公司之间购建固定资产、无形资产及其他处置、购建固定资产、无形资产等。根据现金流量记录和对明细分析汇总编制如下抵销分录
7	内部借款利息资本化调整	借：财务费用——利息支出（其他） 贷：在建工程 （含增值税） 如当期"转固"。 借：在建工程 贷：固定资产 借：递延所得税资产 贷：所得税费用 借：固定资产——累计折旧 贷：管理费用等	需要"滚动调整"。 借：递延所得税资产 贷：未分配利润——年初 借：固定资产 贷：未分配利润——年初累计折旧 借：固定资产 贷：未分配利润——年初 当年的正常处理。	（1）增值税金额利息支付方无法抵扣，是企业实际支出的成本，合并附注中可以放到到其他明细支出。 （2）在建工程转为固定资产后合并报表固定资产金额小于单体报表固定资产（计税基础），由此产生的可抵扣暂时性差异确认递延所得税资产；且此后累计折旧折现每期应相应调减

续表

序号	合并调整类型	合并调整分录	连续编制合并调整	说明
8	"滚动调整"	"滚动调整"一般产生两种情况： (1) 单体报表：审计认为应该调账，企业由于前期漏记、错记目没有及时根据审计调整将调整分录输入账套，造成审计底稿中所谓"滚动调整"。 (2) 合并报表：该类分录只会在合并调整（抵销）中出现，单体报表账套中无须输入，如果该类分录不仅影响当期，还会影响以后各期，无论该企业还是审计，均需对该类分录做"滚动调整"	借：资产类项目——上年末 贷：未分配利润——年初 或相反分录。 借：未分配利润——年初 贷：负债类项目——上年末 或相反分录。	(1) 单体报表应根据审计的初审意见，企业同意后将所谓的"调整分录"录入当年账套，除非将报表定审定报表一致，账套生成的报表和审定报表越来越多的"滚调"。 (2) 基础好的企业，如果账套中能较为理想生成调整报表，应将"滚动调整"合并调整系统生成的合并分录与审定的合并报表一致。当然，达到该程度的企业比例不高，需要合并人员持续提高合并能力，也需要财务系统更强的技术支撑

6.4　合并定稿

6.4.1　合并初稿出具

合并报表初稿编制后，首先应向财务负责人汇报。财务负责人一般总体把握合并结果，比如关注合并净利润、资产负债率、经营活动现金流量净额，期间费用的变动幅度、毛利率的变动等。合并的勾稽关系一般由合并报表主管负责检验。财务负责人可能会对某些项目提出质疑，合并人员应予以解释，在寻求解释的过程中可能会发现一些错误。

财务负责人认可初稿后，有时需要向包括总经理、副总、董秘等在内的高管团队做正式汇报，听取他们的意见。管理层会根据他们各自的立场提出不同意见和建议，合并主管应予以答复，财务负责人作为高管团队的一员也会给予辅助解释。高管团队有可能提出一些不合理的要求，合并主管对原则性的问题应给予明确答复。对于有争议的问题，有时需要寻求技术支持，在准则范围的边界之内看有没有更优的处理方案。对年报审计，应与中介进行沟通。

6.4.2　与中介沟通

年报审计，与中介的沟通贯穿从预审到合并定稿的整个过程。对上市公司而言，平时遇到有拿不准或有争议的事项的会计处理也应联系中介，征询中介的处理意见。在合并定稿前，对高管团队提出的有争议的事项或未解决的事项应与中介集中沟通一次，从技术上分析采取变通方案的可行性，在边界范围内以求达成双方均能接受的方案。与中介沟通的结果，应通过适当方式再次反馈给高管团队，中介不认可变通方案的，必要时再次解释。这是合并定稿前合并人员最后的协调和努力。此前，在4.2.4小节合并实务：同一控制下分期付款购买股权提供了一个沟通的实例，有兴趣的读者可以回头再次阅读。

6.4.3　合并报表勾稽关系检验

对年报审计，高管团队和中介均无异议后，合并人员和中介项目经理应独自再次复核修改后的合并底稿，检查生成的合并报表的勾稽关系，包括预定稿的合并调整分录、合并试算平衡表、生成合并报表的表内勾稽关系、表间勾稽关系。勾稽关系的检验类似单体报表，参见6.2节，不再赘述。

6.4.4 合并定稿

合并定稿是合并财务报表最后一个环节，也是前期辛勤工作的重要成果。需要编制合并报表附注的，应根据定稿的合并报表来逐项编制合并报表附注。

本章附录

本部分问题来源于编者近几年在国内各地讲授合并报表课程的现场问答。采用Q&A的方式，遇到的问题并不多，进行了合并归类，供读者参考。

Q1：集团合并层级至少四级甚至更多级，能否采用"平行合并"？

A："平行合并"是否可以理解为"一次合并"，即母公司对下属的子公司、孙公司以及更下一级的公司站在合并整体统一做一次合并调整（合并抵销），不再逐级上报。从理论上是可行的，比如内部交易的抵销可以站在整体考虑一次，长期股权投资和净资产的抵销直接穿透到最底层。但这种合并方式存在很多问题，比如可能需要更多的补充调整分录。更为复杂的是，目前财务软件需要专门再建立一个合并系统，需要财务人员和计算机技术人员通力合作，甚至要重新编写程序，进行专门技术开发。从目前实务上看，几乎没有企业集团采用这种方式。所遇到的企业普遍采用"逐级合并"，即由下而上，逐级合并。这种"逐级合并"除了技术上较为成熟外，还有利于培养各个层级的合并报表人员。建议不要轻易采用所谓"平行合并"，改动财务账套的公式可能会造成非常严重的后果。

Q2：财务在未取得收购时初始投资成本的有关财务报表，拿到的是后期收购时段的财务报表，如何进行合并抵销？

A：不是财务的问题，没法抵销，因为没有依据。

（1）能确定母公司支付的对价，即单体长投是确定的。

（2）这里的"收购"是否能理解为非同一控制的企业合并，若是，则该收购应该有审计、评估、法律、股东决议等文件，这些报告财务关注的是收购时点被收购方的资产负债及收购方的购买日享有的权益，涉及公允价值和账面净值，尽量取得相关依据。若真正无法取得，可以根据后期拿到的报表倒退购买日时点的权益，技术上可以解决，但风险很大。

（3）如果是同一控制的企业合并，该合并如果能实现且无法取得，则存在巨大风险。

Q3：从合营公司或联营公司转为子公司后，合并资产负债表的年初数如何调整？

A：《企业会计准则第 33 号——合并财务报表》第三十三条：母公司在报告期内因同一控制下企业合并增加的子公司以及业务，编制合并资产负债表时，应当调整合并资产负债表的期初数，同时应当对比较报表的相关项目进行调整，视同合并后的报告主体自最终控制方开始时点其一直存在。因非同一控制下企业合并或其他方式增加的子公司以及业务，编制合并资产负债表时，不应当调整合并资产负债表的期初数。

第四十八条：企业因追加投资等原因对非同一控制下的被投资方实施控制的，在合并财务报表中，对于购买日之前持有的被购买方的股权，应当按照该股权在购买日的公允价值进行重新计量，公允价值与其账面价值的差额计入当期投资收益；购买日之前持有的被购买方的股权涉及权益法核算下的其他综合收益等的，与其相关的其他综合收益等应当转为购买日所属当期收益。购买方应当在附注中披露其在购买日之前持有的被购买方的股权在购买日的公允价值，按照公允价值重新计量产生的相关利得或损失的金额。

例：甲公司 2020 年 6 月 30 日（基准日，购买日）持有乙公司 30% 的股权，按照权益法核算长期股权投资账面金额为 1 000 万元，但按照收益法评估，乙公司 100% 股权价值为 5 000 万元，并以此作价，甲公司另外支付 3 500 万元现金从其他投资人手里购入其余 70% 的股权。

则甲公司应调整长期股权投资（30%）部分 500 万元，并计入投资收益；支付的 3 500 万计入长期股权投资，这样长期股权投资按照成本法在甲公司单体报表中确认为 5 000 万元；购买日的合并资产负债表中，按照前述原则处理，如果乙公司的账面净资产 3 000 万元，资产法评估 3 600 万元，则购买日合并资产负债表账调整资产 600 万元，商誉 1 400 万元。在该年度的合并利润表中，仍然确认投资收益 500 万元（年度报表合并资产负债表和合并利润表是平的，因为甲公司长投在 630 增加了 500 万元）。

结论：33 号准则没有关于合营企业和联营企业关于转换为子公司合并的相关规定，仅仅规定了同一控制和非同一控制，但的确无论合营企业还是联营企业转为子公司，原来没有控制的实质采用非同一控制的企业合并是没有问题的。有些理论探讨，如有观点认为应视同同一控制进行调整。

Q4：连续编制合并财务报表期初数如何衔接？

A：（1）非同一控制，比较合并报表无须合并期初，购买日只编制合并资产负债表，上市公司在合并报表附注披露购买日被合并方的主要财务数据。

（2）同一控制，比较合并报表需要合并期初，如果需要编制三期比较合并，每期都有同一控制合并，则有多少次合并就要调整多少次。

Q5：同一控制下，子公司所有者权益为负数的情况下，长投为 0，合并日长期股权投资与权益如何抵销？

A：正常处理。

可以在未分配利润下增设未确认投资损失明细科目。有少数股东的要考虑少数股东应承担的损失，如果母公司在账面还有确认的长期应付款，同样要考虑。如被投资方净资产为－20万元，明细直接列示。少数股东权益20%，合并日的合并调整分录为：

借：实收资本	200	
资本公积	50	
盈余公积	30	
未分配利润	－300	
未分配利润——未确认的投资损失	72	
少数股东权益	18	
贷：长期股权投资		0
长期应付款		70

调整后，归母的未分配利润——未确认投资损失为72万元；少数股东未确认的投资损失为18万元。

Q6：评估增值业务在实际工作中如何处理最好？

A：一般情况下，评估报告不是调账的依据，会计无须调账也不能根据评估报告调账。

法人（单体公司）是一个税收主体，税法不认可调整后的计税依据。合并会计报表是一个虚拟主体，维护权责发生制及会计理论基础。税法立法目的和会计立法目的不一致，税法要保障税收收入并考虑征税成本。

如果实物或无形资产出资，按照投资人认可的金额可以初始入账（不公允的除外），一旦出资，计税基础就确定了，会计上也变成了所谓的历史成本。

企业兼并收购，如果采用资产收购，评估价值作为公允价值和开票金额，则一般视为销售；股权收购，则涉及复杂的税务问题。

Q7：内部交易抵销的核对办法？

A：（1）规范核算，母子公司对称处理，明细科目核算内容界定清楚。如内部借款都通过其他应收款——某公司（本金、利息）核算等。

（2）清晰记录内部交易：如负责开票的会计要单独统计内部销售的明细，月末与开票机的明细核对清楚；总账或其他负责人要与从账套里出来的销售收入验证，包括合理性测试。对符合收入确认条件但当期未开票的，要单独找出来，看是否有遗漏。

（3）会计经理或合并报表负主管总体测算内部交易抵销的合理性。

（4）可以设定一些表格，根据基本的逻辑关系设定一些公式检验是否合理。

Q8：最终控制方成立一个新公司，将其他原来所属公司装入该公司，对新公司来说，（同一控制）合并报表中如何填列比较数据？

A：依据《企业会计准则第 33 号——合并财务报表》第三十二条：母公司在报告期内因同一控制下企业合并增加的子公司以及业务，编制合并资产负债表时，应当调整合并资产负债表的期初数，同时应当对比较报表的相关项目进行调整，视同合并后的报告主体自最终控制方开始控制时点起一直存在。

但该依据未明确说明如果新成立一家公司如何处理。

最终在《计学撮要》（瑞华会计师事务所技术与信息部编著，2018 版），找到一上市公司增资形成同一控制下的企业合并的案例，该案例认为要追溯调整。极端的例子，新成立公司可以认为原来投资为 0，现在通过增资取得控制权。为了说明方便，以案例说明：

例：假定甲集团 2020 年 12 月成立一个新的 A 公司，A 公司的实收资本为 300 万元，2020 年 12 月 31 日（合并日）将原来甲集团下的 B 公司装入 A 公司，占比 100% 股份，支付银行存款 200 万元；B 公司 2020 年和 2019 年末的所有者权益如表 6 – 16 所示。

表 6 – 16　　　　　　　**B 公司 2020 年末和 2019 年末的所有者权益**　　　　　单位：万元

项目	2019 年 12 月 31 日	2020 年 12 月 31 日
实收资本	100	100
资本公积	20	20
未分配利润	10	30
合计	130	150

2020 年 12 月 31 日，A 公司单体报表会计处理：

借：长期股权投资　　　　　　　　　　　　　　　　　　　　　150

　　资本公积　　　　　　　　　　　　　　　　　　　　　　　50

　　　贷：银行存款　　　　　　　　　　　　　　　　　　　　　　　200

B 公司单体报表会计处理

借：实收资本——甲集团　　　　　　　　　　　　　　　　　　100

　　　贷：实收资本——A 公司　　　　　　　　　　　　　　　　　　100

合并报表抵销：

借：实收资本　　　　　　　　　　　　　　　　　　　　　　　100

　　资本公积　　　　　　　　　　　　　　　　　　　　　　　20

　　未分配利润　　　　　　　　　　　　　　　　　　　　　　30

　　　贷：长期股权投资　　　　　　　　　　　　　　　　　　　　　150

2019 年比较报表的处理：

模拟甲集团 2019 年 12 月 31 日对 B 公司增资：

借：货币资金（货币资金过渡）	200	
贷：资本公积——资本溢价		200

模拟 A 公司自甲集团购入 100% 股权：

借：长期股权投资	200	
贷：货币资金		200

模拟 2019 年 12 月 31 日合并报表对 B 公司权益的抵销：

借：实收资本	100	
资本公积	20	
未分配利润——年初	10	
资本公积——资本溢价	70	
贷：长期股权投资		200

同时，恢复合并前 B 公司实现的留存收益中归属于合并方 A 公司的部分：

借：资本公积——资本溢价	10	
贷：未分配利润——年初		10

最终结果：

在合并报表中 2019 年所有者权益减少 70 万元（200 - 130）。

实务中会遇到形形色色的问题，持续更新准则知识，与同行讨论，寻求准则原文或权威解读，增强职业判断能力是合并财务报表人员永恒的话题。

第7章 合并综合案例

【内容提要】本章根据此前特别是第 6 章合并实务的操作要点，展示一个综合案例。案例基础资料来源于实务，进行了脱敏处理，并对同一控制和非同一控制企业合并进行了模拟。参考了至少两个大型会计师事务所的底稿，但由于套表存在大量公式及表间的勾稽关系难以详细书面描述以及过子公司和更多复杂情况的打印排版存在难度，做出了某些修正。无论如何，一个案例显然完全面面俱到，实务中即使一个多业态具备复杂业务的集团公司也仅涉及部分合并抵销分录，但相信该综合案例能让读者够较为翔实了解合并实务中的常见合并调整和合并底稿的全貌。合并所有者权益变动表采取矩阵结构，可以根据合并资产负债表年初年末以及相关明细变动填列出来，没有新的信息，不列示。

7.1 案例基本情况简介

案例展示 2020 年和 2021 年度两年（年末）合并报表的编制。母公司 2020 年初有三家子公司，分别为子公司 1、子公司 2、子公司 3，2020 年 12 月 31 日从非关联方购进子公司 4，股权 100%，并满足购买日的条件。2021 年末同一控制下购进子公司 5，股权 100%，符合合并日条件。不列示 2020 年初母公司及各子公司资产负债表项目金额（在案例模拟中已经考虑 2020 年初各子公司勾稽关系，直接给定 2020 年末资产负债）。

子公司 1、子公司 2、子公司 3、子公司 5 所得税税率 25%，子公司 5 为高新技术企业，所得税税率 15%，子公司 3 累计亏损较大，预计未来难以有足够的利润和应纳税所得额弥补累计的可以税前抵扣应纳税所得额的负值，因此子公司 3 亏损税前弥补不考虑递延所得税资产问题。其余均考虑。

子公司 2 存在少数股东，母公司占股 60%，其余均 100%。

合并范围内的应收账款均不计提坏账准备。存货没有跌价准备。如果该公司当年计提坏账准备后，当年应纳税所得额的调整只考虑计入信用减值损失的金额，不考虑其他因素。除了子公司 3，其他子公司计提坏账准备确认相应递延所得税资产，并确认递延所得税费用。计提坏账准备后利润总额如果为负数则需要考虑当期应纳税所得额是正是负，以及未来可抵扣金额的情况，斟酌是否确认以及确认多少金额的递延所得税资产。

母公司及子公司记账本位币均为人民币,有外币业务,汇率变动对现金流量表有影响。由于基础资料财务费用明细利息支出、利息收入、手续费以及汇率变动资料不全,给定数据模拟测算后合理性存在疑虑,不予考虑。

部分资料会作为前提单独给出,一些资料在底稿中直接给定。

7.2　2020 年合并抵销及合并报表

2020 年,母公司下属三家子公司,子公司 1、子公司 3 占股 100%,子公司 2 占股 60%,2020 年 12 月 31 日,从非关联方购进子公司 4,占股 100%,构成非同一控制下的企业合并,12 月 31 日股权变更等已经完成,符合购买日条件,全部现金支付,总价款 650 万元。母公司报表已经计入长期股权投资,现金流量表已经计入"投资支付的现金"。

具体资料:

2020 年末母公司、子公司 1、子公司 2、子公司 3 经过复核的资产负债表和 2020 年度的利润及利润分配表、现金流量表如表 7-1~表 7-12 所示。

需要说明的是,财政部最新发布的财务报表格式为 2019 年版。为了核对各种勾稽关系,中介一般会将与单体报表、合并报表审定的各种勾稽关系用套表内设公司的方式格式化为模板,并考虑通用性,以下列示的报表格式与正式对外披露的有所不同,更为详细和具体。在对外披露时,将对应项目填列到财政部发布的正式报表格式即可。

表 7-1　　　　　　　母公司 2020 年 12 月 31 日资产负债表　　　　　单位:元

资产	行次	2020 年 12 月 31 日金额	负债和所有者权益（或股东权益）	行次	2020 年 12 月 31 日金额
流动资产:			流动负债:		
货币资金	1	17 732 717.48	短期借款	66	30 000 000.00
结算备付金	2		向中央银行借款	67	
拆出资金	3		拆入资金	68	
交易性金融资产	4		交易性金融负债	69	
衍生金融资产	5		衍生金融负债	70	
应收票据	6		应付票据	71	
应收账款	7	11 706 285.90	应付账款	72	364 309.74
减:应收账款坏账准备	8	2 242 352.62	预收款项	73	

资产	行次	2020 年 12 月 31 日金额	负债和所有者权益（或股东权益）	行次	2020 年 12 月 31 日金额
应收账款净额	9	9 463 933.28	合同负债	74	
应收款项融资	10		卖出回购金融资产款	75	
预付款项	11	1 271 870.43	吸收存款及同业存放	76	
应收保费	12		代理买卖证券款	77	
应收分保账款	13		代理承销证券款	78	
应收分保合同准备金	14		应付职工薪酬	79	
其他应收款	15	561 645.72	应交税费	80	1 729.66
减：其他应收款坏账准备	16	53 264.72	其他应付款	81	116 031.41
其他应收款净额	17	508 381.00	应付手续费及佣金	82	
买入返售金融资产	18		应付分保账款	83	
存货	19		持有待售负债	84	
减：存货跌价准备	20		一年内到期的非流动负债	85	
存货净额	21		其他流动负债	86	
合同资产	22				
持有待售资产	23				
一年内到期的非流动资产	24				
其他流动资产	25				
流动资产合计	26	28 976 902.19	流动负债合计	87	30 482 070.81
非流动资产：			非流动负债：		
发放贷款及垫款	27		保险合同准备金	88	
债权投资	28		长期借款	89	
其他债权投资	29		应付债券	90	
长期应收款	30		其中：优先股	90－1	
长期股权投资	31	39 500 000.00	永续债	90－2	
减：长期股权投资减值准备	32		租赁负债	91	
长期股权投资净额	33	39 500 000.00	长期应付款	92	
其他权益工具投资	34		长期应付职工薪酬	93	
其他非流动金融资产	35		预计负债	94	
投资性房地产	36		递延收益	95	
减：投资性房地产累计折旧（摊销）	37		递延所得税负债	96	

续表

资产	行次	2020 年 12 月 31 日金额	负债和所有者权益（或股东权益）	行次	2020 年 12 月 31 日金额
减：投资性房地产减值准备	38		其他非流动负债	97	
投资性房地产净额	39		非流动负债合计	98	
固定资产	40	2 487 160.77	负债合计	99	30 482 070.81
减：累计折旧	41	185 697.35			
减：固定资产减值准备	42				
固定资产净额	43	2 301 463.42			
在建工程	44				
减：在建工程减值准备	45				
在建工程净额	46				
生产性生物资产	47				
油气资产	48				
使用权资产	49				
减：使用权资产累计折旧	50		所有者权益（或股东权益）：		
减：使用权资产减值准备	51		实收资本（或股本）	100	40 000 000.00
使用权资产净额	52		其他权益工具	101	
无形资产	53		其中：优先股	101 - 1	
减：累计摊销	54		永续债	101 - 2	
减：无形资产减值准备	55		资本公积	102	
无形资产净额	56		减：库存股	103	
开发支出	57		其他综合收益	104	
商誉	58		专项储备	105	
减：商誉减值准备	59		盈余公积	106	1 607 320.27
商誉净额	60		一般风险准备	107	
长期待摊费用	61		未分配利润	108	- 298 150.51
递延所得税资产	62	1 012 874.96	归属于母公司所有者权益合计	109	41 309 169.76
其他非流动资产	63		少数股东权益	110	
非流动资产合计	64	42 814 338.38	所有者权益（或股东权益）合计	111	41 309 169.76
资产总计	65	71 791 240.57	负债和所有者权益（或股东权益）总计	112	71 791 240.57

表7-2 母公司2020年度利润及利润分配表 单位：元

项目	行次	2020年度金额	项目	行次	2020年度金额
一、营业总收入	1	13 115 033.91	销售费用	16	1 910 447.15
其中：营业收入	2	13 115 033.91	管理费用	17	1 126 558.20
其中：主营业务收入	2-1	13 115 033.91	研发费用	18	
其他业务收入	2-2		财务费用	19	1 436 582.01
利息收入	3		其中：利息费用	19-1	
已赚保费	4		利息收入	19-2	
手续费及佣金收入	5		加：其他收益	20	
二、营业总成本	6	14 888 388.24	投资收益（亏损以"-"号填列）	21	
其中：营业成本	7	10 349 543.10	其中：对联营企业和合营企业的投资收益	21-1	
其中：主营业务成本	7-1	10 349 543.10	以摊余成本计量的金融资产终止确认收益	21-2	
其他业务成本	7-2		汇兑收益（亏损以"-"号填列）	22	
利息支出	8		净敞口套期收益（亏损以"-"号填列）	23	
手续费及佣金支出	9		公允价值变动收益（亏损以"-"号填列）	24	
退保金	10		信用减值损失（亏损以"-"号填列）	25	-21 025.40
赔付支出净额	11		资产减值损失（亏损以"-"号填列）	26	
提取保险合同准备金净额	12		资产处置收益（亏损以"-"号填列）	27	
保单红利支出	13		三、营业利润（亏损以"-"号填列）	28	-1 794 379.73
分保费用	14		加：营业外收入	29	18 864.97
税金及附加	15	65 257.78	减：营业外支出	30	1 393.11

续表

项目	行次	2020 年度金额	项目	行次	2020 年度金额
四、利润总额（亏损总额以"－"号填列）	31	－ 1 776 907.87	七、可供股东分配的利润（亏损以"－"号填列）	49	－ 298 150.51
减：所得税费用	32	－ 444 226.97	减：应付优先股股利	50	
五、净利润（净亏损以"－"号填列）	33	－ 1 332 680.90	提取任意盈余公积	51	
（一）按经营持续性分类	34		应付普通股股利	52	
1. 持续经营净利润	35	－ 1 332 680.90	转作股本的普通股股利	53	
2. 终止经营净利润	36		应付永续债利息	54	
（二）按所有权归属分类	37		权益性交易冲减未分配利润	55	
1. 归属于母公司所有者的净利润	38	－ 1 332 680.90	同一控制下企业合并冲减未分配利润	56	
2. 少数股东损益	39		分公司上交利润	57	
加：年初未分配利润（未弥补亏损以"－"号填列）	40	1 034 530.39	其他减少	58	
其他转入	41		加：盈余公积弥补亏损	59	
六、可供分配的利润（亏损以"－"号填列）	42	－ 298 150.51	设定受益计划变动额结转留存收益	60	
减：提取法定盈余公积	43		其他综合收益结转留存收益	61	
提取一般风险准备	44		其他调整因素	62	
提取职工奖励及福利基金	45		八、未分配利润（未弥补亏损以"－"号表示）	63	－ 298 150.51
提取储备基金	46		九、其他综合收益的税后净额	64	
提取企业发展基金	47		归属于母公司所有者的其他综合收益的税后净额	65	
利润归还投资	48		（一）不能重分类进损益的其他综合收益	66	

续表

项目	行次	2020 年度金额	项目	行次	2020 年度金额
1. 重新计量设定受益计划变动额	67		6. 外币财务报表折算差额	77	
2. 权益法下不能转损益的其他综合收益	68		7. 自用房地产或作为存货的房地产转换为以公允价值模式计量的投资性房地产在转换日公允价值大于账面价值部分	78	
3. 其他权益工具投资公允价值变动	69		8. 一揽子交易处置对子公司股权投资在丧失控制权之前产生的投资收益	79	
4. 企业自身信用风险公允价值变动	70		归属于少数股东的其他综合收益的税后净额	80	
（二）以后将重分类进损益的其他综合收益	71		十、综合收益总额	81	-1 332 680.90
1. 权益法下可转损益的其他综合收益	72		归属于母公司所有者的综合收益总额	82	-1 332 680.90
2. 其他债权投资公允价值变动	73		归属于少数股东的综合收益总额	83	
3. 金融资产重分类计入其他综合收益的金额	74		十一、每股收益	84	
4. 其他债权投资信用减值准备	75		（一）基本每股收益	85	
5. 现金流量套期储备	76		（二）稀释每股收益	86	

表 7 - 3　　　　　　　　　**母公司 2020 年度现金流量表**　　　　　　　单位：元

项目	行次	2020 年度金额
一、经营活动产生的现金流量	1	
销售商品、提供劳务收到的现金	2	18 673 050.36
客户存款和同业存放款项净增加额	3	
向中央银行借款净增加额	4	
向其他金融机构拆入资金净增加额	5	

项目	行次	2020 年度金额
收到原保险合同保费取得的现金	6	
收到再保险业务现金净额	7	
保户储金及投资款净增加额	8	
收取利息、手续费及佣金的现金	9	
拆入资金净增加额	10	
回购业务资金净增加额	11	
代理买卖证券收到的现金净额	12	
收到的税费返还	13	
收到其他与经营活动有关的现金	14	2 149 953.36
经营活动现金流入小计	15	20 823 003.72
购买商品、接受劳务支付的现金	16	8 140 618.76
客户贷款及垫款净增加额	17	
存放中央银行和同业款项净增加额	18	
支付原保险合同赔付款项的现金	19	
为交易目的而持有的金融资产净增加额	20	
拆出资金净增加额	21	
支付利息、手续费及佣金的现金	22	
支付保单红利的现金	23	
支付给职工以及为职工支付的现金	24	2 234 554.63
支付的各项税费	25	275 679.28
支付其他与经营活动有关的现金	26	2 344 576.64
经营活动现金流出小计	27	12 995 429.31
经营活动产生的现金流量净额	28	7 827 574.41
二、投资活动产生的现金流量	29	
收回投资收到的现金	30	
取得投资收益收到的现金	31	
处置固定资产、无形资产和其他长期资产收回的现金净额	32	
处置子公司及其他营业单位收到的现金净额	33	
收到其他与投资活动有关的现金	34	
投资活动现金流入小计	35	
购建固定资产、无形资产和其他长期资产支付的现金	36	613 294.93

续表

项目	行次	2020 年度金额
投资支付的现金	37	6 500 000.00
质押贷款净增加额	38	
取得子公司及其他营业单位支付的现金净额	39	
支付其他与投资活动有关的现金	40	
投资活动现金流出小计	41	7 113 294.93
投资活动产生的现金流量净额	42	– 7 113 294.93
三、筹资活动产生的现金流量	43	
吸收投资收到的现金	44	
其中：子公司吸收少数股东投资收到的现金	45	
取得借款收到的现金	46	30 000 000.00
发行债券收到的现金	47	
收到其他与筹资活动有关的现金	48	
筹资活动现金流入小计	49	30 000 000.00
偿还债务支付的现金	50	30 000 000.00
分配股利、利润或偿付利息支付的现金	51	1 350 000.00
其中：子公司支付给少数股东的股利、利润	52	
支付其他与筹资活动有关的现金	53	
筹资活动现金流出小计	54	31 350 000.00
筹资活动产生的现金流量净额	55	– 1 350 000.00
四、汇率变动对现金及现金等价物的影响	56	30 761.42
五、现金及现金等价物净增加额	57	– 604 959.10
加：期初现金及现金等价物余额	58	15 337 676.58
六、期末现金及现金等价物余额	59	14 732 717.48

表 7 – 4   子公司 1 2020 年 12 月 31 日资产负债表   单位：元

资产	行次	2020 年 12 月 31 日金额	负债和所有者权益（或股东权益）	行次	2020 年 12 月 31 日金额
流动资产：			流动负债：		
货币资金	1	2 072 969.00	短期借款	66	
结算备付金	2		向中央银行借款	67	
拆出资金	3		拆入资金	68	

资产	行次	2020 年 12 月 31 日金额	负债和所有者权益（或股东权益）	行次	2020 年 12 月 31 日金额
交易性金融资产	4		交易性金融负债	69	
衍生金融资产	5		衍生金融负债	70	
应收票据	6		应付票据	71	
应收账款	7	6 280 416.24	应付账款	72	6 197 851.39
减：应收账款坏账准备	8	879 258.27	预收款项	73	
应收账款净额	9	5 401 157.97	合同负债	74	
应收款项融资	10		卖出回购金融资产款	75	
预付款项	11	2 071 850.25	吸收存款及同业存放	76	
应收保费	12		代理买卖证券款	77	
应收分保账款	13		代理承销证券款	78	
应收分保合同准备金	14		应付职工薪酬	79	
其他应收款	15	1 207 781.93	应交税费	80	15 503.98
减：其他应收款坏账准备	16	193 245.11	其他应付款	81	1 040 057.49
其他应收款净额	17	1 014 536.82	应付手续费及佣金	82	
买入返售金融资产	18		应付分保账款	83	
存货	19	5 862.07	持有待售负债	84	
减：存货跌价准备	20		一年内到期的非流动负债	85	
存货净额	21	5 862.07	其他流动负债	86	
合同资产	22				
持有待售资产	23				
一年内到期的非流动资产	24				
其他流动资产	25				
流动资产合计	26	10 566 376.11	流动负债合计	87	7 253 412.86
非流动资产：			非流动负债：		
发放贷款及垫款	27		保险合同准备金	88	
债权投资	28		长期借款	89	
其他债权投资	29		应付债券	90	
长期应收款	30		其中：优先股	90 - 1	
长期股权投资	31		永续债	90 - 2	

续表

资产	行次	2020 年 12 月 31 日 金额	负债和所有者权益 （或股东权益）	行次	2020 年 12 月 31 日 金额
减：长期股权投资减值准备	32		租赁负债	91	
长期股权投资净额	33		长期应付款	92	
其他权益工具投资	34		长期应付职工薪酬	93	
其他非流动金融资产	35		预计负债	94	
投资性房地产	36		递延收益	95	
减：投资性房地产累计折旧（摊销）	37		递延所得税负债	96	
减：投资性房地产减值准备	38		其他非流动负债	97	
投资性房地产净额	39		非流动负债合计	98	
固定资产	40	132 570.41	负债合计	99	7 253 412.86
减：累计折旧	41	92 799.29			
减：固定资产减值准备	42				
固定资产净额	43	39 771.12			
在建工程	44				
减：在建工程减值准备	45				
在建工程净额	46				
生产性生物资产	47				
油气资产	48				
使用权资产	49				
减：使用权资产累计折旧	50		所有者权益（或股东权益）：		
减：使用权资产减值准备	51		实收资本（或股本）	100	3 000 000.00
使用权资产净额	52		其他权益工具	101	
无形资产	53		其中：优先股	101 - 1	
减：累计摊销	54		永续债	101 - 2	
减：无形资产减值准备	55		资本公积	102	
无形资产净额	56		减：库存股	103	
开发支出	57		其他综合收益	104	
商誉	58		专项储备	105	

续表

资产	行次	2020 年 12 月 31 日金额	负债和所有者权益（或股东权益）	行次	2020 年 12 月 31 日金额
减：商誉减值准备	59		盈余公积	106	174 708.22
商誉净额	60		一般风险准备	107	
长期待摊费用	61		未分配利润	108	830 702.80
递延所得税资产	62	652 676.65	归属于母公司所有者权益合计	109	4 005 411.02
其他非流动资产	63		少数股东权益	110	
非流动资产合计	64	692 447.77	所有者权益（或股东权益）合计	111	4 005 411.02
资产总计	65	11 258 823.88	负债和所有者权益（或股东权益）总计	112	11 258 823.88

表 7 - 5　　　　　子公司 1　2020 年度利润及利润分配表　　　单位：元

项目	行次	2020 年度金额	项目	行次	2020 年度金额
一、营业总收入	1	27 515 832.37	赔付支出净额	11	
其中：营业收入	2	27 515 832.37	提取保险合同准备金净额	12	
其中：主营业务收入	2 - 1	27 515 832.37	保单红利支出	13	
其他业务收入	2 - 2		分保费用	14	
利息收入	3		税金及附加	15	16 396.85
已赚保费	4		销售费用	16	4 821 851.74
手续费及佣金收入	5		管理费用	17	2 843 363.95
二、营业总成本	6	29 054 970.10	研发费用	18	
其中：营业成本	7	20 993 126.42	财务费用	19	380 231.14
其中：主营业务成本	7 - 1	20 993 126.42	其中：利息费用	19 - 1	
其他业务成本	7 - 2		利息收入	19 - 2	
利息支出	8		加：其他收益	20	
手续费及佣金支出	9		投资收益（亏损以"-"号填列）	21	
退保金	10		其中：对联营企业和合营企业的投资收益	21 - 1	

续表

项目	行次	2020 年度金额	项目	行次	2020 年度金额
以摊余成本计量的金融资产终止确认收益	21－2		2. 少数股东损益	39	
汇兑收益（亏损以"－"号填列）	22		加：年初未分配利润（未弥补亏损以"－"号填列）	40	2 011 167.78
净敞口套期收益（亏损以"－"号填列）	23		其他转入	41	
公允价值变动收益（亏损以"－"号填列）	24		六、可供分配的利润（亏损以"－"号填列）	42	857 515.39
信用减值损失（亏损以"－"号填列）	25		减：提取法定盈余公积	43	26 812.59
资产减值损失（亏损以"－"号填列）	26		提取一般风险准备	44	
资产处置收益（亏损以"－"号填列）	27		提取职工奖励及福利基金	45	
三、营业利润（亏损以"－"号填列）	28	－1 539 137.73	提取储备基金	46	
加：营业外收入	29	945.63	提取企业发展基金	47	
减：营业外支出	30	11.09	利润归还投资	48	
四、利润总额（亏损总额以"－"号填列）	31	－1 538 203.19	七、可供股东分配的利润（亏损以"－"号填列）	49	830 702.80
减：所得税费用	32	－384 550.80	减：应付优先股股利	50	
五、净利润（净亏损以"－"号填列）	33	－1 153 652.39	提取任意盈余公积	51	
（一）按经营持续性分类	34		应付普通股股利	52	
1. 持续经营净利润	35	－1 153 652.39	转作股本的普通股股利	53	
2. 终止经营净利润	36		应付永续债利息	54	
（二）按所有权归属分类	37		权益性交易冲减未分配利润	55	
1. 归属于母公司所有者的净利润	38	－1 153 652.39	同一控制下企业合并冲减未分配利润	56	

项目	行次	2020 年度 金额	项目	行次	2020 年度 金额
分公司上交利润	57		1. 权益法下可转损益的其他综合收益	72	
其他减少	58		2. 其他债权投资公允价值变动	73	
加：盈余公积弥补亏损	59		3. 金融资产重分类计入其他综合收益的金额	74	
设定受益计划变动额结转留存收益	60		4. 其他债权投资信用减值准备	75	
其他综合收益结转留存收益	61		5. 现金流量套期储备	76	
其他调整因素	62		6. 外币财务报表折算差额	77	
八、未分配利润（未弥补亏损以"－"号表示）	63	830 702.80	7. 自用房地产或作为存货的房地产转换为以公允价值模式计量的投资性房地产在转换日公允价值大于账面价值部分	78	
九、其他综合收益的税后净额	64		8. 一揽子交易处置对子公司股权投资在丧失控制权之前产生的投资收益	79	
归属于母公司所有者的其他综合收益的税后净额	65		归属于少数股东的其他综合收益的税后净额	80	
（一）不能重分类进损益的其他综合收益	66		十、综合收益总额	81	－1 153 652.39
1. 重新计量设定受益计划变动额	67		归属于母公司所有者的综合收益总额	82	－1 153 652.39
2. 权益法下不能转损益的其他综合收益	68		归属于少数股东的综合收益总额	83	
3. 其他权益工具投资公允价值变动	69		十一、每股收益	84	
4. 企业自身信用风险公允价值变动	70		（一）基本每股收益	85	
（二）以后将重分类进损益的其他综合收益	71		（二）稀释每股收益	86	

表 7 – 6   子公司 1   2020 年度现金流量表   单位：元

项目	行次	2020 年度金额
一、经营活动产生的现金流量	1	
销售商品、提供劳务收到的现金	2	31 560 406.71
客户存款和同业存放款项净增加额	3	
向中央银行借款净增加额	4	
向其他金融机构拆入资金净增加额	5	
收到原保险合同保费取得的现金	6	
收到再保险业务现金净额	7	
保户储金及投资款净增加额	8	
收取利息、手续费及佣金的现金	9	
拆入资金净增加额	10	
回购业务资金净增加额	11	
代理买卖证券收到的现金净额	12	
收到的税费返还	13	
收到其他与经营活动有关的现金	14	5 248 044.77
经营活动现金流入小计	15	36 808 451.48
购买商品、接受劳务支付的现金	16	24 171 514.74
客户贷款及垫款净增加额	17	
存放中央银行和同业款项净增加额	18	
支付原保险合同赔付款项的现金	19	
为交易目的而持有的金融资产净增加额	20	
拆出资金净增加额	21	
支付利息、手续费及佣金的现金	22	
支付保单红利的现金	23	
支付给职工以及为职工支付的现金	24	4 512 016.09
支付的各项税费	25	453 215.90
支付其他与经营活动有关的现金	26	7 373 504.92
经营活动现金流出小计	27	36 510 251.65
经营活动产生的现金流量净额	28	298 199.83
二、投资活动产生的现金流量	29	
收回投资收到的现金	30	

项目	行次	2020 年度金额
取得投资收益收到的现金	31	
处置固定资产、无形资产和其他长期资产收回的现金净额	32	
处置子公司及其他营业单位收到的现金净额	33	
收到其他与投资活动有关的现金	34	
投资活动现金流入小计	35	
购建固定资产、无形资产和其他长期资产支付的现金	36	
投资支付的现金	37	
质押贷款净增加额	38	
取得子公司及其他营业单位支付的现金净额	39	
支付其他与投资活动有关的现金	40	
投资活动现金流出小计	41	
投资活动产生的现金流量净额	42	
三、筹资活动产生的现金流量	43	
吸收投资收到的现金	44	
其中：子公司吸收少数股东投资收到的现金	45	
取得借款收到的现金	46	
发行债券收到的现金	47	
收到其他与筹资活动有关的现金	48	
筹资活动现金流入小计	49	
偿还债务支付的现金	50	
分配股利、利润或偿付利息支付的现金	51	
其中：子公司支付给少数股东的股利、利润	52	
支付其他与筹资活动有关的现金	53	
筹资活动现金流出小计	54	
筹资活动产生的现金流量净额	55	
四、汇率变动对现金及现金等价物的影响	56	− 49 804.03
五、现金及现金等价物净增加额	57	248 395.80
加：期初现金及现金等价物余额	58	1 824 573.20
六、期末现金及现金等价物余额	59	2 072 969.00

表 7 –7　　　　　　　　子公司 2　2020 年 12 月 31 日资产负债表　　　　　　单位：元

资产	行次	2020 年 12 月 31 日金额	负债和所有者权益（或股东权益）	行次	2020 年 12 月 31 日金额
流动资产：			流动负债：		
货币资金	1	4 521 261.93	短期借款	66	4 000 000.00
结算备付金	2		向中央银行借款	67	
拆出资金	3		拆入资金	68	
交易性金融资产	4		交易性金融负债	69	
衍生金融资产	5		衍生金融负债	70	
应收票据	6		应付票据	71	
应收账款	7	8 567 901.57	应付账款	72	9 684 142.80
减：应收账款坏账准备	8	1 059 506.22	预收款项	73	
应收账款净额	9	7 508 395.35	合同负债	74	
应收款项融资	10		卖出回购金融资产款	75	
预付款项	11	2 496 579.55	吸收存款及同业存放	76	
应收保费	12		代理买卖证券款	77	
应收分保账款	13		代理承销证券款	78	
应收分保合同准备金	14		应付职工薪酬	79	
其他应收款	15	2 455 377.23	应交税费	80	19 379.98
减：其他应收款坏账准备	16	232 860.36	其他应付款	81	1 300 071.86
其他应收款净额	17	2 222 516.87	应付手续费及佣金	82	
买入返售金融资产	18		应付分保账款	83	
存货	19	2 938 098.79	持有待售负债	84	
减：存货跌价准备	20		一年内到期的非流动负债	85	
存货净额	21	2 938 098.79	其他流动负债	86	
合同资产	22				
持有待售资产	23				
一年内到期的非流动资产	24				
其他流动资产	25				
流动资产合计	26	19 686 852.49	流动负债合计	87	15 003 594.64
非流动资产：			非流动负债：		

续表

资产	行次	2020 年 12 月 31 日金额	负债和所有者权益（或股东权益）	行次	2020 年 12 月 31 日金额
发放贷款及垫款	27		保险合同准备金	88	
债权投资	28		长期借款	89	
其他债权投资	29		应付债券	90	
长期应收款	30		其中：优先股	90－1	
长期股权投资	31		永续债	90－2	
减：长期股权投资减值准备	32		租赁负债	91	
长期股权投资净额	33		长期应付款	92	
其他权益工具投资	34		长期应付职工薪酬	93	
其他非流动金融资产	35		预计负债	94	
投资性房地产	36		递延收益	95	
减：投资性房地产累计折旧（摊销）	37		递延所得税负债	96	
减：投资性房地产减值准备	38		其他非流动负债	97	
投资性房地产净额	39		非流动负债合计	98	
固定资产	40	2 129 747.34	负债合计	99	15 003 594.64
减：累计折旧	41	811 823.14			
减：固定资产减值准备	42				
固定资产净额	43	1 317 924.20			
在建工程	44				
减：在建工程减值准备	45				
在建工程净额	46				
生产性生物资产	47				
油气资产	48				
使用权资产	49				
减：使用权资产累计折旧	50		所有者权益（或股东权益）：		
减：使用权资产减值准备	51		实收资本（或股本）	100	5 000 000.00
使用权资产净额	52		其他权益工具	101	
无形资产	53		其中：优先股	101－1	

续表

资产	行次	2020年12月31日金额	负债和所有者权益（或股东权益）	行次	2020年12月31日金额
减：累计摊销	54		永续债	101-2	
减：无形资产减值准备	55		资本公积	102	
无形资产净额	56		减：库存股	103	
开发支出	57		其他综合收益	104	
商誉	58		专项储备	105	
减：商誉减值准备	59		盈余公积	106	582 543.83
商誉净额	60		一般风险准备	107	
长期待摊费用	61	2 747 222.26	未分配利润	108	3 488 952.13
递延所得税资产	62	323 091.65	归属于母公司所有者权益合计	109	9 071 495.96
其他非流动资产	63		少数股东权益	110	
非流动资产合计	64	4 388 238.11	所有者权益（或股东权益）合计	111	9 071 495.96
资产总计	65	24 075 090.60	负债和所有者权益（或股东权益）总计	112	24 075 090.60

表7-8　　　　　子公司2　2020年度利润及利润分配表　　　　单位：元

项目	行次	2020年度金额	项目	行次	2020年度金额
一、营业总收入	1	36 511 005.61	其他业务成本	7-2	
其中：营业收入	2	36 511 005.61	利息支出	8	
其中：主营业务收入	2-1	36 511 005.61	手续费及佣金支出	9	
其他业务收入	2-2		退保金	10	
利息收入	3		赔付支出净额	11	
已赚保费	4		提取保险合同准备金净额	12	
手续费及佣金收入	5		保单红利支出	13	
二、营业总成本	6	34 393 476.32	分保费用	14	
其中：营业成本	7	25 540 426.54	税金及附加	15	18 085.73
其中：主营业务成本	7-1	25 540 426.54	销售费用	16	5 318 502.47

续表

项目	行次	2020 年度金额	项目	行次	2020 年度金额
管理费用	17	3 136 230.44	四、利润总额（亏损总额以"－"号填列）	31	2 125 990.66
研发费用	18		减：所得税费用	32	533 355.30
财务费用	19	380 231.14	五、净利润（净亏损以"－"号填列）	33	1 592 635.36
其中：利息费用	19－1		（一）按经营持续性分类	34	
利息收入	19－2		1. 持续经营净利润	35	1 592 635.36
加：其他收益	20		2. 终止经营净利润	36	
投资收益（亏损以"－"号填列）	21		（二）按所有权归属分类	37	
其中：对联营企业和合营企业的投资收益	21－1		1. 归属于母公司所有者的净利润	38	1 592 635.36
以摊余成本计量的金融资产终止确认收益	21－2		2. 少数股东损益	39	
汇兑收益（亏损以"－"号填列）	22		加：年初未分配利润（未弥补亏损以"－"号填列）	40	2 247 524.54
净敞口套期收益（亏损以"－"号填列）	23		其他转入	41	
公允价值变动收益（亏损以"－"号填列）	24		六、可供分配的利润（亏损以"－"号填列）	42	3 840 159.90
信用减值损失（亏损以"－"号填列）	25	7 430.57	减：提取法定盈余公积	43	351 207.77
资产减值损失（亏损以"－"号填列）	26		提取一般风险准备	44	
资产处置收益（亏损以"－"号填列）	27		提取职工奖励及福利基金	45	
三、营业利润（亏损以"－"号填列）	28	2 124 959.86	提取储备基金	46	
加：营业外收入	29	1 043.03	提取企业发展基金	47	
减：营业外支出	30	12.23	利润归还投资	48	

项目	行次	2020 年度金额	项目	行次	2020 年度金额
七、可供股东分配的利润（亏损以"－"号填列）	49	3 488 952.13	九、其他综合收益的税后净额	64	
减：应付优先股股利	50		归属于母公司所有者的其他综合收益的税后净额	65	
提取任意盈余公积	51		（一）不能重分类进损益的其他综合收益	66	
应付普通股股利	52		1. 重新计量设定受益计划变动额	67	
转作股本的普通股股利	53		2. 权益法下不能转损益的其他综合收益	68	
应付永续债利息	54		3. 其他权益工具投资公允价值变动	69	
权益性交易冲减未分配利润	55		4. 企业自身信用风险公允价值变动	70	
同一控制下企业合并冲减未分配利润	56		（二）以后将重分类进损益的其他综合收益	71	
分公司上交利润	57		1. 权益法下可转损益的其他综合收益	72	
其他减少	58		2. 其他债权投资公允价值变动	73	
加：盈余公积弥补亏损	59		3. 金融资产重分类计入其他综合收益的金额	74	
设定受益计划变动额结转留存收益	60		4. 其他债权投资信用减值准备	75	
其他综合收益结转留存收益	61		5. 现金流量套期储备	76	
其他调整因素	62		6. 外币财务报表折算差额	77	
八、未分配利润（未弥补亏损以"－"号表示）	63	3 488 952.13	7. 自用房地产或作为存货的房地产转换为以公允价值模式计量的投资性房地产在转换日公允价值大于账面价值部分	78	

项目	行次	2020 年度金额	项目	行次	2020 年度金额
8. 一揽子交易处置对子公司股权投资在丧失控制权之前产生的投资收益	79		归属于少数股东的综合收益总额	83	
归属于少数股东的其他综合收益的税后净额	80		十一、每股收益	84	
十、综合收益总额	81	1 592 635.36	（一）基本每股收益	85	
归属于母公司所有者的综合收益总额	82	1 592 635.36	（二）稀释每股收益	86	

表 7 - 9　　　　　　　　　子公司 2　2020 年度现金流量表　　　　　单位：元

项目	行次	2020 年度金额
一、经营活动产生的现金流量	1	
销售商品、提供劳务收到的现金	2	45 762 589.73
客户存款和同业存放款项净增加额	3	
向中央银行借款净增加额	4	
向其他金融机构拆入资金净增加额	5	
收到原保险合同保费取得的现金	6	
收到再保险业务现金净额	7	
保户储金及投资款净增加额	8	
收取利息、手续费及佣金的现金	9	
拆入资金净增加额	10	
回购业务资金净增加额	11	
代理买卖证券收到的现金净额	12	
收到的税费返还	13	
收到其他与经营活动有关的现金	14	7 221 676.11
经营活动现金流入小计	15	52 984 265.84
购买商品、接受劳务支付的现金	16	38 210 154.69
客户贷款及垫款净增加额	17	
存放中央银行和同业款项净增加额	18	
支付原保险合同赔付款项的现金	19	

续表

项目	行次	2020 年度金额
为交易目的而持有的金融资产净增加额	20	
拆出资金净增加额	21	
支付利息、手续费及佣金的现金	22	
支付保单红利的现金	23	
支付给职工以及为职工支付的现金	24	5 053 458.02
支付的各项税费	25	1 019 735.78
支付其他与经营活动有关的现金	26	6 190 423.57
经营活动现金流出小计	27	50 473 772.06
经营活动产生的现金流量净额	28	2 510 493.78
二、投资活动产生的现金流量	29	
收回投资收到的现金	30	
取得投资收益收到的现金	31	
处置固定资产、无形资产和其他长期资产收回的现金净额	32	
处置子公司及其他营业单位收到的现金净额	33	
收到其他与投资活动有关的现金	34	
投资活动现金流入小计	35	
购建固定资产、无形资产和其他长期资产支付的现金	36	500 091.55
投资支付的现金	37	
质押贷款净增加额	38	
取得子公司及其他营业单位支付的现金净额	39	
支付其他与投资活动有关的现金	40	
投资活动现金流出小计	41	500 091.55
投资活动产生的现金流量净额	42	−500 091.55
三、筹资活动产生的现金流量	43	
吸收投资收到的现金	44	
其中：子公司吸收少数股东投资收到的现金	45	
取得借款收到的现金	46	4 000 000.00
发行债券收到的现金	47	
收到其他与筹资活动有关的现金	48	
筹资活动现金流入小计	49	4 000 000.00
偿还债务支付的现金	50	4 000 000.00

项目	行次	2020 年度金额
分配股利、利润或偿付利息支付的现金	51	180 000.00
其中：子公司支付给少数股东的股利、利润	52	
支付其他与筹资活动有关的现金	53	
筹资活动现金流出小计	54	4 180 000.00
筹资活动产生的现金流量净额	55	− 180 000.00
四、汇率变动对现金及现金等价物的影响	56	− 133 713.50
五、现金及现金等价物净增加额	57	1 696 688.73
加：期初现金及现金等价物余额	58	2 824 573.20
六、期末现金及现金等价物余额	59	4 521 261.93

表 7 – 10　　　　子公司 3　2020 年 12 月 31 日资产负债表　　　　单位：元

资产	行次	2020 年 12 月 31 日金额	负债和所有者权益（或股东权益）	行次	2020 年 12 月 31 日金额
流动资产：			流动负债：		
货币资金	1	18 446 748.67	短期借款	66	24 000 000.00
结算备付金	2		向中央银行借款	67	
拆出资金	3		拆入资金	68	
交易性金融资产	4		交易性金融负债	69	
衍生金融资产	5		衍生金融负债	70	
应收票据	6		应付票据	71	
应收账款	7	30 434 608.27	应付账款	72	41 157 606.90
减：应收账款坏账准备	8	4 322 785.38	预收款项	73	
应收账款净额	9	26 111 822.89	合同负债	74	
应收款项融资	10		卖出回购金融资产款	75	
预付款项	11	10 186 044.56	吸收存款及同业存放	76	
应收保费	12		代理买卖证券款	77	
应收分保账款	13		代理承销证券款	78	
应收分保合同准备金	14		应付职工薪酬	79	
其他应收款	15	10 017 939.10	应交税费	80	82 364.92
减：其他应收款坏账准备	16	950 070.27	其他应付款	81	5 525 305.41

续表

资产	行次	2020 年 12 月 31 日金额	负债和所有者权益（或股东权益）	行次	2020 年 12 月 31 日金额
其他应收款净额	17	9 067 868.83	应付手续费及佣金	82	
买入返售金融资产	18		应付分保账款	83	
存货	19	11 987 443.06	持有待售负债	84	
减：存货跌价准备	20		一年内到期的非流动负债	85	
存货净额	21	11 987 443.06	其他流动负债	86	
合同资产	22				
持有待售资产	23				
一年内到期的非流动资产	24				
其他流动资产	25				
流动资产合计	26	75 799 928.01	流动负债合计	87	70 765 277.23
非流动资产：			非流动负债：		
发放贷款及垫款	27		保险合同准备金	88	
债权投资	28		长期借款	89	
其他债权投资	29		应付债券	90	
长期应收款	30		其中：优先股	90 - 1	
长期股权投资	31		永续债	90 - 2	
减：长期股权投资减值准备	32		租赁负债	91	
长期股权投资净额	33		长期应付款	92	
其他权益工具投资	34		长期应付职工薪酬	93	
其他非流动金融资产	35		预计负债	94	
投资性房地产	36		递延收益	95	
减：投资性房地产累计折旧（摊销）	37		递延所得税负债	96	
减：投资性房地产减值准备	38		其他非流动负债	97	
投资性房地产净额	39		非流动负债合计	98	
固定资产	40	8 689 369.15	负债合计	99	70 765 277.23

资产	行次	2020 年 12 月 31 日金额	负债和所有者权益（或股东权益）	行次	2020 年 12 月 31 日金额
减：累计折旧	41	3 312 238.41			
减：固定资产减值准备	42				
固定资产净额	43	5 377 130.74			
在建工程	44				
减：在建工程减值准备	45				
在建工程净额	46				
生产性生物资产	47				
油气资产	48				
使用权资产	49				
减：使用权资产累计折旧	50		所有者权益（或股东权益）：		
减：使用权资产减值准备	51		实收资本（或股本）	100	25 000 000.00
使用权资产净额	52		其他权益工具	101	
无形资产	53		其中：优先股	101－1	
减：累计摊销	54		永续债	101－2	
减：无形资产减值准备	55		资本公积	102	
无形资产净额	56		减：库存股	103	
开发支出	57		其他综合收益	104	
商誉	58		专项储备	105	
减：商誉减值准备	59		盈余公积	106	
商誉净额	60		一般风险准备	107	
长期待摊费用	61		未分配利润	108	－14 588 218.48
递延所得税资产	62		归属于母公司所有者权益合计	109	10 411 781.52
其他非流动资产	63		少数股东权益	110	
非流动资产合计	64	5 377 130.74	所有者权益（或股东权益）合计	111	10 411 781.52
资产总计	65	81 177 058.75	负债和所有者权益（或股东权益）总计	112	81 177 058.75

表 7 - 11　　　　　**子公司 3　2020 年度利润及利润分配表**　　　　单位：元

项目	行次	2020 年度金额	项目	行次	2020 年度金额
一、营业总收入	1	223 191 777.29	销售费用	16	32 512 005.60
其中：营业收入	2	223 191 777.29	管理费用	17	19 171 776.68
其中：主营业务收入	2 - 1	223 191 777.29	研发费用	18	
其他业务收入	2 - 2		财务费用	19	2 324 352.96
利息收入	3		其中：利息费用	19 - 1	
已赚保费	4		利息收入	19 - 2	
手续费及佣金收入	5		加：其他收益	20	
二、营业总成本	6	231 247 320.75	投资收益（亏损以"-"号填列）	21	
其中：营业成本	7	176 128 627.44	其中：对联营企业和合营企业的投资收益	21 - 1	
其中：主营业务成本	7 - 1	176 128 627.44	以摊余成本计量的金融资产终止确认收益	21 - 2	
其他业务成本	7 - 2		汇兑收益（亏损以"-"号填列）	22	
利息支出	8		净敞口套期收益（亏损以"-"号填列）	23	
手续费及佣金支出	9		公允价值变动收益（亏损以"-"号填列）	24	
退保金	10		信用减值损失（亏损以"-"号填列）	25	- 907 430.57
赔付支出净额	11		资产减值损失（亏损以"-"号填列）	26	
提取保险合同准备金净额	12		资产处置收益（亏损以"-"号填列）	27	
保单红利支出	13		三、营业利润（亏损以"-"号填列）	28	- 8 962 974.03
分保费用	14		加：营业外收入	29	321 043.03
税金及附加	15	1 110 558.07	减：营业外支出	30	23 712.23

项目	行次	2020 年度金额	项目	行次	2020 年度金额
四、利润总额（亏损总额以"－"号填列）	31	－8 665 643.23	提取企业发展基金	47	
减：所得税费用	32		利润归还投资	48	
五、净利润（净亏损以"－"号填列）	33	－8 665 643.23	七、可供股东分配的利润（亏损以"－"号填列）	49	－14 588 218.48
（一）按经营持续性分类	34		减：应付优先股股利	50	
1. 持续经营净利润	35	－8 665 643.23	提取任意盈余公积	51	
2. 终止经营净利润	36		应付普通股股利	52	
（二）按所有权归属分类	37		转作股本的普通股股利	53	
1. 归属于母公司所有者的净利润	38	－8 665 643.23	应付永续债利息	54	
2. 少数股东损益	39		权益性交易冲减未分配利润	55	
加：年初未分配利润（未弥补亏损以"－"号填列）	40	－5 922 575.25	同一控制下企业合并冲减未分配利润	56	
其他转入	41		分公司上交利润	57	
六、可供分配的利润（亏损以"－"号填列）	42	－14 588 218.48	其他减少	58	
减：提取法定盈余公积	43		加：盈余公积弥补亏损	59	
提取一般风险准备	44		设定受益计划变动额结转留存收益	60	
提取职工奖励及福利基金	45		其他综合收益结转留存收益	61	
提取储备基金	46		其他调整因素	62	

续表

项目	行次	2020 年度金额	项目	行次	2020 年度金额
八、未分配利润(未弥补亏损以"－"号表示)	63	－ 14 588 218.48	4. 其他债权投资信用减值准备	75	
九、其他综合收益的税后净额	64		5. 现金流量套期储备	76	
归属于母公司所有者的其他综合收益的税后净额	65		6. 外币财务报表折算差额	77	
(一) 不能重分类进损益的其他综合收益	66		7. 自用房地产或作为存货的房地产转换为以公允价值模式计量的投资性房地产在转换日公允价值大于账面价值部分	78	
1. 重新计量设定受益计划变动额	67		8. 一揽子交易处置对子公司股权投资在丧失控制权之前产生的投资收益	79	
2. 权益法下不能转损益的其他综合收益	68		归属于少数股东的其他综合收益的税后净额	80	
3. 其他权益工具投资公允价值变动	69		十、综合收益总额	81	－ 8 665 643.23
4. 企业自身信用风险公允价值变动	70		归属于母公司所有者的综合收益总额	82	－ 8 665 643.23
(二) 以后将重分类进损益的其他综合收益	71		归属于少数股东的综合收益总额	83	
1. 权益法下可转损益的其他综合收益	72		十一、每股收益	84	
2. 其他债权投资公允价值变动	73		(一) 基本每股收益	85	
3. 金融资产重分类计入其他综合收益的金额	74		(二) 稀释每股收益	86	

表7−12 　　　　　　　　子公司3　2020年度现金流量表 　　　　　　单位：元

项目	行次	2020年度金额
一、经营活动产生的现金流量	1	
销售商品、提供劳务收到的现金	2	173 050 358.92
客户存款和同业存放款项净增加额	3	
向中央银行借款净增加额	4	
向其他金融机构拆入资金净增加额	5	
收到原保险合同保费取得的现金	6	
收到再保险业务现金净额	7	
保户储金及投资款净增加额	8	
收取利息、手续费及佣金的现金	9	
拆入资金净增加额	10	
回购业务资金净增加额	11	
代理买卖证券收到的现金净额	12	
收到的税费返还	13	
收到其他与经营活动有关的现金	14	15 309 953.36
经营活动现金流入小计	15	188 360 312.28
购买商品、接受劳务支付的现金	16	142 840 618.76
客户贷款及垫款净增加额	17	
存放中央银行和同业款项净增加额	18	
支付原保险合同赔付款项的现金	19	
为交易目的而持有的金融资产净增加额	20	
拆出资金净增加额	21	
支付利息、手续费及佣金的现金	22	
支付保单红利的现金	23	
支付给职工以及为职工支付的现金	24	21 224 523.68
支付的各项税费	25	5 098 678.90
支付其他与经营活动有关的现金	26	8 823 358.36
经营活动现金流出小计	27	177 987 179.70

续表

项目	行次	2020 年度金额
经营活动产生的现金流量净额	28	10 373 132.58
二、投资活动产生的现金流量	29	
收回投资收到的现金	30	
取得投资收益收到的现金	31	
处置固定资产、无形资产和其他长期资产收回的现金净额	32	
处置子公司及其他营业单位收到的现金净额	33	
收到其他与投资活动有关的现金	34	
投资活动现金流入小计	35	
购建固定资产、无形资产和其他长期资产支付的现金	36	3 591 443.38
投资支付的现金	37	
质押贷款净增加额	38	
取得子公司及其他营业单位支付的现金净额	39	
支付其他与投资活动有关的现金	40	
投资活动现金流出小计	41	3 591 443.38
投资活动产生的现金流量净额	42	– 3 591 443.38
三、筹资活动产生的现金流量	43	
吸收投资收到的现金	44	
其中：子公司吸收少数股东投资收到的现金	45	
取得借款收到的现金	46	24 000 000.00
发行债券收到的现金	47	
收到其他与筹资活动有关的现金	48	
筹资活动现金流入小计	49	24 000 000.00
偿还债务支付的现金	50	24 000 000.00
分配股利、利润或偿付利息支付的现金	51	1 080 000.00
其中：子公司支付给少数股东的股利、利润	52	
支付其他与筹资活动有关的现金	53	
筹资活动现金流出小计	54	25 080 000.00

续表

项目	行次	2020 年度金额
筹资活动产生的现金流量净额	55	– 1 080 000.00
四、汇率变动对现金及现金等价物的影响	56	– 795 898.55
五、现金及现金等价物净增加额	57	4 905 790.65
加：期初现金及现金等价物余额	58	13 540 958.02
六、期末现金及现金等价物余额	59	18 446 748.67

母公司、子公司 1～子公司 3 2020 年度报表相关项目说明：

1. 表 7 – 1 母公司资产负债表递延所得税资产 1 012 874.96 元的构成。

（1）应收账款坏账准备余额 2 242 352.62 元 + 其他应收款坏账准备余额 53 264.72 元，计 2 295 617.34 元，按照 25% 的适用税率确认递延所得税资产 573 904.34 元。

（2）本年利润总额 – 1 776 907.87 元，本年计提坏账准备 21 025.40 元，不考虑其他纳税调整因素，则本年应纳税所得额 – 1 755 882.47 元，即未来可税前抵扣的金额 1 755 882.47 元，按照 25% 的适用税率确认递延所得税资产 438 970.62 元。

（3）以上两项计 1 012 874.96 元。

2. 表 7 – 2 母公司利润及利润分配表所得税费用 – 444 226.97 元的构成。

（1）本年计提坏账准备 21 025.40 元即计入资产减值损失的金额（发生额）按照适用税率确认递延所得税费用 – 5 256.35 元。

（2）以上 1（2）同时确认递延所得税费用 – 438 970.62 元。

（3）以上两项计 – 444 226.97 元。

经过以上会计处理后，所得税费用 – 444 226.97 元与利润总额 – 1 776 907.87 元符合适用税率 25%，体现和维护了会计确认基础权责发生制。

3. 表 7 – 1 母公司资产负债表货币资项目金额 17 732 717.48 元与表 7 – 3 现金流量表期末现金及现金等价物余额 14 732 717.48 元相差 3 000 000 元，为母公司短期借款 3 000 万元按照 10% 抵押给银行，无法随时动用的金额。

4. 表 7 – 7 子公司 2 资产负债表和表 7 – 8 利润及利润分配表中，涉及"少数股东权益、少数股东损益"相关项目金额为 0，净利润全部填列在"归属于母公司所有者权益、归属于母公司所有者的净利润"没有错误。子公司 2 虽然案例母公司占比 60%，其他"少数"股东占比 40%。但"归母和少数股东权益或损益"只在合并报表中出现，案例子公司 2 是最底层的法人公司，在单体报表中不会出现。对本层而言没有少数股东问题，假如有下层子公司且对下层子公司持股不为 100%，在本层在编制合并报表时考虑"归母或少数股东权益或损益"问题。

5. 表 7 - 10 子公司 3 资产负债表和表 7 - 11 利润及利润分配表没有考虑递延所得税资产和递延所得税费用，因为该公司亏损严重，难以预计未来可以税前弥补，包括计提坏账准备等减值准备即使产生"暂时性差异"，由于未来可抵扣难以确定，均不确认递延所得税资产。

2020 年 12 月 31 日，母公司采用收购股权的方式 100% 控股子公司 4，母公司收购该子公司的目的在于取得某项资质，该资质直接申请难度较大，且需要较长时间，取得该资质能突破母公司的某种瓶颈。该资质子公司 4 账面计入无形资产。

子公司 4 购买日的资产负债表如表 7 - 13 所示。

表 7 - 13　　　子公司 4　2020 年 12 月 31 日的资产负债表　　单位：元

资产	行次	2020 年 12 月 31 日金额	负债和所有者权益（或股东权益）	行次	2020 年 12 月 31 日金额
流动资产：			流动负债：		
货币资金	1	363 612.91	短期借款	66	
结算备付金	2		向中央银行借款	67	
拆出资金	3		拆入资金	68	
交易性金融资产	4		交易性金融负债	69	
衍生金融资产	5		衍生金融负债	70	
应收票据	6		应付票据	71	
应收账款	7	243 476.87	应付账款	72	364 309.74
减：应收账款坏账准备	8	34 582.28	预收款项	73	
应收账款净额	9	208 894.59	合同负债	74	
应收款项融资	10		卖出回购金融资产款	75	
预付款项	11	181 488.36	吸收存款及同业存放	76	
应收保费	12		代理买卖证券款	77	
应收分保账款	13		代理承销证券款	78	
应收分保合同准备金	14		应付职工薪酬	79	
其他应收款	15	80 143.51	应交税费	80	1 729.66
减：其他应收款坏账准备	16	7 600.56	其他应付款	81	116 031.41
其他应收款净额	17	72 542.95	应付手续费及佣金	82	
买入返售金融资产	18		应付分保账款	83	
存货	19		持有待售负债	84	
减：存货跌价准备	20		一年内到期的非流动负债	85	

资产	行次	2020 年 12 月 31 日金额	负债和所有者权益（或股东权益）	行次	2020 年 12 月 31 日金额
存货净额	21		其他流动负债	86	
合同资产	22				
持有待售资产	23				
一年内到期的非流动资产	24				
其他流动资产	25				
流动资产合计	26	913 161.34	流动负债合计	87	482 070.81
非流动资产：			非流动负债：		
发放贷款及垫款	27		保险合同准备金	88	
债权投资	28		长期借款	89	
其他债权投资	29		应付债券	90	
长期应收款	30		其中：优先股	90－1	
长期股权投资	31		永续债	90－2	
减：长期股权投资减值准备	32		租赁负债	91	
长期股权投资净额	33		长期应付款	92	
其他权益工具投资	34		长期应付职工薪酬	93	
其他非流动金融资产	35		预计负债	94	
投资性房地产	36		递延收益	95	
减：投资性房地产累计折旧（摊销）	37		递延所得税负债	96	
减：投资性房地产减值准备	38		其他非流动负债	97	
投资性房地产净额	39		非流动负债合计	98	
固定资产	40	69 514.95	负债合计	99	482 070.81
减：累计折旧	41	26 497.91			
减：固定资产减值准备	42				
固定资产净额	43	43 017.04			
在建工程	44				
减：在建工程减值准备	45				
在建工程净额	46				

续表

资产	行次	2020 年 12 月 31 日金额	负债和所有者权益（或股东权益）	行次	2020 年 12 月 31 日金额
生产性生物资产	47				
油气资产	48				
使用权资产	49				
减：使用权资产累计折旧	50		所有者权益（或股东权益）：		
减：使用权资产减值准备	51		实收资本（或股本）	100	500 000.00
使用权资产净额	52		其他权益工具	101	
无形资产	53	123 746.47	其中：优先股	101 - 1	
减：累计摊销	54	37 123.94	永续债	101 - 2	
减：无形资产减值准备	55	0.00	资本公积	102	
无形资产净额	56	86 622.53	减：库存股	103	
开发支出	57		其他综合收益	104	
商誉	58		专项储备	105	
减：商誉减值准备	59		盈余公积	106	
商誉净额	60		一般风险准备	107	
长期待摊费用	61		未分配利润	108	17 713.06
递延所得税资产	62	43 605.49	归属于母公司所有者权益合计	109	517 713.06
其他非流动资产	63		少数股东权益	110	
非流动资产合计	64	86 622.53	所有者权益（或股东权益）合计	111	517 713.06
资产总计	65	999 783.87	负债和所有者权益（或股东权益）总计	112	999 783.87

经过评估机构评估，按照资产基础法评估除了表 7 - 14 所列资产高于账面价值外，其余资产、负债的账面价值和评估价值一致。

表 7 - 14　　　　　　　　资产基础法评估差异明细表

项目	账面余额（元）	累计摊销（元）	账面价值（元）	评估值（元）	评估增值（元）	增值率（%）
无形资产	123 746.47	37 123.94	86 622.53	767 700.67	681 078.14	786.26

评估机构按照收益法评估，子公司 100% 股权价值为 6 501 000.27 元，母公司与子公司 4 股东协商一致，按照 650 万元达成交易。

股权变更等法律程序已经完成，母公司支付现金，评估基准日和购买日之间的资产负债表几乎没有变化，不予考虑。

其他涉及合并事项：

子公司 1 向子公司 3 销售商品 300 万元（不含税，增值税税率 13%），销售成本 280 万元。子公司 3 本年对外销售其中 70%，其余 30% 未实现销售，按照对外实现销售的比例支付给子公司 1 款项，未对外销售的存货未减值。子公司和母公司的会计政策一致，内部应收账款不考虑坏账准备。不考虑其他因素。

根据以上资料编制母公司 2020 年度的合并报表。

合并调整分录如下：

1. 抵销母公司长期股权投资与子公司 1、子公司 2、子公司 3 的净资产（数据见以上资料，汇总底稿会列示）。

借：实收资本　　　　　　　　　　　　　　　　　33 000 000

　　盈余公积　　　　　　　　　　　　　　　　　757 252.05

　　未分配利润　　　　　　　　　　　　　　　　−757 252.05

　　　贷：长期股权投资——子公司 1、子公司 2、子公司 3　　33 000 000

2. 购买子公司 4 合并处理。

（1）调整无形资产账面价值。

借：无形资产——某资质　　　　　　　　　　　　681 078.14

　　　贷：资本公积　　　　　　　　　　　　　　681 078.14

（2）确认由于子公司 2 调整导致合并层面无形资产账面价值大于其计税基础应确认的递延所得税负债，适用税率 25%。

借：资本公积　　　　　　　　　　　　　　　　　170 269.54

　　　贷：递延所得税负债　　　　　　　　　　　170 269.54

（3）抵销母公司长期股权投资与子公司 4 账面净资产、以及（1）（2）的合并影响。

借：实收资本　　　　　　　　　　　　　　　　　500 000

　　未分配利润　　　　　　　　　　　　　　　　17 713.06

　　资本公积　　　　　　　　　　　　　　　　　510 808.60

　　商誉　　　　　　　　　　　　　　　　　　　5 471 478.34

　　　贷：长期股权投资——子公司 4　　　　　　6 500 000

3. 确认少数股东权益。

（1）滚动调整 2020 年初子公司 2 的少数股东权益。

子公司 2 年末净资产	9 071 495.96
本年实现净利润	1 592 635.36
净资产本年其他变动	0
推导出子公司 2 年初净资产	7 478 860.60
少数股东持股比例	40%
年初子公司少数股东权益	2 991 544.24

　　借：未分配利润——年初　　　　　　　　　　2 991 544.24

　　　　贷：少数股东权益——年初　　　　　　　　　　2 991 544.24

（2）确认子公司 2 本年少数股东权益。

子公司 2 本年实现净利润	1 592 635.36
少数股东持股比例	40%
本年少数股东权益	637 054.14

　　借：少数股东损益——本年　　　　　　　　　637 054.14

　　　　贷：少数股东权益——本年　　　　　　　　　637 054.14

注：该笔调整分录会影响未分配利润减少即归母净资产减少 637 054.14 元，在过入底稿时应予以考虑。中介的套表公式设置会自动生成，手工底稿要手工录入。

4. 内部销售合并处理：

（1）内部应收应付相互抵销。

　　借：应付账款——子公司　　　　　　　　　　1 017 000

　　　　贷：应收账款——子公司 3　　　　　　　　　1 017 000

（2）抵消子公司 1 和子公司 3 内部销售的现金流。

　　借：购买商品、接受劳务支付的现金　　　　　2 373 000

　　　　贷：销售商品、提供劳务收到的现金　　　　2 373 000

（3）未实现对外销售 30% 部分合并调整。

　　借：营业收入　　　　　　　　　　　　　　　3 000 000

　　　　贷：营业成本　[2 800 000 + (3 000 000 − 2 800 000) × 70%] 2 940 000

　　　　　存货　　　　　　　　　　　　　　　　60 000

注：该笔调整分录会影响年末未分配利润减少 60 000 元，在过入底稿时予以考虑。

　　根据以上资料，将母子公司的单体报表过入工作底稿并编制合并工作底稿（见表 7 – 15）。

表7-15　某（集团）公司2020年度合并工作底稿（试算平衡表）

单位：元

项目	母公司	子公司1	子公司2	子公司3	子公司4	汇总	合并调整借方	合并调整贷方	合并金额
资产负债表项目：									
流动资产：									
货币资金	17 732 717.48	2 072 969.00	4 521 261.93	18 446 748.67	363 612.91	43 137 309.99			43 137 309.99④
结算备付金	0.00	0.00	0.00	0.00	0.00	0.00			0.00
拆出资金	0.00	0.00	0.00	0.00	0.00	0.00			0.00
交易性金融资产	0.00	0.00	0.00	0.00	0.00	0.00			0.00
衍生金融资产	0.00	0.00	0.00	0.00	0.00	0.00			0.00
应收票据	0.00	0.00	0.00	0.00	0.00	0.00			0.00
应收账款	11 706 285.90	6 280 416.24	8 567 901.57	30 434 608.27	243 476.87	57 232 688.85		1 017 000.00	56 215 688.85
减：应收账款坏账准备	2 242 352.62	879 258.27	1 059 506.22	4 322 785.38	34 582.28	8 538 484.77			8 538 484.77
应收账款净额	9 463 933.28	5 401 157.97	7 508 395.35	26 111 822.89	208 894.59	48 694 204.08		1 017 000.00	47 677 204.08
应收款项融资	0.00	0.00	0.00	0.00	0.00	0.00			0.00
预付款项	1 271 870.43	2 071 850.25	2 496 579.55	10 186 044.56	181 488.36	16 207 833.15			16 207 833.15
应收保费	0.00	0.00	0.00	0.00	0.00	0.00			0.00
应收分保账款	0.00	0.00	0.00	0.00	0.00	0.00			0.00
应收分保合同准备金	0.00	0.00	0.00	0.00	0.00	0.00			0.00
其他应收款	561 645.72	1 207 781.93	2 455 377.23	10 017 939.10	80 143.51	14 322 887.49			14 322 887.49
减：其他应收款坏账准备	53 264.72	193 245.11	232 860.36	950 070.27	7 600.56	1 437 041.02			1 437 041.02
其他应收款净额	508 381.00	1 014 536.82	2 222 516.87	9 067 868.83	72 542.95	12 885 846.47			12 885 846.47
买入返售金融资产	0.00	0.00	0.00	0.00	0.00	0.00			0.00
存货	0.00	5 862.07	2 938 098.79	11 987 443.06	0.00	14 931 403.92		60 000.00	14 871 403.92
减：存货跌价准备	0.00	0.00	0.00	0.00	0.00	0.00			0.00
存货净额	0.00	5 862.07	2 938 098.79	11 987 443.06	0.00	14 931 403.92		60 000.00	14 871 403.92

续表

项目	母公司	子公司1	子公司2	子公司3	子公司4	汇总	合并调整 借方	合并调整 贷方	合并金额
合同资产	0.00	0.00	0.00	0.00	0.00	0.00			0.00
持有待售资产	0.00	0.00	0.00	0.00	0.00	0.00			0.00
一年内到期的非流动资产	0.00	0.00	0.00	0.00	0.00	0.00			0.00
其他流动资产	0.00	0.00	0.00	0.00	0.00	0.00			0.00
流动资产合计	28 976 902.19	10 566 376.11	19 686 852.49	75 799 928.01	826 538.81	135 856 597.61		1 077 000.00	134 779 597.61
非流动资产：	0.00	0.00	0.00	0.00	0.00	0.00			0.00
发放贷款及垫款	0.00	0.00	0.00	0.00	0.00	0.00			0.00
债权投资	0.00	0.00	0.00	0.00	0.00	0.00			0.00
其他债权投资	0.00	0.00	0.00	0.00	0.00	0.00			0.00
长期应收款	0.00	0.00	0.00	0.00	0.00	0.00			0.00
长期股权投资	39 500 000.00	0.00	0.00	0.00	0.00	39 500 000.00		39 500 000.00	0.00
减：长期股权投资减值准备	0.00	0.00	0.00	0.00	0.00	0.00			0.00
长期股权投资净额	39 500 000.00	0.00	0.00	0.00	0.00	39 500 000.00		39 500 000.00	0.00
其他权益工具投资	0.00	0.00	0.00	0.00	0.00	0.00			0.00
其他非流动金融资产	0.00	0.00	0.00	0.00	0.00	0.00			0.00
投资性房地产	0.00	0.00	0.00	0.00	0.00	0.00			0.00
减：投资性房地产累计折旧（摊销）	0.00	0.00	0.00	0.00	0.00	0.00			0.00
减：投资性房地产减值准备	0.00	0.00	0.00	0.00	0.00	0.00			0.00
投资性房地产净额	0.00	0.00	0.00	0.00	0.00	0.00			0.00
固定资产	2 487 160.77	132 570.41	2 129 747.34	8 689 369.15	69 514.95	13 508 362.62			13 508 362.62
减：累计折旧	185 697.35	92 799.29	811 823.14	3 312 238.41	26 497.91	4 429 056.10			4 429 056.10
减：固定资产减值准备	0.00	0.00	0.00	0.00	0.00	0.00			0.00

续表

项目	母公司	子公司1	子公司2	子公司3	子公司4	汇总	合并调整		合并金额
							借方	贷方	
固定资产净额	2 301 463.42	39 771.12	1 317 924.20	5 377 130.74	43 017.04	9 079 306.52			9 079 306.52
在建工程	0.00	0.00	0.00	0.00	0.00	0.00			0.00
减：在建工程减值准备	0.00	0.00	0.00	0.00	0.00	0.00			0.00
在建工程净额	0.00	0.00	0.00	0.00	0.00	0.00			0.00
生产性生物资产	0.00	0.00	0.00	0.00	0.00	0.00			0.00
油气资产	0.00	0.00	0.00	0.00	0.00	0.00			0.00
使用权资产	0.00	0.00	0.00	0.00	0.00	0.00			0.00
减：使用权资产累计折旧	0.00	0.00	0.00	0.00	0.00	0.00			0.00
减：使用权资产减值准备	0.00	0.00	0.00	0.00	0.00	0.00			0.00
使用权资产净额	0.00	0.00	0.00	0.00	0.00	0.00			0.00
无形资产	0.00	0.00	0.00	0.00	123 746.47	123 746.47	681 078.14		804 824.61
减：累计摊销	0.00	0.00	0.00	0.00	37 123.94	37 123.94			37 123.94
减：无形资产减值准备	0.00	0.00	0.00	0.00	0.00	0.00			0.00
无形资产净额	0.00	0.00	0.00	0.00	86 622.53	86 622.53	681 078.14		767 700.67
开发支出	0.00	0.00	0.00	0.00	0.00	0.00			0.00
商誉	0.00	0.00	0.00	0.00	0.00	0.00	5 471 478.34		5 471 478.34
减：商誉减值准备	0.00	0.00	0.00	0.00	0.00	0.00			0.00
商誉净额	0.00	0.00	0.00	0.00	0.00	0.00	5 471 478.34		5 471 478.34
长期待摊费用	0.00	0.00	2 747 222.26	0.00	0.00	2 747 222.26			2 747 222.26
递延所得税资产	1 012 874.96	652 676.65	323 091.65	0.00	43 605.49	2 032 248.75			2 032 248.75
其他非流动资产	0.00	0.00	0.00	0.00	0.00	0.00			0.00
非流动资产合计	42 814 338.38	692 447.77	4 388 238.11	5 377 130.74	173 245.06	53 445 400.06	6 152 556.48	39 500 000.00	20 097 956.54
资产总计	71 791 240.57	11 258 823.88	24 075 090.60	81 177 058.75	999 783.87	189 301 997.67	6 152 556.48	40 577 000.00	154 877 554.15

续表

项目	母公司	子公司1	子公司2	子公司3	子公司4	汇总	合并调整借方	合并调整贷方	合并金额
流动负债:									
短期借款	30 000 000.00	0.00	4 000 000.00	24 000 000.00	0.00	58 000 000.00			58 000 000.00
向中央银行借款	0.00	0.00	0.00	0.00	0.00	0.00			0.00
拆入资金	0.00	0.00	0.00	0.00	0.00	0.00			0.00
交易性金融负债	0.00	0.00	0.00	0.00	0.00	0.00			0.00
衍生金融负债	0.00	0.00	0.00	0.00	0.00	0.00			0.00
应付票据	0.00	0.00	0.00	0.00	0.00	0.00			0.00
应付账款	364 309.74	6 197 851.39	9 684 142.80	41 157 606.90	364 309.74	57 768 220.57	1 017 000.00		56 751 220.57
预收款项	0.00	0.00	0.00	0.00	0.00	0.00			0.00
合同负债	0.00	0.00	0.00	0.00	0.00	0.00			0.00
卖出回购金融资产款	0.00	0.00	0.00	0.00	0.00	0.00			0.00
吸收存款及同业存放	0.00	0.00	0.00	0.00	0.00	0.00			0.00
代理买卖证券款	0.00	0.00	0.00	0.00	0.00	0.00			0.00
代理承销证券款	0.00	0.00	0.00	0.00	0.00	0.00			0.00
应付职工薪酬	1 729.66	15 503.98	19 379.98	82 364.92	1 729.66	120 708.20			120 708.20
应交税费	116 031.41	1 040 057.49	1 300 071.86	5 525 305.41	116 031.41	8 097 497.58			8 097 497.58
其他应付款	0.00	0.00	0.00	0.00	0.00	0.00			0.00
应付手续费及佣金	0.00	0.00	0.00	0.00	0.00	0.00			0.00
应付分保账款	0.00	0.00	0.00	0.00	0.00	0.00			0.00
持有待售负债	0.00	0.00	0.00	0.00	0.00	0.00			0.00
一年内到期的非流动负债	0.00	0.00	0.00	0.00	0.00	0.00			0.00
其他流动负债	0.00	0.00	0.00	0.00	0.00	0.00			0.00
流动负债合计	30 482 070.81	7 253 412.86	15 003 594.64	70 765 277.23	482 070.81	123 986 426.35	1 017 000.00		122 969 426.35

续表

项目	母公司	子公司1	子公司2	子公司3	子公司4	汇总	合并调整		合并金额
							借方	贷方	
非流动负债：									
保险合同准备金	0.00	0.00	0.00	0.00	0.00	0.00			0.00
长期借款	0.00	0.00	0.00	0.00	0.00	0.00			0.00
应付债券	0.00	0.00	0.00	0.00	0.00	0.00			0.00
其中：优先股	0.00	0.00	0.00	0.00	0.00	0.00			0.00
永续债	0.00	0.00	0.00	0.00	0.00	0.00			0.00
租赁负债	0.00	0.00	0.00	0.00	0.00	0.00			0.00
长期应付款	0.00	0.00	0.00	0.00	0.00	0.00			0.00
长期应付职工薪酬	0.00	0.00	0.00	0.00	0.00	0.00			0.00
预计负债	0.00	0.00	0.00	0.00	0.00	0.00			0.00
递延收益	0.00	0.00	0.00	0.00	0.00	0.00			0.00
递延所得税	0.00	0.00	0.00	0.00	0.00	0.00		170 269.54	170 269.54
其他非流动负债	0.00	0.00	0.00	0.00	0.00	0.00			0.00
非流动负债合计	0.00	0.00	0.00	0.00	0.00	0.00		170 269.54	170 269.54
负债合计	30 482 070.81	7 253 412.86	15 003 594.64	70 765 277.23	482 070.81	123 986 426.35	1 017 000.00	170 269.54	123 139 695.89
所有者权益（或股东权益）：						0.00			
实收资本（或股本）	40 000 000.00	3 000 000.00	5 000 000.00	25 000 000.00	500 000.00	73 500 000.00	33 500 000.00		40 000 000.00③
其他权益工具	0.00	0.00	0.00	0.00	0.00	0.00			0.00
其中：优先股	0.00	0.00	0.00	0.00	0.00	0.00			0.00
永续债	0.00	0.00	0.00	0.00	0.00	0.00			0.00
资本公积	0.00	0.00	0.00	0.00	0.00	0.00	681 078.14	681 078.14	0.00
减：库存股	0.00	0.00	0.00	0.00	0.00	0.00			0.00
其他综合收益	0.00	0.00	0.00	0.00	0.00	0.00			0.00

续表

项目	母公司	子公司1	子公司2	子公司3	子公司4	汇总	合并调整 借方	合并调整 贷方	合并金额
专项储备	0.00	0.00	0.00	0.00	0.00	0.00			0.00
盈余公积	1 607 320.27	174 708.22	582 543.83	0.00	0.00	2 364 572.32	757 252.05		1 607 320.27③
一般风险准备	0.00	0.00	0.00	0.00	0.00	0.00			0.00
未分配利润	−298 150.51	830 702.80	3 488 952.13	−14 588 218.48	17 713.06	−10 549 001.00	2 949 059.39②		−13 498 060.39
归属于母公司所有者权益合计	41 309 169.76	4 005 411.02	9 071 495.96	10 411 781.52	517 713.06	65 315 571.32	37 887 389.58	681 078.14	28 109 259.88
少数股东权益	0.00	0.00	0.00	0.00	0.00	0.00		3 628 598.38	3 628 598.38
所有者权益（或股东权益）合计	41 309 169.76	4 005 411.02	9 071 495.96	10 411 781.52	517 713.06	65 315 571.32	37 887 389.58	4 309 676.52	31 737 858.26
负债和所有者权益（或股东权益）总计	71 791 240.57	11 258 823.88	24 075 090.60	81 177 058.75	999 783.87	189 301 997.67	38 904 389.58	4 479 946.06	154 877 554.15
利润表项目①									
一、营业总收入	13 115 033.91	27 515 832.37	36 511 005.61	223 191 777.29	0.00	300 333 649.18	3 000 000.00		297 333 649.18
其中：营业收入	13 115 033.91	27 515 832.37	36 511 005.61	223 191 777.29	0.00	300 333 649.18	3 000 000.00		297 333 649.18
其中：主营业务收入	13 115 033.91	27 515 832.37	36 511 005.61	223 191 777.29	0.00	300 333 649.18	3 000 000.00		297 333 649.18
其他业务收入	0.00	0.00	0.00	0.00	0.00	0.00			0.00
利息收入	0.00	0.00	0.00	0.00	0.00	0.00			0.00
已赚保费	0.00	0.00	0.00	0.00	0.00	0.00			0.00
手续费及佣金收入	0.00	0.00	0.00	0.00	0.00	0.00			0.00
二、营业总成本	14 888 388.24	29 054 970.10	34 393 476.32	231 247 320.75		309 584 155.41		2 940 000.00	306 644 155.41
其中：营业成本	10 349 543.10	20 993 126.42	25 540 426.54	176 128 627.44		233 011 723.50		2 940 000.00	235 951 723.50
其中：主营业务成本	10 349 543.10	20 993 126.42	25 540 426.54	176 128 627.44		233 011 723.50		2 940 000.00	235 951 723.50
其他业务成本	0.00	0.00	0.00	0.00	0.00	0.00			0.00
利息支出	0.00	0.00	0.00	0.00	0.00	0.00			0.00
手续费及佣金支出	0.00	0.00	0.00	0.00	0.00	0.00			0.00

续表

项目	母公司	子公司1	子公司2	子公司3	子公司4	汇总	合并调整 借方	合并调整 贷方	合并金额
退保金	0.00	0.00	0.00	0.00		0.00			0.00
赔付支出净额	0.00	0.00	0.00	0.00		0.00			0.00
提取保险合同准备金净额	0.00	0.00	0.00	0.00		0.00			0.00
保单红利支出	0.00	0.00	0.00	0.00		0.00			0.00
分保费用	0.00	0.00	0.00	0.00		0.00			0.00
税金及附加	65 257.78	16 396.85	18 085.73	1 110 558.07		1 210 298.43			1 210 298.43
销售费用	1 910 447.15	4 821 851.74	5 318 502.47	32 512 005.60		44 562 806.96			44 562 806.96
管理费用	1 126 558.20	2 843 363.95	3 136 230.44	19 171 776.68		26 277 929.27			26 277 929.27
研发费用	0.00	0.00	0.00	0.00		0.00			0.00
财务费用	1 436 582.01	380 231.14	380 231.14	2 324 352.96		4 521 397.25			4 521 397.25
加：其他收益	0.00	0.00	0.00	0.00		0.00			0.00
投资收益（亏损以"-"号填列）	0.00	0.00	0.00	0.00		0.00			0.00
其中：对联营企业和合营企业的投资收益	0.00	0.00	0.00	0.00		0.00			0.00
以摊余成本计量的金融资产终止确认收益	0.00	0.00	0.00	0.00		0.00			0.00
汇兑收益	0.00	0.00	0.00	0.00		0.00			0.00
净敞口套期收益	0.00	0.00	0.00	0.00		0.00			0.00
公允价值变动收益	0.00	0.00	0.00	0.00		0.00			0.00
信用减值损失	-21 025.40	0.00	7 430.57	-907 430.57		-921 025.40			-921 025.40
资产减值损失	0.00	0.00	0.00	0.00		0.00			0.00

续表

项目	母公司	子公司1	子公司2	子公司3	子公司4	汇总	合并调整		合并金额
							借方	贷方	
资产处置收益	0.00	0.00	0.00	0.00		0.00			0.00
三、营业利润（亏损以"-"号填列）	-1 794 379.73	-1 539 137.73	2 124 959.86	-8 962 974.03		-10 171 531.63	3 000 000.00	2 940 000.00	-10 231 531.63
加：营业外收入	18 864.97	945.63	1 043.03	321 043.03		341 896.66			341 896.66
减：营业外支出	1 393.11	11.09	12.23	23 712.23		25 128.66			25 128.66
四、利润总额（亏损总额以"-"号填列）	-1 776 907.87	-1 538 203.19	2 125 990.66	-8 665 643.23		-9 854 763.63	3 000 000.00	2 940 000.00	-9 914 763.63
减：所得税费用	-444 226.97	-384 550.80	533 355.30			-295 422.47			-295 422.47
五、净利润（净亏损以"-"号填列）	-1 332 680.90	-1 153 652.39	1 592 635.36	-8 665 643.23		-9 559 341.16	3 000 000.00	2 940 000.00	-9 619 341.16
（一）按经营持续性分类						0.00			0.00
1. 持续经营净利润	-1 332 680.90	-1 153 652.39	1 592 635.36	-8 665 643.23		-9 559 341.16	3 000 000.00	2 940 000.00	-9 619 341.16
2. 终止经营净利润	0.00	0.00	0.00	0.00		0.00			
（二）按所有权归属分类						0.00			0.00
1. 归属于母公司所有者的净利润	-1 332 680.90	-1 153 652.39	1 592 635.36	-8 665 643.23		-9 559 341.16	3 000 000.00	2 940 000.00	-10 256 395.30
2. 少数股东损益	0.00	0.00	0.00	0.00		0.00	637 054.14		637 054.14
加：年初未分配利润（未弥补亏损以"-"号填列）	1 034 530.39	2 011 167.78	2 247 524.54	-5 922 575.25		-629 352.54	2 991 544.24	757 252.05	-2 863 644.73
其他转入	0.00	0.00	0.00	0.00		0.00			0.00
六、可供分配的利润（亏损以"-"号填列）	-298 150.51	857 515.39	3 840 159.90	-14 588 218.48		-10 188 693.70			-13 120 040.03
减：提取法定盈余公积	0.00	26 812.59	351 207.77	0.00		378 020.36			378 020.36

续表

项目	母公司	子公司 1	子公司 2	子公司 3	子公司 4	汇总	合并调整		合并金额
							借方	贷方	
提取一般风险准备	0.00	0.00	0.00	0.00		0.00			0.00
提取职工奖励及福利基金	0.00	0.00	0.00	0.00		0.00			0.00
提取储备基金	0.00	0.00	0.00	0.00		0.00			0.00
提取企业发展基金	0.00	0.00	0.00	0.00		0.00			0.00
利润归还投资	0.00	0.00	0.00	0.00		0.00			0.00
七、可供股东分配的利润（亏损以"-"号填列）	−298 150.51	830 702.80	3 488 952.13	−14 588 218.48		−10 566 714.06			−13 498 060.39
减：应付优先股股利	0.00	0.00	0.00	0.00		0.00			0.00
提取任意盈余公积	0.00	0.00	0.00	0.00		0.00			0.00
应付普通股股利	0.00	0.00	0.00	0.00		0.00			0.00
转作股本的普通股股利	0.00	0.00	0.00	0.00		0.00			0.00
应付永续债利息	0.00	0.00	0.00	0.00		0.00			0.00
权益性交易冲减未分配利润	0.00	0.00	0.00	0.00		0.00			0.00
同一控制下企业合并冲减未分配利润	0.00	0.00	0.00	0.00		0.00			0.00
分公司上交利润	0.00	0.00	0.00	0.00		0.00			0.00
其他减少	0.00	0.00	0.00	0.00		0.00			0.00
加：盈余公积弥补亏损	0.00	0.00	0.00	0.00		0.00			0.00
设定受益计划变动额结转留存收益	0.00	0.00	0.00	0.00		0.00			0.00
其他综合收益结转留存收益	0.00	0.00	0.00	0.00		0.00			0.00
其他调整因素	0.00	0.00	0.00	0.00		0.00			0.00

续表

项目	母公司	子公司1	子公司2	子公司3	子公司4	汇总	合并调整		合并金额
							借方	贷方	
八、未分配利润（未弥补亏损以"-"号表示）	-298 150.51	830 702.80	3 488 952.13	-14 588 218.48		-10 566 714.06			-13 498 060.39
九、其他综合收益的税后净额	0.00	0.00	0.00	0.00		0.00			0.00
归属于母公司所有者的其他综合收益的税后净额	0.00	0.00	0.00	0.00		0.00			0.00
（一）不能重分类进损益的其他综合收益	0.00	0.00	0.00	0.00		0.00			0.00
1. 重新计量设定受益计划变动额	0.00	0.00	0.00	0.00		0.00			0.00
2. 权益法下不能转损益的其他综合收益	0.00	0.00	0.00	0.00		0.00			0.00
3. 其他权益工具投资公允价值变动	0.00	0.00	0.00	0.00		0.00			0.00
4. 企业自身信用风险公允价值变动	0.00	0.00	0.00	0.00		0.00			0.00
（二）以后将重分类进损益的其他综合收益	0.00	0.00	0.00	0.00		0.00			0.00
1. 权益法下可转损益的其他综合收益	0.00	0.00	0.00	0.00		0.00			0.00
2. 其他债权投资公允价值变动	0.00	0.00	0.00	0.00		0.00			0.00
3. 金融资产重分类计入其他综合收益的金额	0.00	0.00	0.00	0.00		0.00			0.00
4. 其他债权投资信用减值准备	0.00	0.00	0.00	0.00		0.00			0.00
5. 现金流量套期储备	0.00	0.00	0.00	0.00		0.00			0.00
6. 外币财务报表折算差额	0.00	0.00	0.00	0.00		0.00			0.00

续表

项目	母公司	子公司 1	子公司 2	子公司 3	子公司 4	汇总	合并调整		合并金额
							借方	贷方	
7. 自用房地产或转换为存货的房地产转换为以公允价值模式计量的投资性房地产在转换日公允价值大于账面价值部分	0.00	0.00	0.00	0.00	0.00	0.00			0.00
8. 一揽子交易处置对子公司股权投资在丧失控制权之前产生的投资收益	0.00	0.00	0.00	0.00	0.00	0.00			0.00
归属于少数股东的其他综合收益的税后净额	0.00	0.00	0.00	0.00	0.00	0.00			0.00
十、综合收益总额	−1 332 680.90	−1 153 652.39	1 592 635.36	−8 665 643.23		−9 559 341.16			−9 619 341.16
归属于母公司所有者的综合收益总额	−1 332 680.90	−1 153 652.39	1 592 635.36	−8 665 643.23		−9 559 341.16			−10 256 395.30
归属于少数股东的综合收益总额	0.00	0.00	0.00	0.00	0.00	0.00			637 054.14
现金流量表项目									
一、经营活动产生的现金流量						0.00			0.00
销售商品、提供劳务收到的现金	18 673 050.36	31 560 406.71	45 762 589.73	173 050 358.92		269 046 405.72		2 373 000.00	266 673 405.72
客户存款和同业存放款项净增加额	0.00	0.00	0.00	0.00	0.00	0.00			0.00
向中央银行借款净增加额	0.00	0.00	0.00	0.00	0.00	0.00			0.00
向其他金融机构拆入资金净增加额	0.00	0.00	0.00	0.00	0.00	0.00			0.00
收到原保险合同保费取得的现金	0.00	0.00	0.00	0.00	0.00	0.00			0.00
收到再保险业务现金净额	0.00	0.00	0.00	0.00	0.00	0.00			0.00
保户储金及投资款净增加额	0.00	0.00	0.00	0.00	0.00	0.00			0.00

续表

项目	母公司	子公司1	子公司2	子公司3	子公司4	汇总	合并调整 借方	合并调整 贷方	合并金额
收取利息、手续费及佣金的现金	0.00	0.00	0.00	0.00		0.00			0.00
拆入资金净增加额	0.00	0.00	0.00	0.00		0.00			0.00
回购业务资金净增加额	0.00	0.00	0.00	0.00		0.00			0.00
代理买卖证券收到的现金净额	0.00	0.00	0.00	0.00		0.00			0.00
收到的税费返还	0.00	0.00	0.00	0.00		0.00			0.00
收到其他与经营活动有关的现金	2 149 953.36	5 248 044.77	7 221 676.11	15 309 953.36		29 929 627.60			29 929 627.60
经营活动现金流入小计	20 823 003.72	36 808 451.48	52 984 265.84	188 360 312.28		298 976 033.32			296 603 033.32
购买商品、接受劳务支付的现金	8 140 618.76	24 171 514.74	38 210 154.69	142 840 618.76		213 362 906.95	2 373 000.00		210 989 906.95
客户贷款及垫款净增加额	0.00	0.00	0.00	0.00		0.00			0.00
存放中央银行和同业款项净增加额	0.00	0.00				0.00			0.00
支付原保险合同赔付款项的现金	0.00	0.00	0.00	0.00		0.00			0.00
为交易目的而持有的金融资产净增加额	0.00	0.00	0.00	0.00		0.00			0.00
拆出资金净增加额	0.00	0.00	0.00	0.00		0.00			0.00
支付利息、手续费及佣金的现金	0.00	0.00	0.00	0.00		0.00			0.00
支付保单红利的现金	0.00	0.00	0.00	0.00		0.00			0.00
支付给职工以及为职工支付的现金	2 234 554.63	4 512 016.09	5 053 458.02	21 224 523.68		33 024 552.42			33 024 552.42
支付的各项税费	275 679.28	453 215.90	1 019 735.78	5 098 678.90		6 847 309.86			6 847 309.86
支付其他与经营活动有关的现金	2 344 576.64	7 373 504.92	6 190 423.57	8 823 358.36		24 731 863.49			24 731 863.49
经营活动现金流出小计	12 995 429.31	36 510 251.65	50 473 772.06	177 987 179.70		277 966 632.72			275 593 632.72
经营活动产生的现金流量净额	7 827 574.41	298 199.83	2 510 493.78	10 373 132.58		21 009 400.60			21 009 400.60

续表

项目	母公司	子公司 1	子公司 2	子公司 3	子公司 4	汇总	合并调整 借方	合并调整 贷方	合并金额
二、投资活动产生的现金流量									
收回投资收到的现金	0.00	0.00	0.00	0.00		0.00			0.00
取得投资收益收到的现金	0.00	0.00	0.00	0.00		0.00			0.00
处置固定资产、无形资产和其他长期资产收回的现金净额	0.00	0.00	0.00	0.00		0.00			0.00
处置子公司及其他营业单位收到的现金净额	0.00	0.00	0.00	0.00		0.00			0.00
收到其他与投资活动有关的现金	0.00	0.00	0.00	0.00		0.00			0.00
投资活动现金流入小计	0.00	0.00	0.00	0.00		0.00			0.00
购建固定资产、无形资产和其他长期资产支付的现金	613 294.93	0.00	500 091.55	3 591 443.38		4 704 829.86			4 704 829.86
投资支付的现金	0.00	0.00	0.00	0.00		6 500 000.00			6 500 000.00
质押贷款净增加额	0.00	0.00	0.00	0.00		0.00			0.00
取得子公司及其他营业单位支付的现金净额	6 500 000.00	0.00	0.00	0.00		0.00	363 612.91⑤		6 136 387.09
支付其他与投资活动有关的现金	0.00	0.00	0.00	0.00		0.00			0.00
投资活动现金流出小计	7 113 294.93	0.00	500 091.55	3 591 443.38		11 204 829.86			10 841 216.95
投资活动产生的现金流量净额	-7 113 294.93	0.00	-500 091.55	-3 591 443.38		-11 204 829.86			-10 841 216.95
三、筹资活动产生的现金流量									
吸收投资收到的现金	0.00	0.00	0.00	0.00		0.00			0.00
其中：子公司吸收少数股东投资收到的现金	0.00	0.00	0.00	0.00		0.00			0.00
取得借款收到的现金	30 000 000.00	0.00	4 000 000.00	24 000 000.00		58 000 000.00			58 000 000.00

续表

项目	母公司	子公司1	子公司2	子公司3	子公司4	汇总	合并调整 借方	合并调整 贷方	合并金额
发行债券收到的现金	0.00	0.00	0.00	0.00		0.00			0.00
收到其他与筹资活动有关的现金	0.00	0.00	0.00	0.00		0.00			0.00
筹资活动现金流入小计	30 000 000.00	0.00	4 000 000.00	24 000 000.00		58 000 000.00			58 000 000.00
偿还债务支付的现金	30 000 000.00	0.00	4 000 000.00	24 000 000.00		58 000 000.00			58 000 000.00
分配股利、利润或偿付利息支付的现金	1 350 000.00	0.00	180 000.00	1 080 000.00		2 610 000.00			2 610 000.00
其中：子公司支付给少数股东的股利、利润	0.00	0.00	0.00	0.00		0.00			0.00
支付其他与筹资活动有关的现金	0.00	0.00	0.00	0.00		0.00			0.00
筹资活动现金流出小计	31 350 000.00	0.00	4 180 000.00	25 080 000.00		60 610 000.00			60 610 000.00
筹资活动产生的现金流量净额	-1 350 000.00	0.00	-180 000.00	-1 080 000.00		-2 610 000.00			-2 610 000.00
四、汇率变动对现金及现金等价物的影响	30 761.42	-49 804.03	-133 713.50	-795 898.55		-948 654.66			-948 654.66
五、现金及现金等价物净增加额	-604 959.10	248 395.80	1 696 688.73	4 905 790.65		6 245 916.08	363 612.91⑤		6 609 528.99
加：期初现金及现金等价物余额	15 337 676.58	1 824 573.20	2 824 573.20	13 540 958.02		33 527 781.00			33 527 781.00
六、期末现金及现金等价物余额	14 732 717.48	2 072 969.00	4 521 261.93	18 446 748.67		39 773 697.08			40 137 309.99④

注：
①非同一控制下新购买子公司4在购买日只将合并资产负债表纳入合并范围，利润表、现金流量表无须合并。
②2 949 059.39 = -757 252.05+17 713.06+2 991 544.24+637 054.14+60 000
③可以退出，合并后现金及现金的实收资本。盈余公积反映的是母公司的实收资本、盈余公积。
④货币资金与期末现金及现金等价物余额差异3 000 000元，为母公司抵押借款无法动用的货币资金3 000 000元。
⑤由于该例购买日现金比较特殊，即为12月31日，子公司4没有现金流量的概念，含9月30日为购买日，这样9月30日子公司货币资金的比较数据，收购公司一般代为保管、随借随还，可随时动用）

取得子公司及其他营业单位支付的现金净额（取得子公司货币资金减少项目，控制权子公司货币资金账面同在相应项目）
贷：期初现金及现金等价物（取得子公司货币资金期初，即从12月31日，即作为期初，并将9月30日作为支付的现金净额）
由此，取得子公司4货币资金及现金等价物减少控制同控制下子公司4资产负债表中单独披露关系。
借：将子公司4报表附注中控制下单独披露非同一控制下企业合并购买子公司4资产负债表主要项目的金额。
⑥2020年度合并购买子公司4报表附注中应单独披露非同一控制下企业合并购买子公司4资产负债表主要项目的金额。

在编制12月31日的合并报表时，应将9月30日至12月31日之间的利润表、现金流量表，应编制如下调整分录：

经过对合并工作底稿及合并后报表项目及报表项目之间勾稽关系的复核，未检查出错误。

下一步应将相关项目过入正式的合并报表，在此略，2021年合并报表编制完成一并过入。

7.3 2021年合并抵销、合并报表及合并比较报表

接上例，2021年12月31日，母公司从其控股股东购进子公司5，占股100%，股权购买价格1 000万元，用银行存款支付。假定基准日和合并日时间很近，期间报表几乎无变动，不予考虑。12月31日满足合并日条件。子公司5资产负债表净资产即为在最终控制方的净资产。子公司5为高新技术企业，适用税率15%。子公司5（经审定）合并日及上年年末/本年年初和上年度的报表如表7-16~表7-18所示。

母公司采取股权质押从银行贷款1 000万元，期限1年，支付该收购款。

母公司根据在最终控制方所享有净资产的份额8 072 703.01元，在母公司单体报表中做了如下处理：

借：长期股权投资　　　　　　　　　　8 072 703.01
　　资本公积　　　　　　　　　　　　1 927 296.99
　　贷：银行存款　　　　　　　　　　　　　　10 000 000

母公司在现金流量表中将1 000万元列示在"投资支付的现金"。

2021年度子公司1~子公司4的资产负债表、利润表和现金流量表各项目情况直接在合并底稿中给出，不予重复列示。

此外，涉及2021年度合并事项的交易或事项有：

（1）上年度子公司1向子公司3销售商品其余30%部分实现对外销售，子公司3支付剩余30%价税款。

（2）子公司2 2021年度决定现金分红并经过股东会批准，计400万元，400万元已经支付给母公司和其他股东。

（3）子公司5当年与上年和母公司及其其他四个子公司没有任何交易。

不考虑其他事项。

2021年度合并调整分录如下：

合并调整分录如下：

（1）抵销母公司长期股权投资与子公司1~子公司5的净资产，并保留上年购买子公司4商誉（数据见汇总底稿）。

表 7 – 16　　　　　　　　　　　子公司 5 2021 年 12 月 31 日资产负债表

单位：元

资产	行次	期末余额	期初余额	负债和所有者权益（或股东权益）	行次	期末余额	期初余额
流动资产：				流动负债：			
货币资金	1	17 452 436.57	14 922 488.56	短期借款	66		
结算备付金	2			向中央银行借款	67		
拆出资金	3			拆入资金	68		
交易性金融资产	4			交易性金融负债	69		
衍生金融资产	5			衍生金融负债	70		
应收票据	6			应付票据	71		
应收账款	7	22 653 581.81	23 569 376.93	应付账款	72	42 015 887.43	35 045 412.00
减：应收账款坏账准备	8	4 828 843.16	4 668 608.21	预收款项	73		
应收账款净额	9	17 824 738.65	18 900 768.72	合同负债	74		
应收款项融资	10			卖出回购金融资产款	75		
预付款项	11	2 067 712.25	2 000 928.12	吸收存款及同业存放	76		
应收保费	12			代理买卖证券款	77		
应收分保账款	13			代理承销证券款	78		
应收分保合同准备金	14			应付职工薪酬	79		
其他应收款	15	11 935 230.88	8 819 374.23	应交税费	80	996 316.37	78 246.67
减：其他应收款坏账准备	16	1 233 563.02	1 026 075.89	其他应付款	81	4 796 679.58	5 249 040.14
其他应收款净额	17	10 701 667.86	7 793 298.34	应付手续费及佣金	82		

续表

资产	行次	期末余额	期初余额
买入返售金融资产	18		
存货	19		
减：存货跌价准备	20		
存货净额	21		
合同资产	22		
持有待售资产	23		
一年内到期的非流动资产	24		
其他流动资产	25		
流动资产合计	26	48 046 555.33	43 617 483.74
非流动资产：			
发放贷款及垫款	27		
债权投资	28		
其他债权投资	29		
长期应收款	30		
长期股权投资	31		
减：长期股权投资减值准备	32		
长期股权投资净额	33		
其他权益工具投资	34		

负债和所有者权益（或股东权益）	行次	期末余额	期初余额
应付分保账款	83		
持有待售负债	84		
一年内到期的非流动负债	85		
其他流动负债	86		
流动负债合计	87	47 808 883.38	40 372 698.81
非流动负债：			
保险合同准备金	88		
长期借款	89		
应付债券	90		
其中：优先股	90－1		
永续债	90－2		
租赁负债	91		
长期应付款	92		
长期应付职工薪酬	93		

续表

资产	行次	期末余额	期初余额
其他非流动金融资产	35		
投资性房地产	36		
减：投资性房地产累计折旧（摊销）	37		
减：投资性房地产减值准备	38		
投资性房地产净额	39		
固定资产	40	11 613 298.90	7 384 518.68
减：累计折旧	41	4 757 811.12	3 577 217.48
减：固定资产减值准备	42		
固定资产净额	43	6 855 487.78	3 807 301.20
在建工程	44		
减：在建工程减值准备	45		
在建工程净额	46		
生产性生物资产	47		
油气资产	48		
使用权资产	49		
减：使用权资产累计折旧	50		

负债和所有者权益（或股东权益）	行次	期末余额	期初余额
预计负债	94		
递延收益	95		
递延所得税负债	96		
其他非流动负债	97		
非流动负债合计	98		
负债合计	99	47 808 883.38	40 372 698.81
所有者权益（或股东权益）：			

续表

资产	行次	期末余额	期初余额
准备 减：使用权资产减值准备	51		
使用权资产净额	52		
无形资产	53		
减：累计摊销	54		
备 减：无形资产减值准备	55		
无形资产净额	56		
开发支出	57		
商誉	58		
减：商誉减值准备	59		
商誉净额	60		
长期待摊费用	61		
递延所得税资产	62	979 543.28	985 704.32
其他非流动资产	63		
非流动资产合计	64	7 835 031.06	4 793 005.52
资产总计	65	55 881 586.39	48 410 489.26

负债和所有者权益（或股东权益）	行次	期末余额	期初余额
实收资本（或股本）	100	6 000 000.00	6 000 000.00
其他权益工具	101		
其中：优先股	101-1		
永续债	101-2		
资本公积	102		
减：库存股	103		
其他综合收益	104		
专项储备	105		
盈余公积	106	285 428.27	285 428.27
一般风险准备	107		
未分配利润	108	1 787 274.74	1 752 362.18
归属于母公司所有者权益合计	109	8 072 703.01	8 037 790.45
少数股东权益	110		
所有者权益（或股东权益）合计	111	8 072 703.01	8 037 790.45
负债和所有者权益（或股东权益）总计	112	55 881 586.39	48 410 489.26

表 7–17

子公司 5 2021 年度利润及利润分配表

单位: 元

项目	行次	本期金额	上期金额	项目	行次	本期金额	上期金额
一、营业总收入	1	25 987 261.89	25 220 670.83	提取保险合同准备金净额	12		
其中: 营业收入	2	25 987 261.89	25 220 670.83	保单红利支出	13		
其中: 主营业务收入	2–1	25 987 261.89	25 220 670.83	分保费用	14		
其他业务收入	2–2			税金及附加	15	75 206.27	125 493.06
利息收入	3			销售费用	16	3 779 256.28	3 673 856.63
已赚保费	4			管理费用	17	942 051.98	2 166 410.76
手续费及佣金收入	5			研发费用	18		
二、营业总成本	6	25 591 462.59	26 130 947.23	财务费用	19	160 158.13	262 651.88
其中: 营业成本	7	20 634 789.93	19 902 534.90	其中: 利息费用	19–1		
其中: 主营业务成本	7–1	20 634 789.93	19 902 534.90	利息收入	19–2		
其他业务成本	7–2			加: 其他收益	20		
利息支出	8			投资收益 (亏损以 "–" 号填列)	21		
手续费及佣金支出	9			其中: 对联营企业和合营企业的投资收益	21–1		
退保金	10			以摊余成本计量的金融资产终止确认收益	21–2		
赔付支出净额	11			汇兑收益 (亏损以 "–" 号填列)	22		

续表

项目	行次	本期金额	上期金额	项目	行次	本期金额	上期金额
净敞口套期收益（亏损以"-"号填列）	23			五、净利润（净亏损以"-"号填列）	33	34 912.56	-1 516 492.30
公允价值变动收益（亏损以"-"号填列）	24			（一）按经营持续性分类	34		
信用减值损失（亏损以"-"号填列）	25	-367 722.08	-907 430.57	1. 持续经营净利润	35	34 912.56	-1 516 492.30
资产减值损失（亏损以"-"号填列）	26			2. 终止经营净利润	36		
资产处置收益（亏损以"-"号填列）	27			（二）按所有权归属分类	37		
三、营业利润（亏损以"-"号填列）	28	28 077.22	-1 817 706.97	1. 归属于母公司所有者的净利润	38	34 912.56	-1 516 492.30
加：营业外收入	29	13 702.68	36 277.86	2. 少数股东损益	39		
减：营业外支出	30	706.30	2 679.48	加：年初未分配利润（未弥补亏损以"-"号填列）	40	1 752 362.18	3 340 663.28
四、利润总额（亏损总额以"-"号填列）	31	41 073.60	-1 784 108.59	其他转入	41		
减：所得税费用	32	6 161.04注释2	-267 616.29注释1	六、可供分配的利润（亏损以"-"号填列）	42	1 787 274.74	1 824 170.98

续表

项目	行次	本期金额	上期金额
减：提取盈余公积 提取法定盈余公积	43	1 787 274.74	71 808.80
提取一般风险准备	44		
提取职工奖励及福利基金	45		
提取储备基金	46		
提取企业发展基金	47		
利润归还投资	48		
七、可供股东分配的利润（亏损以"－"号填列）	49	1 752 362.18	1 752 362.18
减：应付优先股股利	50		
提取任意盈余公积	51		
应付普通股股利	52		
转作股本的普通股股利	53		
应付永续债利息	54		
权益性交易冲减未分配利润	55		
同一控制下企业合并冲减未分配利润	56		
分公司上交利润	57		
其他减少	58		
加：盈余公积弥补亏损	59		
设定受益计划变动额结转留存收益	60		
其他综合收益结转留存收益	61		
其他调整因素	62		
八、未分配利润（未弥补亏损以"－"号表示）	63	1 787 274.74	1 752 362.18
九、其他综合收益的税后净额	64		
归属于母公司所有者的其他综合收益的税后净额	65		
（一）不能重分类进损益的其他综合收益	66		

续表

项目	行次	本期金额	上期金额
1. 重新计量设定受益计划变动额	67		
2. 权益法下不能转损益的其他综合收益	68		
3. 其他权益工具投资公允价值变动	69		
4. 企业自身信用风险公允价值变动	70		
(二) 以后将重分类进损益的其他综合收益	71		
1. 权益法下可转损益的其他综合收益	72		
2. 其他债权投资公允价值变动	73		
3. 金融资产重分类计入其他综合收益的金额	74		
4. 其他债权投资信用减值准备	75		
5. 现金流量套期储备	76		
6. 外币财务报表折算差额	77		
7. 自用房地产或作为存货的房地产转换为以公允价值模式计量的投资性房地产在转换日公允价值大于账面价值部分	78		
8. 一揽子交易处置对子公司股权投资在丧失控制权之前产生的投资收益	79		
归属于少数股东的其他综合收益的税后净额	80		
十、综合收益总额	81	34 912.56	-1 516 492.30
归属于母公司所有者的综合收益总额	82	34 912.56	-1 516 492.30

续表

项目	行次	本期金额	上期金额
归属于少数股东的综合收益总额	83		
十一、每股收益	84		
（一）基本每股收益	85		
（二）稀释每股收益	86		

注：

注释1：2020年所得税费用－267 616.29元构成：

①当年计提坏账准备907 430.57元，按照15%适用税率应确认递延所得税资产136 114.59元，同时确认递延所得税费用－136 114.59元。

②当年利润总额－1 784 108.59元，计提坏账准备计入人信用减值损失的金额907 430.57元无须计入当期应纳税所得额，应纳税调增，不考虑其他调整，则当年应纳税所得额为－1 784 108.59＋907 430.57＝－876 678.02（元），即未来可以税前抵扣的金额，按照15%税率应确认递延所得税费用－131 501.70元。

③以上两项合计所得税费用－267 616.29元。

注释2：2021年所得税费用6 161.04元构成：

①当年计提坏账准备367 722.08元，按照15%的税率应确认递延所得税费用－55 158.31元。

②当年应纳税所得额41 073.6＋367 722.08＝408 795.68（元）（计算原理同上），上年末可税前弥补金额876 678.02元，当年408 795.68元完全可税前抵扣，无须缴纳所得税，确认所得税费用61 319.35元，递延所得税费用－递延所得税资产61 319.35元，按照15%税率转回递延所得税资产61 319.35元。

③以上两项合计所得税费用6 161.04元。

表 7 - 18　　　　　子公司 5　2021 年度现金流量表　　　　单位：元

项目	行次	本期金额	上期金额
一、经营活动产生的现金流量	1		
销售商品、提供劳务收到的现金	2	26 903 057.01	23 050 358.92
客户存款和同业存放款项净增加额	3		
向中央银行借款净增加额	4		
向其他金融机构拆入资金净增加额	5		
收到原保险合同保费取得的现金	6		
收到再保险业务现金净额	7		
保户储金及投资款净增加额	8		
收取利息、手续费及佣金的现金	9		
拆入资金净增加额	10		
回购业务资金净增加额	11		
代理买卖证券收到的现金净额	12		
收到的税费返还	13		
收到其他与经营活动有关的现金	14	2 176 903.61	2 309 953.36
经营活动现金流入小计	15	29 079 960.62	25 360 312.28
购买商品、接受劳务支付的现金	16	13 731 098.63	14 284 618.76
客户贷款及垫款净增加额	17		
存放中央银行和同业款项净增加额	18		
支付原保险合同赔付款项的现金	19		
为交易目的而持有的金融资产净增加额	20		
拆出资金净增加额	21		
支付利息、手续费及佣金的现金	22		
支付保单红利的现金	23		
支付给职工以及为职工支付的现金	24	2 576 068.41	2 124 523.68
支付的各项税费	25	807 616.88	508 678.90
支付其他与经营活动有关的现金	26	5 206 448.47	1 949 087.67

续表

项目	行次	本期金额	上期金额
经营活动现金流出小计	27	22 321 232.39	18 866 909.01
经营活动产生的现金流量净额	28	6 758 728.23	6 493 403.27
二、投资活动产生的现金流量	29		
收回投资收到的现金	30		
取得投资收益收到的现金	31		
处置固定资产、无形资产和其他长期资产收回的现金净额	32		
处置子公司及其他营业单位收到的现金净额	33		
收到其他与投资活动有关的现金	34		
投资活动现金流入小计	35		
购建固定资产、无形资产和其他长期资产支付的现金	36	4 228 780.22	1 257 560.44
投资支付的现金	37		
质押贷款净增加额	38		
取得子公司及其他营业单位支付的现金净额	39		
支付其他与投资活动有关的现金	40		
投资活动现金流出小计	41	4 228 780.22	1 257 560.44
投资活动产生的现金流量净额	42	− 4 228 780.22	− 1 257 560.44
三、筹资活动产生的现金流量	43		
吸收投资收到的现金	44		
其中：子公司吸收少数股东投资收到的现金	45		
取得借款收到的现金	46		
发行债券收到的现金	47		
收到其他与筹资活动有关的现金	48		
筹资活动现金流入小计	49		
偿还债务支付的现金	50		

续表

项目	行次	本期金额	上期金额
分配股利、利润或偿付利息支付的现金	51		
其中：子公司支付给少数股东的股利、利润	52		
支付其他与筹资活动有关的现金	53		
筹资活动现金流出小计	54		
筹资活动产生的现金流量净额	55		
四、汇率变动对现金及现金等价物的影响	56		15 687.71
五、现金及现金等价物净增加额	57	2 529 948.01	5 251 530.54
加：期初现金及现金等价物余额	58	14 922 488.56	9 670 958.02
六、期末现金及现金等价物余额	59	17 452 436.57	14 922 488.56

借：实收资本　　　　　　　　　　　　　　　　　　39 500 000

　　盈余公积　　　　　　　　　　　　　　　　　　1 515 536.01

　　商誉　　　　　　　　　　　　　　　　　　　　5 471 478.34

　　未分配利润　　　　　　　　　　　　　　　　　1 085 688.66

　　贷：长期股权投资——子公司 1 ~ 子公司 5　　　47 572 703.01

（2）滚动调整上期子公司 4 无形资产调整。

借：无形资产——某资质　　　　　　　　　　　　681 078.14

　　贷：资本公积　　　　　　　　　　　　　　　　681 078.14

（3）滚动调整以上分录涉及递延所得税负债。

借：资本公积　　　　　　　　　　　　　　　　　170 269.54

　　贷：递延所得税负债　　　　　　　　　　　　　170 269.54

（4）调整上年度购买子公司 4 无形资产合并层面累计摊销金额。

借：管理费用——无形资产摊销　　（681 078.14÷7）97 296.88

　　贷：无形资产 – 某资质　　　　　　　　　　　　97 296.88

（5）同时转回递延所得税负债，适用税率 25%。

借：递延所得税负债　　　　　（97 296.88×25%）24 324.22

　　贷：所得税费用——递延所得税费用　　　　　　24 324.22

（6）滚动调整 2021 年初子公司 2 的少数股东权益。

借：未分配利润——年初　　　　　　　　　　　　3 628 598.38

　　贷：少数股东权益——年初　　　　　　　　　　3 628 598.38

（7）确认子公司2本年少数股东权益。

子公司2本年实现净利润2 339 131.46元，少数股东持股比例为40%，本年少数股东权益935 652.58元。

借：少数股东损益——本年   935 652.58

    贷：少数股东权益——本年   935 652.58

该笔调整分录会影响未分配利润减少即归母净资产减少935 652.58元。在过入底稿时应予以考虑。中介的套表公式设置会自动生成，手工底稿要手工录入。

（8）滚动调整子公司1和子公司3上年内部销售本年实现30%部分。

借：未分配利润——年初   60 000

    贷：存货   60 000

（9）本年对外实现销售，合并层面对存货对应处理。

借：存货   60 000

    贷：营业成本   60 000

（10）抵销子公司1和子公司3内部销售的现金流。

借：购买商品、接受劳务支付的现金   1 017 000

    贷：销售商品、提供劳务收到的现金   1 017 000

（11）母公司投资收益与子公司2利润分配相互抵销。

借：投资收益   2 400 000

    少数股东权益   1 600 000

    贷：未分配利润——应付普通股股利   4 000 000

注释：在子公司单体报表中借方是利润分配——未分配利润。

（12）将母公司与子公司2的现金流抵销。

借：分配股利、利润或偿付利息支付的现金   2 400 000

    贷：取得投资收益收到的现金   2 400 000

（13）将母公司购买同一控制下子公司5的现金流重分类。

借：投资支付的现金   10 000 000

    贷：支付的其他与筹资活动有关的   10 000 000

将以上合并调整分录过入底稿（见表7-19）。

表 7-19

某（集团）公司 2021 年度合并工作底稿（试算平衡表）

单位：元

项目	母公司	子公司 1	子公司 2	子公司 3	子公司 4	子公司 5	汇总	合并调整 借方	合并调整 贷方	合并金额
资产负债表项目										
流动资产：										
货币资金	13 534 653.49	2 589 838.01	1 494 293.94	17 989 222.71	389 794.31	17 452 436.57	53 450 239.03			53 450 239.03①
结算备付金	0.00	0.00	0.00	0.00	0.00	0.00	0.00			0.00
拆出资金	0.00	0.00	0.00	0.00	0.00	0.00	0.00			0.00
交易性金融资产	0.00	0.00	0.00	0.00	0.00	0.00	0.00			0.00
衍生金融资产	0.00	0.00	0.00	0.00	0.00	0.00	0.00			0.00
应收票据	0.00	0.00	0.00	0.00	0.00	0.00	0.00			0.00
应收账款	16 239 267.35	7 144 271.41	9 894 419.91	30 821 337.16	691 484.80	22 653 581.81	87 444 362.44			87 444 362.44
减：应收账款坏账准备	2 707 309.63	977 312.57	1 079 930.39	3 408 244.77	78 389.63	4 828 843.16	13 080 030.15			13 080 030.15
应收账款净额	13 531 957.72	6 166 958.84	8 814 489.52	27 413 092.39	613 095.17	17 824 738.65	74 364 332.29			74 364 332.29
应收款项融资	0.00	0.00	0.00	0.00	0.00	0.00	0.00			0.00
预付款项	1 669 335.21	1 499 924.46	1 657 416.53	3 696 038.86	185 008.89	2 067 712.25	10 775 436.20			10 775 436.20
应收保费	0.00	0.00	0.00	0.00	0.00	0.00	0.00			0.00
应收分保账款	0.00	0.00	0.00	0.00	0.00	0.00	0.00			0.00
应收分保合同准备金	0.00	0.00	0.00	0.00	0.00	0.00	0.00			0.00
其他应收款	1 581 854.88	1 517 828.74	2 677 200.76	11 970 157.69	175 313.63	11 935 230.88	29 857 586.58			29 857 586.58
减：其他应收款坏账准备	127 973.84	197 317.74	218 036.10	1 486 220.50	14 183.07	1 233 563.02	3 277 294.27			3 277 294.27
其他应收款净额	1 453 881.04	1 320 511.00	2 459 164.66	10 483 937.19	161 130.56	10 701 667.86	26 580 292.31			26 580 292.31
买入返售金融资产	0.00	0.00	0.00	0.00	0.00	0.00	0.00			0.00
存货	0.00	5 352.33	3 611 613.32	8 053 897.70	0.00	0.00	11 670 863.35		60 000.00	11 670 863.35
减：存货跌价准备	0.00	0.00	0.00	0.00	0.00	0.00	0.00			0.00
存货净额	0.00	5 352.33	3 611 613.32	8 053 897.70	0.00	0.00	11 670 863.35		60 000.00	11 670 863.35
合同资产	0.00	0.00	0.00	0.00	0.00	0.00	0.00			0.00
持有待售资产	0.00	0.00	0.00	0.00	0.00	0.00	0.00			0.00
一年内到期的非流动资产	0.00	0.00	0.00	0.00	0.00	0.00	0.00			0.00
其他流动资产	0.00	0.00	0.00	0.00	0.00	0.00	0.00			0.00
流动资产合计	30 189 827.46	11 582 584.64	18 036 977.97	67 636 188.85	1 349 028.93	48 046 555.33	176 841 163.18		60 000.00	176 841 163.18

续表

项目	母公司	子公司1	子公司2	子公司3	子公司4	子公司5	汇总	合并调整借方	合并调整贷方	合并金额
非流动资产：										
发放贷款及垫款	0.00	0.00	0.00	0.00		0.00	0.00			0.00
债权投资	0.00	0.00	0.00	0.00	0.00	0.00	0.00			0.00
其他债权投资	0.00	0.00	0.00	0.00	0.00	0.00	0.00			0.00
长期应收款	0.00	0.00	0.00	0.00	0.00	0.00	0.00			0.00
长期股权投资	47 572 703.01	0.00	0.00	0.00	0.00	0.00	47 572 703.01		47 572 703.01	0.00
减：长期股权投资减值准备	0.00	0.00	0.00	0.00	0.00	0.00	0.00			0.00
长期股权投资净额	47 572 703.01	0.00	0.00	0.00	0.00	0.00	47 572 703.01		47 572 703.01	0.00
其他权益工具投资	0.00	0.00	0.00	0.00	0.00	0.00	0.00			0.00
其他非流动金融资产	0.00	0.00	0.00	0.00	0.00	0.00	0.00			0.00
投资性房地产	0.00	0.00	0.00	0.00	0.00	0.00	0.00			0.00
减：投资性房地产累计折旧（摊销）	0.00	0.00	0.00	0.00	0.00	0.00	0.00			
减：投资性房地产减值准备	0.00	0.00	0.00	0.00	0.00	0.00	0.00			0.00
投资性房地产净额	0.00	0.00	0.00	0.00	0.00	0.00	0.00			0.00
固定资产	3 253 779.43	132 570.41	2 546 490.30	15 678 673.37	360 609.49	11 613 298.90	33 585 421.90			33 585 421.90
减：累计折旧	1 139 612.03	106 056.33	1 117 192.24	5 491 338.70	126 300.79	4 757 811.12	12 738 311.21			12 738 311.21
减：固定资产减值准备	0.00	0.00	0.00	0.00	0.00	0.00	0.00			0.00
固定资产净额	2 114 167.40	26 514.08	1 429 298.06	10 187 334.67	234 308.70	6 855 487.78	20 847 110.69			20 847 110.69
在建工程	0.00	0.00	0.00	0.00	0.00	0.00	0.00			0.00
减：在建工程减值准备	0.00	0.00	0.00	0.00	0.00	0.00	0.00			0.00
在建工程净额	0.00	0.00	0.00	0.00	0.00	0.00	0.00			0.00
生产性生物资产	0.00	0.00	0.00	0.00	0.00	0.00	0.00			0.00
油气资产	0.00	0.00	0.00	0.00	0.00	0.00	0.00			0.00
使用权资产	0.00	0.00	0.00	0.00	0.00	0.00	0.00			0.00
减：使用权资产累计折旧	0.00	0.00	0.00	0.00	0.00	0.00	0.00			0.00
减：使用权资产减值准备	0.00	0.00	0.00	0.00	0.00	0.00	0.00			0.00
使用权资产净额	0.00	0.00	0.00	0.00	0.00	0.00	0.00			0.00

项目	母公司	子公司1	子公司2	子公司3	子公司4	子公司5	汇总	合并调整 借方	合并调整 贷方	合并金额
无形资产	0.00	0.00	0.00	0.00	123 746.47	0.00	123 746.47	681 078.14	97 296.88	707 527.73
减：累计摊销	0.00	0.00	0.00	0.00	42 427.36	0.00	42 427.36			42 427.36
减：无形资产减值准备	0.00	0.00	0.00	0.00	0.00	0.00	0.00			0.00
无形资产净额	0.00	0.00	0.00	0.00	81 319.11	0.00	81 319.11	681 078.14	97 296.88	665 100.37
开发支出	0.00	0.00	0.00	0.00	0.00	0.00	0.00			0.00
商誉	0.00	0.00	0.00	0.00	0.00	0.00	0.00	5 471 478.34		5 471 478.34
减：商誉减值准备	0.00	0.00	0.00	0.00	0.00	0.00	0.00			0.00
商誉净额	0.00	0.00	0.00	0.00	0.00	0.00	0.00	5 471 478.34		5 471 478.34
长期待摊费用	0.00	0.00	1 817 924.20	0.00	0.00	0.00	1 817 924.20			1 817 924.20
递延所得税资产	1 513 956.44	639 178.61	324 491.63	0.00	56 937.66	979 543.28	3 514 107.62			3 514 107.62
其他非流动资产	0.00	0.00	0.00	0.00	0.00	0.00	0.00			0.00
非流动资产合计	51 200 826.85	665 692.69	3 571 713.89	10 187 334.67	372 565.47	7 835 031.06	73 833 164.63	6 152 556.48	47 669 999.89	32 315 721.22
资产总计	81 390 654.31	12 248 277.33	21 608 691.86	77 823 523.52	1 721 594.40	55 881 586.39	250 674 327.81	6 212 556.48	47 729 999.89	209 156 884.40
流动负债：							0.00			0.00
短期借款	40 000 000.00	0.00	4 000 000.00	24 000 000.00	0.00	0.00	68 000 000.00			68 000 000.00
向中央银行借款	0.00	0.00	0.00	0.00	0.00	0.00	0.00			0.00
拆入资金	0.00	0.00	0.00	0.00	0.00	0.00	0.00			0.00
交易性金融负债	0.00	0.00	0.00	0.00	0.00	0.00	0.00			0.00
衍生金融负债	0.00	0.00	0.00	0.00	0.00	0.00	0.00			0.00
应付票据	0.00	0.00	0.00	0.00	0.00	0.00	0.00			0.00
应付账款	941 643.75	6 516 232.86	9 079 190.46	37 665 749.92	941 643.75	42 015 887.43	97 160 348.17			97 160 348.17
预收款项	0.00	0.00	0.00	0.00	0.00	0.00	0.00			0.00
合同负债	0.00	0.00	0.00	0.00	0.00	0.00	0.00			0.00
卖出回购金融资产款	0.00	0.00	0.00	0.00	0.00	0.00	0.00			0.00
吸收存款及同业存放	0.00	0.00	0.00	0.00	0.00	0.00	0.00			0.00
代理买卖证券款	0.00	0.00	0.00	0.00	0.00	0.00	0.00			0.00
代理承销证券款	0.00	0.00	0.00	0.00	0.00	0.00	0.00			0.00
应付职工薪酬	0.00	0.00	0.00	0.00	0.00	0.00	0.00			0.00

续表

项目	母公司	子公司1	子公司2	子公司3	子公司4	子公司5	汇总	合并调整 借方	合并调整 贷方	合并金额
应交税费	29 303.42	26 230.38	32 787.98	1 172 136.90	29 303.42	996 316.37	2 286 078.47			2 286 078.47
其他应付款	141 078.81	1 659 908.94	1 074 886.18	5 643 152.45	141 078.81	4 796 679.58	13 456 784.77			13 456 784.77
应付手续费及佣金	0.00	0.00	0.00	0.00	0.00	0.00	0.00			0.00
应付分保账款	0.00	0.00	0.00		0.00	0.00	0.00			0.00
持有待售负债	0.00	0.00	0.00	0.00	0.00	0.00	0.00			0.00
一年内到期的非流动负债	0.00	0.00	0.00	0.00	0.00	0.00	0.00			0.00
其他流动负债	0.00	0.00	0.00	0.00	0.00	0.00	0.00			0.00
流动负债合计	41 112 025.98	8 202 372.18	14 186 864.62	68 481 039.27	1 112 025.98	47 808 883.38	180 903 211.41			180 903 211.41
非流动负债：										
保险合同准备金	0.00	0.00	0.00	0.00	0.00	0.00	0.00			0.00
长期借款	0.00	0.00	0.00	0.00	0.00	0.00	0.00			0.00
应付债券	0.00	0.00	0.00	0.00	0.00	0.00	0.00			0.00
其中：优先股	0.00	0.00	0.00	0.00	0.00	0.00	0.00			0.00
永续债	0.00	0.00	0.00	0.00	0.00	0.00	0.00			0.00
租赁负债	0.00	0.00	0.00	0.00	0.00	0.00	0.00			0.00
长期应付款	0.00	0.00	0.00	0.00	0.00	0.00	0.00			0.00
长期应付职工薪酬	0.00	0.00	0.00	0.00	0.00	0.00	0.00			0.00
预计负债	0.00	0.00	0.00	0.00	0.00	0.00	0.00			0.00
递延收益	0.00	0.00	0.00	0.00	0.00	0.00	0.00			0.00
递延所得税负债	0.00	0.00	0.00	0.00	0.00	0.00	0.00	24 324.22	170 269.54	145 945.32
其他非流动负债	0.00	0.00	11 199.82	0.00	131 851.86	0.00	143 051.68			143 051.68
非流动负债合计	0.00	0.00	11 199.82	0.00	131 851.86	0.00	143 051.68	24 324.22	170 269.54	288 997.00
负债合计	41 112 025.98	8 202 372.18	14 198 064.44	68 481 039.27	1 243 877.84	47 808 883.38	181 046 263.09	24 324.22	170 269.54	181 192 208.41
所有者权益（或股东权益）：										
实收资本（或股本）	40 000 000.00	3 000 000.00	5 000 000.00	25 000 000.00	500 000.00	6 000 000.00	79 500 000.00	39 500 000.00		40 000 000.00
其他权益工具	0.00	0.00	0.00	0.00	0.00	0.00	0.00			0.00
其中：优先股	0.00	0.00	0.00	0.00	0.00	0.00	0.00			0.00
永续债	0.00	0.00	0.00	0.00	0.00	0.00	0.00			0.00

续表

项目	母公司	子公司 1	子公司 2	子公司 3	子公司 4	子公司 5	汇总	合并调整 借方	合并调整 贷方	合并金额
资本公积	-1 927 296.99	0.00	0.00	0.00	0.00	0.00	-1 927 296.99	170 269.54	681 078.14	-1 416 488.39
减：库存股	0.00	0.00	0.00	0.00	0.00	0.00	0.00			0.00
其他综合收益	0.00	0.00	0.00	0.00	0.00	0.00	0.00			0.00
专项储备	0.00	0.00	0.00	0.00	0.00	0.00	0.00			0.00
盈余公积	0.00	178 757.63	1 051 350.11	0.00	0.00	285 428.27	3 182 716.79	1 515 536.01		1 667 180.78
一般风险准备	0.00	0.00	0.00	0.00	0.00	0.00	0.00			0.00
未分配利润	538 744.55	867 147.52	1 359 277.31	-15 657 515.75	-22 283.44	1 787 274.74	-11 127 355.08	8 207 236.50②	4 084 324.22②	-15 250 267.36
合计	40 278 628.33	4 045 905.15	7 410 627.42	9 342 484.25	477 716.56	8 072 703.01	69 628 064.72	49 393 042.05	4 765 402.36	25 000 425.03
少数股东权益	0.00	0.00	0.00	0.00	0.00	0.00	0.00	1 600 000.00	4 564 250.96	2 964 250.96
所有者权益（或股东权益）合计	40 278 628.33	4 045 905.15	7 410 627.42	9 342 484.25	477 716.56	8 072 703.01	69 628 064.72	50 993 042.05	9 329 653.32	27 964 675.99
负债和所有者权益（或股东权益）总计	81 390 654.31	12 248 277.33	21 608 691.86	77 823 523.52	1 721 594.40	55 881 586.39	250 674 327.81	51 017 366.27	9 499 922.86	209 156 884.40
利润表项目										
一、营业总收入	18 423 781.12	45 950 150.46	66 499 471.29	412 496 220.41	837 367.33	25 987 261.89	570 194 252.50			570 194 252.50
其中：营业收入	18 423 781.12	45 950 150.46	66 499 471.29	412 496 220.41	837 367.33	25 987 261.89	570 194 252.50			570 194 252.50
其中：主营业务收入	18 423 781.12	45 950 150.46	66 499 471.29	412 496 220.41	837 367.33	25 987 261.89	570 194 252.50			570 194 252.50
其他业务收入	0.00	0.00	0.00	0.00	0.00	0.00	0.00			0.00
利息收入	0.00	0.00	0.00	0.00	0.00	0.00	0.00			0.00
已赚保费	0.00	0.00	0.00	0.00	0.00	0.00	0.00			0.00
手续费及佣金收入	0.00	0.00	0.00	0.00	0.00	0.00	0.00			0.00
二、营业总成本	19 897 654.70	45 800 258.86	63 380 654.48	414 150 199.74	840 724.91	25 591 462.59	569 660 955.28	97 296.88	60 000.00	569 698 252.16
其中：营业成本	14 629 123.12	34 258 111.39	49 578 647.12	327 536 348.09	664 898.79	20 634 789.93	447 301 918.44		60 000.00	447 241 918.44
其中：主营业务成本	14 629 123.12	34 258 111.39	49 578 647.12	327 536 348.09	664 898.79	20 634 789.93	447 301 918.44		60 000.00	447 241 918.44
其他业务成本	0.00	0.00	0.00	0.00	0.00	0.00	0.00			0.00
利息支出	0.00	0.00	0.00	0.00	0.00	0.00	0.00			0.00
手续费及佣金支出	0.00	0.00	0.00	0.00	0.00	0.00	0.00			0.00
退保金	0.00	0.00	0.00	0.00	0.00	0.00	0.00			0.00

续表

项目	母公司	子公司1	子公司2	子公司3	子公司4	子公司5	汇总	合并调整 借方	合并调整 贷方	合并金额
赔付支出净额	0.00	0.00	0.00	0.00	0.00	0.00	0.00			0.00
提取保险合同准备金净额	0.00	0.00	0.00	0.00	0.00	0.00	0.00			0.00
保单红利支出	0.00	0.00	0.00	0.00	0.00	0.00	0.00			0.00
分保费用	0.00	0.00	0.00	0.00	0.00	0.00	0.00			0.00
税金及附加	53 317.74	25 964.20	31 234.93	1 193 750.27	2 423.31	75 206.27	1 381 896.72			1 381 896.72
销售费用	2 679 320.09	8 038 932.57	9 670 835.88	59 988 194.96	121 776.04	3 779 256.28	84 278 315.82			84 278 315.82
管理费用	1 022 348.97	3 067 417.96	3 690 103.81	22 889 713.93	46 466.12	942 051.98	31 658 102.77	97 296.88		31 755 399.65
研发费用	0.00	0.00	0.00	0.00	0.00	0.00	0.00			0.00
财务费用	1 513 544.78	409 832.74	409 832.74	2 542 192.49	5 160.65	160 158.13	5 040 721.53			5 040 721.53
其中：利息费用	0.00	0.00	0.00	0.00	0.00	0.00	0.00			0.00
利息收入	0.00	0.00	0.00	0.00	0.00	0.00	0.00			0.00
加：其他收益	0.00	0.00	0.00	0.00	0.00	0.00	0.00			0.00
投资收益（亏损以"-"号填列）	2 400 000.00	0.00	0.00	0.00	0.00	0.00	2 400 000.00	2 400 000.00		0.00
其中：对联营企业和合营企业的投资收益	0.00	0.00	0.00	0.00	0.00	0.00	0.00			0.00
以摊余成本计量的金融资产终止确认收益	0.00	0.00	0.00	0.00	0.00	0.00	0.00			0.00
汇总收益（亏损以"-"号填列）	0.00	0.00	0.00	0.00	0.00	0.00	0.00			0.00
净敞口套期收益（亏损以"-"号填列）	0.00	0.00	0.00	0.00	0.00	0.00	0.00			0.00
公允价值变动收益（亏损以"-"号填列）	0.00	0.00	0.00	0.00	0.00	0.00	0.00			0.00
信用减值损失（亏损以"-"号填列）	-539 666.13	-102 126.93	-5 599.91	378 390.38	-50 389.86	-367 722.08	-687 114.53			-687 114.53
资产减值损失（亏损以"-"号填列）	0.00	0.00	0.00	0.00	0.00	0.00	0.00			0.00

续表

项目	母公司	子公司 1	子公司 2	子公司 3	子公司 4	子公司 5	汇总	合并调整 借方	合并调整 贷方	合并金额
资产处置收益（亏损以"-"号填列）	0.00	0.00	0.00	0.00	0.00	0.00	0.00			0.00
三、营业利润（亏损以"-"号填列）	386 460.29	47 764.67	3 113 216.90	-1 275 588.95	-53 747.44	28 077.22	2 246 182.69			-191 114.19
加：营业外收入	9 714.56	6 236.75	7 502.81	217 502.81	441.53	13 702.68	255 101.14			255 101.14
减：营业外支出	500.77	9.25	11.13	11 211.13	22.76	706.30	12 461.34			12 461.34
四、利润总额（亏损总额以"-"号填列）	395 674.08	53 992.17	3 120 708.58	-1 069 297.27	-53 328.67	41 073.60	2 488 822.49			51 525.61
减：所得税费用	-501 081.48	13 498.04	781 577.12	0.00	-13 332.17	6 161.04	286 822.55		24 324.22	262 498.33
五、净利润（净亏损以"-"号填列）	896 755.56	40 494.13	2 339 131.46	-1 069 297.27	-39 996.50	34 912.56	2 201 999.94			-210 972.72
（一）按经营持续性分类							0.00			0.00
1. 持续经营净利润	896 755.56	40 494.13	2 339 131.46	-1 069 297.27	-39 996.50	34 912.56	2 201 999.94			-210 972.72
2. 终止经营净利润	0.00	0.00	0.00	0.00	0.00	0.00	0.00			0.00
（二）按所有权归属分类							0.00			0.00
1. 归属于母公司所有者的净利润	896 755.56	40 494.13	2 339 131.46	-1 069 297.27	-39 996.50	34 912.56	2 201 999.94			-1 146 625.30
加：少数股东损益	0.00	0.00	0.00	0.00	0.00	0.00	0.00	935 652.58		935 652.58
加：年初未分配利润（未弥补亏损以"-"号填列）	-298 150.51	830 702.80	3 488 952.13	-14 588 218.48	17 713.06	1 752 362.18	-8 796 638.82	3 688 598.38		-12 485 237.20
其他转入	0.00	0.00	0.00	0.00	0.00	0.00	0.00			0.00
六、可供分配的利润（亏损以"-"号填列）	598 605.05	871 196.93	5 828 083.59	-15 657 515.75	-22 283.44	1 787 274.74	-6 594 638.88			-13 631 862.50
减：提取法定盈余公积	59 860.51	4 049.41	468 806.28	0.00	0.00	0.00	532 716.20			532 716.20
提取一般风险准备	0.00	0.00	0.00	0.00	0.00	0.00	0.00			0.00
提取职工奖励及福利基金	0.00	0.00	0.00	0.00	0.00	0.00	0.00			0.00
提取储备基金	0.00	0.00	0.00	0.00	0.00	0.00	0.00			0.00
提取企业发展基金	0.00	0.00	0.00	0.00	0.00	0.00	0.00			0.00

续表

项目	母公司	子公司1	子公司2	子公司3	子公司4	子公司5	汇总	合并调整 借方	合并调整 贷方	合并金额
利润归还投资	0.00	0.00	0.00	0.00	0.00	0.00	0.00			0.00
七、可供股东分配的利润（亏损以"-"号填列）	538 744.55	867 147.52	5 359 277.31	-15 657 515.75	-22 283.44	1 787 274.74	-7 127 355.07			-14 164 578.70
减：应付优先股股利	0.00	0.00	0.00	0.00	0.00	0.00	0.00			0.00
提取任意盈余公积	0.00	0.00	0.00	0.00	0.00	0.00	0.00			0.00
应付普通股股利	0.00	0.00	4 000 000.00	0.00	0.00	0.00	4 000 000.00	4 000 000.00		0.00
转作股本的普通股股利	0.00	0.00	0.00	0.00	0.00	0.00	0.00			0.00
应付未续债利息	0.00	0.00	0.00	0.00	0.00	0.00	0.00			0.00
权益性交易冲减未分配利润	0.00	0.00	0.00	0.00	0.00	0.00	0.00			0.00
同一控制下企业合并冲减未分配利润	0.00	0.00	0.00	0.00	0.00	0.00	0.00	1 085 688.66③		1 085 688.66
分公司上交利润	0.00	0.00	0.00	0.00	0.00	0.00	0.00			0.00
其他减少	0.00	0.00	0.00	0.00	0.00	0.00	0.00			0.00
加：盈余公积弥补亏损	0.00	0.00	0.00	0.00	0.00	0.00	0.00			0.00
设定受益计划变动额结转留存收益	0.00	0.00	0.00	0.00	0.00	0.00	0.00			0.00
其他综合收益结转留存收益	0.00	0.00	0.00	0.00	0.00	0.00	0.00			0.00
其他调整因素	0.00	0.00	0.00	0.00	0.00	0.00	0.00			0.00
八、未分配利润（未弥补亏损以"-"号表示）	538 744.55	867 147.52	1 359 277.31	-15 657 515.75	-22 283.44	1 787 274.74	-11 127 355.07			-15 250 267.36
九、其他综合收益的税后净额	0.00	0.00	0.00	0.00	0.00	0.00	0.00			0.00
归属于母公司所有者的其他综合收益的税后净额	0.00	0.00	0.00	0.00	0.00	0.00	0.00			0.00
（一）不能重分类进损益的其他综合收益	0.00	0.00	0.00	0.00	0.00	0.00	0.00			0.00
1.重新计量设定受益计划变动额	0.00	0.00	0.00	0.00	0.00	0.00	0.00			0.00

续表

项目	母公司	子公司1	子公司2	子公司3	子公司4	子公司5	汇总	合并调整 借方	合并调整 贷方	合并金额
2. 权益法下不能转损益的其他综合收益	0.00	0.00	0.00	0.00	0.00	0.00	0.00			0.00
3. 其他权益工具投资公允价值变动	0.00	0.00	0.00	0.00	0.00	0.00	0.00			0.00
企业自身信用风险公允价值变动	0.00	0.00	0.00	0.00	0.00	0.00	0.00			0.00
(二)以后将重分类进损益的其他综合收益	0.00	0.00	0.00	0.00	0.00	0.00	0.00			0.00
1. 权益法下可转损益的其他综合收益	0.00	0.00	0.00	0.00	0.00	0.00	0.00			0.00
2. 其他债权投资公允价值变动	0.00	0.00	0.00	0.00	0.00	0.00	0.00			0.00
3. 金融资产重分类计入其他综合收益的金额	0.00	0.00	0.00	0.00	0.00	0.00	0.00			0.00
4. 其他债权投资信用减值准备	0.00	0.00	0.00	0.00	0.00	0.00	0.00			0.00
5. 现金流量套期储备	0.00	0.00	0.00	0.00	0.00	0.00	0.00			0.00
6. 外币财务报表折算差额	0.00	0.00	0.00	0.00	0.00	0.00	0.00			0.00
7. 自用房地产或作为存货的房地产转换为以公允价值模式计量的投资性房地产在转换日公允价值大于账面价值的部分	0.00	0.00	0.00	0.00	0.00	0.00	0.00			0.00
8. 一揽子交易中处置对子公司股权投资在丧失控制权之前产生的投资收益	0.00	0.00	0.00	0.00	0.00	0.00	0.00			0.00
归属于少数股东的其他综合收益的税后净额	0.00	0.00	0.00	0.00	0.00	0.00	0.00			0.00
十、综合收益总额	896 755.56	40 494.13	2 339 131.46	−1 069 297.27	−39 996.50	34 912.56	2 201 999.94			0.00
归属于母公司所有者的综合收益总额	896 755.56	40 494.13	2 339 131.46	−1 069 297.27	−39 996.50	34 912.56	2 201 999.94			−1 146 625.30
归属于少数股东的综合收益总额	0.00	0.00	0.00	0.00	0.00	0.00	0.00			935 652.58

续表

项目	母公司	子公司1	子公司2	子公司3	子公司4	子公司5	汇总	合并调整 借方	合并调整 贷方	合并金额
现金流量表项目										
一、经营活动产生的现金流量										
销售商品、提供劳务收到的现金	13 890 799.67	45 086 295.29	65 172 952.95	412 109 491.52	389 359.40	26 903 057.01	563 551 955.84		1 017 000.00	562 534 955.84
客户存款和同业存放款项净增加额	0.00	0.00	0.00	0.00	0.00	0.00	0.00			0.00
向中央银行借款净增加额	0.00	0.00	0.00	0.00	0.00	0.00	0.00			0.00
向其他金融机构拆入资金净增加额	0.00	0.00	0.00	0.00	0.00	0.00	0.00			0.00
收到原保险合同保费取得的现金	0.00	0.00	0.00	0.00	0.00	0.00	0.00			0.00
收到再保险业务现金净额	0.00	0.00	0.00	0.00	0.00	0.00	0.00			0.00
保户储金及投资款净增加额	0.00	0.00	0.00	0.00	0.00	0.00	0.00			0.00
收取利息、手续费及佣金的现金	0.00	0.00	0.00	0.00	0.00	0.00	0.00			0.00
拆入资金净增加额	0.00	0.00	0.00	0.00	0.00	0.00	0.00			0.00
回购业务资金净增加额	0.00	0.00	0.00	0.00	0.00	0.00	0.00			0.00
代理买卖证券收到的现金净额	0.00	0.00	0.00	0.00	0.00	0.00	0.00			0.00
收到的税费返还	0.00	0.00	0.00	0.00	0.00	0.00	0.00			0.00
收到其他与经营活动有关的现金	2 176 903.61	5 410 355.43	11 269 876.28	5 176 903.61	176 903.61	2 176 903.61	26 387 846.15			26 387 846.15
经营活动现金流入小计	16 067 703.28	50 496 650.72	76 442 829.23	417 286 395.13	566 263.01	29 079 960.62	589 939 801.99		1 017 000.00	588 922 801.99
购买商品、接受劳务支付的现金	14 449 253.89	33 571 548.25	50 017 950.97	320 604 654.01	91 085.31	13 731 098.63	432 465 591.06	1 017 000.00		431 448 591.06
客户贷款及垫款净增加额	0.00	0.00	0.00	0.00	0.00	0.00	0.00			0.00
存放中央银行和同业款项净增加额	0.00	0.00	0.00	0.00	0.00	0.00	0.00			0.00
支付原保险合同赔付款项的现金	0.00	0.00	0.00	0.00	0.00	0.00	0.00			0.00
为交易目的而持有的金融资产净增加额	0.00	0.00	0.00	0.00	0.00	0.00	0.00			0.00
拆出资金净增加额	0.00	0.00	0.00	0.00	0.00	0.00	0.00			0.00

续表

项目	母公司	子公司 1	子公司 2	子公司 3	子公司 4	子公司 5	汇总	合并调整(借方)	合并调整(贷方)	合并金额
支付利息、手续费及佣金的现金	0.00	0.00	0.00	0.00	0.00	0.00	0.00			0.00
支付保单红利的现金	0.00	0.00	0.00	0.00	0.00	0.00	0.00			0.00
支付给职工以及为职工支付的现金	2 276 068.43	4 700 016.76	6 640 020.11	32 576 068.41	76 068.41	2 576 068.41	48 844 310.53			48 844 310.53
支付的各项税费	337 626.23	1 007 146.45	1 928 004.02	18 097 616.88	7 616.88	807 616.88	22 185 627.34			22 185 627.34
支付其他与经营活动有关的现金	3 441 200.06	10 905 324.11	16 949 706.66	39 476 277.57	211 371.75	5 206 448.47	76 190 328.62			76 190 328.62
经营活动现金流出小计	20 504 148.61	50 184 035.57	75 535 681.76	410 754 616.87	386 142.35	22 321 232.39	579 685 857.55	1 017 000.00		578 668 857.55
经营活动产生的现金流量净额	-4 436 445.33	312 615.15	907 147.47	6 531 778.26	180 120.66	6 758 728.23	10 253 944.44			10 253 944.44
二、投资活动产生的现金流量	0.00	0.00	0.00	0.00	0.00	0.00	0.00			0.00
收回投资收到的现金	0.00	0.00	0.00	0.00	0.00	0.00	0.00			0.00
取得投资收益收到的现金	2 400 000.00	0.00	0.00	0.00	0.00	0.00	2 400 000.00		2 400 000.00	0.00
处置固定资产、无形资产和其他长期资产收回的现金净额	0.00	0.00	0.00	0.00	0.00	0.00	0.00			0.00
处置子公司及其他营业单位收到的现金净额	0.00	0.00	0.00	0.00	0.00	0.00	0.00			0.00
收到其他与投资活动有关的现金	0.00	0.00	0.00	0.00	0.00	0.00	0.00			0.00
投资活动现金流入小计	2 400 000.00	0.00	0.00	0.00	0.00	0.00	2 400 000.00		2 400 000.00	0.00
购建固定资产、无形资产和其他长期资产支付的现金	766 618.66	0.00	416 742.96	6 989 304.22	291 094.54	4 228 780.22	12 692 540.60			12 692 540.60
投资支付的现金	10 000 000.00	0.00	0.00	0.00	0.00	0.00	10 000 000.00	10 000 000.00		0.00
质押贷款净增加额	0.00	0.00	0.00	0.00	0.00	0.00	0.00			0.00
取得子公司及其他营业单位支付的现金净额	0.00	0.00	0.00	0.00	0.00	0.00	0.00			0.00
支付其他与投资活动有关的现金	0.00	0.00	0.00	0.00	0.00	0.00	0.00			0.00
投资活动现金流出小计	10 766 618.66	0.00	416 742.96	6 989 304.22	291 094.54	4 228 780.22	22 692 540.60	10 000 000.00		12 692 540.60
投资活动产生的现金流量净额	-8 366 618.66	0.00	-416 742.96	-6 989 304.22	-291 094.54	-4 228 780.22	-20 292 540.60	10 000 000.00	2 400 000.00	-12 692 540.60
三、筹资活动产生的现金流量	0.00	0.00	0.00	0.00	0.00	0.00	0.00			0.00

续表

项目	母公司	子公司1	子公司2	子公司3	子公司4	子公司5	汇总	合并调整 借方	合并调整 贷方	合并金额
吸收投资收到的现金	0.00	0.00	0.00	0.00	0.00	0.00	0.00			0.00
其中：子公司吸收少数股东投资收到的现金	0.00	0.00	0.00	0.00	0.00	0.00	0.00			0.00
取得借款收到的现金	40 000 000.00	0.00	4 000 000.00	24 000 000.00	0.00	0.00	68 000 000.00			68 000 000.00
发行债券收到的现金	0.00	0.00	0.00	0.00	0.00	0.00	0.00			0.00
收到其他与筹资活动有关的现金	0.00	0.00	0.00	0.00	0.00	0.00	0.00			0.00
筹资活动现金流入小计	40 000 000.00	0.00	4 000 000.00	24 000 000.00	0.00	0.00	68 000 000.00			68 000 000.00
偿还债务支付的现金	30 000 000.00	0.00	4 000 000.00	24 000 000.00	0.00	0.00	58 000 000.00			58 000 000.00
分配股利、利润或偿付利息支付的现金	1 395 000.00	0.00	4 190 000.00	1 116 000.00	0.00	0.00	6 701 000.00	2 400 000.00		4 301 000.00
其中：子公司支付给少数股东的股利、利润	0.00	0.00	0.00	0.00	0.00	0.00	0.00			0.00
支付其他与筹资活动有关的现金	0.00	0.00	0.00	0.00	0.00	0.00	0.00		10 000 000.00	10 000 000.00
筹资活动现金流出小计	31 395 000.00	0.00	8 190 000.00	25 116 000.00	0.00	0.00	64 701 000.00	2 400 000.00	10 000 000.00	72 301 000.00
筹资活动产生的现金流量净额	8 605 000.00	0.00	-4 190 000.00	-1 116 000.00	0.00	0.00	3 299 000.00			-4 301 000.00
四、汇率变动对现金及现金等价物的影响	0.00	204 253.86	672 627.50	359 219.24	50 532.75	0.00	1 286 633.35			1 286 633.35
五、现金及现金等价物净增加额	-4 198 063.99	516 869.01	-3 026 967.99	-1 214 306.72	-60 441.13	2 529 948.01	-5 452 962.81			-5 452 962.81
加：期初现金及现金等价物余额	14 732 717.48	2 072 969.00	4 521 261.93	18 446 748.67	450 235.44	14 922 488.56	55 146 421.08			55 146 421.08
六、期末现金及现金等价物余额	10 534 653.49	2 589 838.01	1 494 293.94	17 232 441.95	389 794.31	17 452 436.57	49 693 458.27			49 693 458.27①

注：
①货币资金53 450 239.03元和期末现金及现金等价物余额49 693 458.27元之间的差额3 756 780.76元为受限资金，其中母公司质押贷款756 780.76元。
②未分配利润借方调整8 207 236.50 = 1 085 688.66 + 97 296.88 + 3 628 598.38 + 935 652.58 + 60 000 + 2 400 000
贷方调整金额4 084 324.22 = 24 324.22 + 60 000 + 4 000 000
③同一控制下企业合并冲减未分配利润1 085 688.66元未额子合并调整分录1。
④同一控制下企业合并视同在最开始的最早期初数即为母公司控制，在合并日应将其资产负债、利润表、现金流量表纳入合并范围。合并日之前当年实现的利润计入非经常性损益。本案例为了减少重复叙述，将12月31日作为合并日的正常处理。
④同一控制下企业合并视同在最开始的最早期初数即为母公司控制。如果9月30日为合并日，在编制年度报告时，应将9月30日至12月31日的利润计入非经常性损益。日，因此2021年度的利润则应为非经常性损益。

　　由于 2021 年度增加了同一控制下的子公司 5，在编制比较合并报表时，应对上年度编制的合并报表进行调整，即将子公司 5 2020 年度的资产负债表、利润比和现金流量表纳入合并范围。

　　本案例假定母公司和其他子公司和子公司 5 没有内部交易，子公司 5 账面净资产即为在最终控制方的账面价值。上年末（本年初）母公司对子公司 5 没有长期股权投资，应通过资本公积模拟合并抵销，根据子公司 5 上年末（本年初）净资产情况，应编制如下抵销分录。

借：实收资本	6 000 000
盈余公积	285 428.27
未分配利润	1 752 362.18
贷：资本公积——股本溢价	8 037 790.45

同时在合并层面恢复子公司的盈余公积和未分配利润。本例可以完全恢复。

借：资本公积——股本溢价	2 037 790.45
贷：盈余公积	285 428.27
未分配利润	1 752 362.18

或将上面两笔分录合二为一：

借：实收资本	6 000 000
贷：资本公积——股本溢价	6 000 000

　　这样，需要将子公司 5 的资产负债表、利润表和现金流量表纳入合并范围。则应在表 7 – 15 某（集团）公司 2020 年度合并工作底稿（试算平衡表）调整的基础上增加子公司 5 报表项目的基础上进行如上调整。在此不再列示再调整过程。

　　根据表 7 – 15、表 7 – 19 及比较报表再调整合并工作底稿，过入正式合并报表（见表 7 – 20 ~ 表 7 – 22）。

合并资产负债表

2021 年 12 月 31 日

表 7−20
编制单位：某集团有限公司

资产	期末余额	上年年末余额（调整后）	上年年末余额（调整前）	负债和所有者权益（或股东权益）	期末余额	上年年末余额（调整后）	上年年末余额（调整前）
流动资产：				流动负债：			
货币资金	53 450 239.03	58 059 798.55	43 137 309.99	短期借款	68 000 000.00	58 000 000.00	58 000 000.00
结算备付金*				向中央银行借款*			
拆出资金*				拆入资金*			
交易性金融资产				交易性金融负债			
衍生金融资产				衍生金融负债			
应收票据				应付票据			
应收账款	74 364 332.29	66 577 972.80	47 677 204.08	应付账款	97 160 348.17	91 796 632.57	56 751 220.57
应收款项融资				预收款项			
预付款项	10 775 436.20	18 208 761.27	16 207 833.15	合同负债			
应收保费*				卖出回购金融资产款*			
应收分保账款*				吸收存款及同业存放*			
应收分保合同准备金*				代理买卖证券款*			
其他应收款	26 580 292.31	20 679 144.81	12 885 846.47	代理承销证券款*			

300

续表

资产	期末余额	上年末余额（调整后）	上年末余额（调整前）	负债和所有者权益（或股东权益）	期末余额	上年末余额（调整后）	上年末余额（调整前）
买入返售金融资产*				应付职工薪酬			
存货	11 670 863.35	14 871 403.92	14 871 403.92	应交税费	2 286 078.47	198 954.87	120 708.20
合同资产				其他应付款	13 456 784.77	13 346 537.72	8 097 497.58
持有待售资产				应付手续费及佣金*			
一年内到期的非流动资产				应付分保账款*			
其他流动资产				持有待售负债			
流动资产合计	176 841 163.18	178 397 081.35	134 779 597.61	一年内到期的非流动负债			
非流动资产：				其他流动负债			
发放贷款和垫款*				流动负债合计	180 903 211.41	163 342 125.16	122 969 426.35
债权投资				非流动负债：			
其他债权投资				保险合同准备金*			
长期应收款				长期借款			
长期股权投资				应付债券			
其他权益工具投资				其中：优先股			

续表

资产	期末余额	上年末余额（调整后）	上年末余额（调整前）	负债和所有者权益（或股东权益）	期末余额	上年末余额（调整后）	上年末余额（调整前）
其他非流动金融资产				永续债			
投资性房地产				租赁负债			
固定资产	20 847 110.69	12 886 607.72	9 079 306.52	长期应付款			
在建工程				预计负债			
生产性生物资产				递延收益			
油气资产				递延所得税负债	145 945.32	170 269.54	170 269.54
使用权资产				其他非流动负债	143 051.68		
无形资产	665 100.37	767 700.67	767 700.67	非流动负债合计	288 997.00	170 269.54	170 269.54
开发支出				负债合计	181 192 208.41	163 512 394.70	123 139 695.89
商誉	5 471 478.34	5 471 478.34	5 471 478.34	所有者权益（或股东权益）：			
长期待摊费用	1 817 924.20	2 747 222.26	2 747 222.26	实收资本（或股本）	40 000 000.00	40 000 000.00	40 000 000.00
递延所得税资产	3 514 107.62	3 017 953.07	2 032 248.75	其他权益工具			
其他非流动资产				其中：优先股			
				永续债			
非流动资产合计	32 315 721.22	24 890 962.06	20 097 956.54	资本公积	-1 416 488.39	6 000 000.00	

续表

资产	期末余额	上年年末余额（调整后）	上年年末余额（调整前）	负债和所有者权益（或股东权益）	期末余额	上年年末余额（调整后）	上年年末余额（调整前）
				减：库存股			
				其他综合收益			
				专项储备			
				盈余公积	1 667 180.78	1 892 748.54	1 607 320.27
				一般风险准备*			
				未分配利润	-15 250 267.36	-11 745 698.21	-13 498 060.39
				归属于母公司所有者权益	25 000 425.03	36 147 050.33	28 109 259.88
				少数股东权益	2 964 250.96	3 628 598.38	3 628 598.38
				所有者权益（或股东权益）合计	27 964 675.99	39 775 648.71	31 737 858.26
资产总计	209 156 884.40	203 288 043.41	154 877 554.15	负债和所有者权益（或股东权益）总计	209 156 884.40	203 288 043.41	154 877 554.15

注：标注"*"的项目为金融企业专用行项目。

表 7 - 21

合并利润表

编制单位：某集团有限公司

2021 年度

会合 02 表

单位：元

项目	本期金额	上期金额（调整后）	上期金额（调整前）
一、营业总收入	570 194 252.50	322 554 320.01	297 333 649.18
其中：营业收入	570 194 252.50	322 554 320.01	297 333 649.18
利息收入*			
已赚保费*			
手续费及佣金收入*			
二、营业总成本	569 698 252.16	332 775 102.64	306 644 155.41
其中：营业成本	447 241 918.44	255 854 258.40	235 951 723.50
利息支出*			
手续费及佣金支出*			
退保金*			
赔付支出净额*			
提取保险责任准备金净额*			
保单红利支出*			
分保费用*			
税金及附加	1 381 896.72	1 335 791.49	1 210 298.43
销售费用	84 278 315.82	48 236 663.59	44 562 806.96

304

续表

项目	本期金额	上期金额（调整后）	上期金额（调整前）
管理费用	31 755 399.65	28 444 340.03	26 277 929.27
研发费用	0	0.00	0
财务费用	5 040 721.53	4 784 049.13	4 521 397.25
其中：利息费用			
利息收入			
加：其他收益			
投资收益（损失以"－"号填列）			
其中：对联营企业和合营企业投资收益			
以摊余成本计量的金融资产终止确认收益			
汇兑收益（损失以"－"号填列）*			
净敞口套期收益（损失以"－"号填列）			
公允价值变动收益（损失以"－"号填列）			
信用减值损失（损失以"－"号填列）			
资产减值损失（损失以"－"号填列）	－687 114.53	－1 828 455.97	－921 025.40
资产处置收益（损失以"－"号填列）			
三、营业利润（亏损以"－"号填列）	－191 114.19	－12 049 238.60	－10 231 531.63
加：营业外收入	255 101.14	378 174.52	341 896.66

续表

项目	本期金额	上期金额（调整后）	上期金额（调整前）
减：营业外支出	12 461.34	27 808.14	25 128.66
四、利润总额（亏损总额以"-"号填列）	51 525.61	-11 698 872.22	-9 914 763.63
减：所得税费用	262 498.33	-563 038.76	-295 422.47
五、净利润（净亏损以"-"号填列）	-210 972.72	-11 135 833.46	-9 619 341.16
（一）按经营持续性分类			
1. 持续经营净利润（净亏损以"-"号填列）	-210 972.72	-11 135 833.46	-9 619 341.16
2. 终止经营净利润（净亏损以"-"号填列）			
（二）按所有权归属分类			
1. 归属于母公司股东的净利润（净亏损以"-"号填列）	-1 146 625.30	-11 772 887.60	-10 256 395.30
2. 少数股东损益（净亏损以"-"号填列）	935 652.58	637 054.14	637 054.14
六、其他综合收益的税后净额			
（一）归属于母公司所有者的其他综合收益的税后净额			
1. 不能重分类进损益的其他综合收益			
（1）重新计量设定受益计划变动额			
（2）权益法下不能转损益的其他综合收益			
（3）其他权益工具投资公允价值变动			
（4）企业自身信用风险公允价值变动			
……			

续表

项目	本期金额	上期金额（调整后）	上期金额（调整前）
2. 将重分类进损益的其他综合收益			
（1）权益法下可转损益的其他综合收益			
（2）其他债权投资公允价值变动			
（3）金融资产重分类计入其他综合收益的金额			
（4）其他债权投资信用减值准备			
（5）现金流量套期储备			
（6）外币财务报表折算差额			
……			
（二）归属于少数股东的其他综合收益总额	-210 972.72	-11 135 833.46	-9 619 341.16
七、综合收益总额	-1 146 625.30	-11 772 887.60	-10 256 395.30
（一）归属于母公司所有者的综合收益总额	935 652.58	637 054.14	637 054.14
（二）归属于少数股东的综合收益总额			
八、每股收益			
（一）基本每股收益			
（二）稀释每股收益			

注：标注"*"的项目为金融企业专用行项目。

合并现金流量表

表 7－22

编制单位：某集团有限公司　　　　　　2021 年度

会合 02 表

单位：元

项目	本期金额	上期金额（调整后）	上期金额（调整前）
一、经营活动产生的现金流量			
销售商品、提供劳务收到的现金	562 534 955. 84	289 723 764. 64	266 673 405. 72
客户存款和同业存放款项净增加额*			
向中央银行借款净增加额*			
向其他金融机构拆入资金净增加额*			
收到原保险合同保费取得的现金*			
收到再保业务现金净额*			
保户储金及投资款净增加额*			
收取利息、手续费及佣金的现金*			
拆入资金净增加额*			
回购业务资金净增加额*			
代理买卖证券收到的现金净额*			
收到的税费返还			
收到其他与经营活动有关的现金	26 387 846. 15	32 239 580. 96	29 929 627. 60
经营活动现金流入小计	588 922 801. 99	321 963 345. 60	296 603 033. 32
购买商品、接受劳务支付的现金	431 448 591. 06	225 274 525. 71	210 989 906. 95
客户贷款及垫款净增加额*			
存放中央银行和同业款项净增加额*			
支付原保险合同赔付款项的现金*			

续表

项目	本期金额	上期金额（调整后）	上期金额（调整前）
拆出资金净增加额*			
支付利息、手续费及佣金的现金*			
支付保单红利的现金*			
支付给职工及为职工支付的现金	48 844 310.53	35 149 076.10	33 024 552.42
支付的各项税费	22 185 627.34	7 355 988.76	6 847 309.86
支付其他与经营活动有关的现金	76 190 328.62	26 680 951.16	24 731 863.49
经营活动现金流出小计	578 668 857.55	294 460 541.73	275 593 632.72
经营活动产生的现金流量净额	10 253 944.44	27 502 803.87	21 009 400.60
二、投资活动产生的现金流量			
收回投资收到的现金			
取得投资收益收到的现金			
处置固定资产、无形资产和其他长期资产收回的现金净额			
处置子公司及其他营业单位收到的现金净额			
收到其他与投资活动有关的现金			
投资活动现金流入小计			
购建固定资产、无形资产和其他长期资产支付的现金	12 692 540.60	5 962 390.30	4 704 829.86
投资支付的现金			6 500 000.00
质押贷款净增加额*			
取得子公司及其他营业单位支付的现金净额		6 136 387.09	6 136 387.09
支付其他与投资活动有关的现金			

续表

项目	本期金额	上期金额（调整后）	上期金额（调整前）
投资活动现金流出小计	12 692 540.60	12 098 777.39	10 841 216.95
投资活动产生的现金流量净额	−12 692 540.60	−12 098 777.39	−10 841 216.95
三、筹资活动产生的现金流量			
吸收投资收到的现金			
其中：子公司吸收少数股东投资收到的现金			
取得借款收到的现金	68 000 000.00	58 000 000.00	58 000 000.00
收到其他与筹资活动有关的现金			
筹资活动现金流入小计	68 000 000.00	58 000 000.00	58 000 000.00
偿还债务支付的现金	58 000 000.00	58 000 000.00	58 000 000.00
分配股利、利润或偿付利息支付的现金	4 301 000.00	2 610 000.00	2 610 000.00
其中：子公司支付给少数股东的股利、利润			
支付其他与筹资活动有关的现金	10 000 000.00		
筹资活动现金流出小计	72 301 000.00	60 610 000.00	60 610 000.00
筹资活动产生的现金流量净额	−4 301 000.00	−2 610 000.00	−2 610 000.00
四、汇率变动对现金及现金等价物的影响	1 286 633.35	−932 966.95	−948 654.66
五、现金及现金等价物净增加额	−5 452 962.81	11 861 059.53	
加：期初现金及现金等价物余额	55 146 421.08	43 198 739.02	6 609 528.99
六、期末现金及现金等价物余额	49 693 458.27	55 059 798.55	33 527 781.00
		60 610 000.00	40 137 309.99

注：标注"＊"的项目为金融企业专用行项目。

第8章　反向购买

【内容提要】主板上市有比较多的硬性约束，持续时间长、费用高、风险大，通过"借壳上市"的现象也愈发常见。反向购买的会计处理晦涩难懂，但对有此意图企业的财务人员来说，掌握该部分知识尤为必要。本章先对准则进行解读，然后通过一个不构成业务的"借壳上市"的实务案例予以展示。实务案例来源于上交所公开数据。没有专门具体准则对反向购买作出规范，本章内容参考了财政部会计司编写组编写的《企业会计准则讲解》（2010版）。

8.1　模拟发行

8.1.1　"反向购买"定义

非同一控制下的企业合并，以发行权益性证券交换股权方式进行的，通常发行权益性证券的一方为购买方。

但在某些企业合并中，发行权益性证券的一方因其生产经营决策在合并后被参与合并的另一方所控制的，发行权益性证券的一方虽然为法律上的母公司，但其为会计上的被购买方，该类企业合并通常称为"反向购买"（见图8-1）。

8.1.2　合并成本

反向购买中，法律上的子公司（购买方）的企业合并成本是指其如果以发行权益性证券的方式为获取在合并后报告主体的股权比例，应向法律上母公司（被购买方）的股东发行的权益性证券数量与权益性证券的公允价值计算的结果。

购买方的权益性证券在购买日存在公开报价的，通常应以公开报价作为其公允价值。

购买方的权益性证券在购买日不存在可靠公开报价的，应参照购买方的公允价值和被购买方的公允价值两者之中有更为明显证据支持的作为基础，确定假定应发行权益性证券的公允价值。

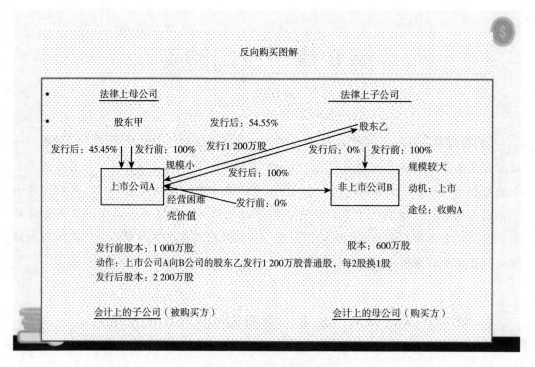

图 8 – 1　反向购买图解

8.1.3　模拟发行

承图 8 – 1，购买日 A 公司普通股公允价值 20 元，B 公司公允价值 40 元（每 2 股换 1 股）。

A 公司向 B 公司原股东增发 1 200 万股，购买 B 公司 100% 股份。

增发后 B 公司原股东乙持有 A 公司股权比例 1 200/(1 000 + 1 200) = 54.55%

假定 B 公司发行本企业普通股在合并后主体享有同样的股权比例即 54.55%

则 B 公司应发行普通股股数 X：

$600 \div (600 + X) = 54.55\%$　　（600 万股是 B 公司原来的普通股数，是"成本"）

则：

$X = 600 \div 54.55\% - 600 = 500$（万股）

企业合并成本 = 模拟发行数量 × 公允价值 = $500 \times 40 = 20\ 000$（万元）

"新增" 500 万股理解为取得 A 公司的"壳"股权被稀释（其余 45.45%）而付出的代价。

8.2　合并调整

8.2.1　反向购买合并报表编制原则

合并财务报表中：

1. 法律上子公司的资产、负债应以其在合并前的账面价值进行确认和计量。

2. 留存收益和其他权益余额应当反映的是法律上子公司在合并前的留存收益和其他权益余额。

3. 权益性工具的金额应当反映法律上子公司合并前发行在外的股份面值及假定在确定该项企业合并成本过程中发行的权益性工具的金额。但是在合并财务报表中的权益结构应当反映法律上母公司的权益结构，即法律上母公司发行在外权益性证券的数量及种类。

4. 法律上母公司的有关可辨认资产、负债在并入合并财务报表时，应以其在购买日确定的公允价值进行合并，企业合并成本大于合并中取得的法律上母公司（被购买方）可辨认净资产公允价值的份额体现为商誉，小于合并中取得的法律上母公司（被购买方）可辨认净资产公允价值的份额确认为合并当期损益。

5. 合并财务报表的比较信息应当是法律上子公司的比较信息（即法律上子公司的前期合并财务报表）。

6. 法律上子公司的有关股东在合并过程中未将其持有的股份转换为对法律上母公司股份的，该部分股东享有的权益份额在合并财务报表中应作为少数股东权益列示。

7. 非上市公司以所持有的对子公司投资等资产为对价取得上市公司的控制权，构成反向购买的，上市公司编制合并财务报表时应当区别以下情况处理：

（1）交易发生时，上市公司未持有任何资产负债或仅持有现金、交易性金融资产等不构成业务的资产或负债的，应当按照权益性交易的原则进行处理，不得确认商誉或当期损益。

（2）交易发生时，上市公司保留的资产、负债构成业务的，企业合并成本与取得的上市公司可辨认净资产公允价值份额的差额应当确认为商誉或计入当期损益。

应当注意的是，上市公司在其个别财务报表中应当按照《企业会计准则第 2 号——长期股权投资》等的规定确定取得资产的入账价值。上市公司的前期比较个别财务报表应为其自身个别财务报表。

8. 每股收益的计算。发生反向购买当期，用于计算每股收益的发行在外普通股加权平均数为：

自当期期初至购买日，发行在外的普通股数量应假定为在该项合并中法律上母公司向法律上子公司股东发行的普通股数量。

自购买日至期末发行在外的普通股数量为法律上母公司实际发行在外的普通股股数。

反向购买后对外提供比较合并财务报表的，其比较前期合并财务报表中的每股收益，应以法律上子公司在每一比较报表期间归属于普通股股东的净损益除以在反向购买中法律上母公司向法律上子公司股东发行的普通股股数计算确定。

"反向购买"会计处理原则晦涩难懂，通过一个案例来理解其会计处理及合并报表中的处理结果。

8.2.2 反向购买案例：构成业务

【例8-1】A上市公司于2017年9月30日通过定向增发本企业普通股对B公司进行合并，取得B公司100%的股权。假定不考虑所得税影响。A公司及B公司在合并前简化资产负债表如表8-1所示。其他资料如下：

（1）A公司普通股在2017年9月30日公允价值20元，B公司每股40元。A公司、B公司每股普通股面值均为1元。

A公司每2股换B公司1股。A公司共发行1 200万股普通股以取得B公司全部600万股普通股。

（2）2017年9月30日，A公司除非流动资产公允价值较账面价值高3 000万元外，其他资产、负债公允价值与账面价值相同。

（3）A公司与B公司在合并前不存在任何关联方关系。

表8-1　　　　　　　A公司和B公司合并前资产负债表简表　　　单位：万元

项目	A公司	B公司
流动资产	2 000	3 000
非流动资产	14 000	40 000
资产总额	16 000	43 000
流动负债	800	1 000
非流动负债	200	2 000
负债总计	1 000	3 000
所有者权益：		
股本	1 000	600

续表

项目	A 公司	B 公司
资本公积		
盈余公积	4 000	11 400
未分配利润	10 000	28 000
所有者权益总计	15 000	40 000

A 公司、B 公司及股东发行前后股权关系的变化如图 8 – 1 所示。

第一步：确定合并成本（B 公司角度）。

1. 增发后 B 公司原股东乙持有 A 公司股权比例 = 1 200 ÷ (1 000 + 1 200) = 54.55%

2. 假定 B 公司发行本企业普通股在合并后主体享有同样的股权比例即 54.55%，则 B 公司应发行普通股股数 = 600 ÷ 54.55% – 600 = 500（万股）。

3. 企业合并成本 = 模拟发行数量 × 公允价值 = 500 × 40 = 20 000（万元）

第二步：（B 公司）企业合并成本在（A 公司）可辨认资产、负债的分配。

企业合并成本	<u>20 000</u>
A 公司可辨认资产、负债	
流动资产	2 000
非流动资产	17 000（公允价值）
流动负债	(800)
非流动负债	<u>(200)</u>
商誉	2 000（倒挤）

第三步：A 公司、B 公司单体报表的会计处理。

A 公司单体报表：

发行普通股 1 200 万股（分录 1）：

借：长期股权投资——B 公司　　　　　　　　　　（1200 × 20）24 000

　　贷：股本　　　　　　　　　　　　　　　　　　　　　　1 200

　　　　资本公积——股本溢价　　　　　　　　　　　　　　22 800

A 公司非流动资产公允价值高于账面价值 3 000 万单体报表不需要会计处理。

B 公司单体报表（分录 2）：

借：实收资本——乙　　　　　　　　　　　　　　　　　　　600

　　贷：实收资本——A 公司　　　　　　　　　　　　　　　600

股东乙方：原采用成本法核算（对 B 公司），现对 B 公司不再拥有股权；对 A 公司达到控制则采用成本法核算。

第四步：合并调整。

1. 合并调整之一：抵销 A 公司发行普通股 1 200 万股的影响（抵销单体报表分录 1）。

依据：合并财务报表中权益性工具的金额应当反映法律上子公司合并前发行在外的股份面值及假定在确定该项企业合并成本过程中发行的权益性工具的金额（合并1）。

借：股本   1 200

  资本公积——股本溢价   22 800

   贷：长期股权投资——B公司   24 000

2. 合并调整之二：调整A公司资产账面价值为公允价值。

依据：合并财务报表中法律上母公司的有关可辨认资产、负债在并入合并财务报表时，应以其在购买日确定的公允价值进行合并，企业合并成本大于合并中取得的法律上母公司（被购买方）可辨认净资产公允价值的份额体现为商誉，小于合并中取得的法律上母公司（被购买方）可辨认净资产公允价值的份额确认为合并当期损益（合并2）。

借：非流动资产   3 000

   贷：资本公积——其他资本公积   3 000

本例不考虑所得税影响。如考虑，假定税率25%，则应确认递延所得税负债750万元，即：借记"资本公积——其他资本公积"，贷记"递延所得税负债"。设置备查簿，在以后期间转回。该笔分录只出现在合并底稿中，无须计入账簿，单体报表无须调整。

3. 合并调整之三：模拟发行股份（B公司）。

依据：反向购买中，法律上的子公司（购买方）的企业合并成本是指其如果以发行权益性证券的方式为获取在合并后报告主体的股权比例，应向法律上母公司（被购买方）的股东发行的权益性证券数量与权益性证券的公允价值计算的结果（合并3）。

借：长期股权投资——A公司   20 000

   贷：股本   500

    资本公积——股本溢价   19 500

4. 合并调整之四：调整（B公司）（模拟发行的）合并成本与（取得的A上市公司的）可辨认净资产公允价值的差额（同时抵销模拟发行的长期股权投资及法律上母公司的股东权益）。

依据1：合并财务报表中留存收益和其他权益余额应当反映的是法律上子公司在合并前的留存收益和其他权益余额。

依据2：合并财务报表中权益性工具的金额应当反映法律上子公司合并前发行在外的股份面值及假定在确定该项企业合并成本过程中发行的权益性工具的金额。但是在合并财务报表中的权益结构应当反映法律上母公司的权益结构，即法律上母公司发行在外权益性证券的数量及种类。

依据3：合并财务报表中法律上母公司的有关可辨认资产、负债在并入合并财务报表时，应以其在购买日确定的公允价值进行合并，企业合并成本大于合并中取得的法律上母公司（被购买方）可辨认净资产公允价值的份额体现为商誉，小于合并中取得的法律上母公司（被购买方）可辨认净资产公允价值的份额确认为合并当期损益（与长期股权投资准则处理要求相匹配）（合并4）。

借：股本　　　　　　　　　　　　1 000 ⎫
　　资本公积　　　　　　　　　　 3 000 ⎬ 法律上母公司净资产公允
　　盈余公积　　　　　　　　　　 4 000 ⎭ 价值（含调增资本公积）
　　未分配利润　　　　　　　　　10 000
　　商誉　　　　　　　　　　　　 2 000 差额
　　贷：长期股权投资——A 公司　 20 000（模拟发行合并成本）

若净资产公允价值大于 20 000 万元，则贷方差额计入投资收益。

案例"反向购买"合并调整过程如表 8 - 2 所示。结合表 8 - 2，读者可以根据合并结果理解反向购买会计处理的原则。

第五步：计算每股收益

案例中假定 B 公司 2016 年实现合并净利润 1 200 万元，2017 年 A 公司与 B 公司形成的主体实现合并净利润为 2 300 万元，自 2016 年 1 月 1 日至 2017 年 9 月 30 日，B 公司发行在外的普通股股数未发生变化。A 公司 2017 年 9 月 30 日以前发行在外的普通股为 1 000 万股。

依据 1：合并财务报表的比较信息应当是法律上子公司的比较信息（即法律上子公司的前期合并财务报表）。

依据 2：发生反向购买当期，用于计算每股收益的发行在外普通股加权平均数为：

自当期期初至购买日，发行在外的普通股数量应假定为在该项合并中法律上母公司向法律上子公司股东发行的普通股数量（1 200 万股）。

自购买日至期末发行在外的普通股数量为法律上母公司实际发行在外的普通股股数（2 200 万股）。

反向购买后对外提供比较合并财务报表的，其比较前期合并财务报表中的每股收益，应以法律上子公司在每一比较报表期间归属于普通股股东的净损益除以在反向购买中法律上母公司向法律上子公司股东发行的普通股股数计算确定（1 200 万股）。（假定法律上子公司股数在比较期间和购买日前无变动）

则计算过程如下：

2017 年度每股收益

=净利润/加权普通股股数

=2 300 ÷ (1 200 × 9 ÷ 12 + 2 200 × 3 ÷ 12)

=2 300 ÷ 1 450

=1.59（元/股）

表8-2　"反向购买"合并调整过程

单位：万元

项目	A公司	B公司	合计1（发行股份前）	单体报表调整	合计2（发行股份后）	合并调整	合并金额
流动资产	2 000	3 000	5 000		5 000		5 000
非流动资产	14 000	40 000	54 000	24 000（分录1）	78 000	-19 000 = -24 000（合并1）+3 000（合并2）+20 000（合并4）+2 000（合并4）-20 000（合并4）	59 000（含2 000万元的商誉）
资产总额	16 000	43 000	59 000	24 000	83 000	-19 000	64 000
流动负债	800	1 000	1 800		1 800		1 800
非流动负债	200	2 000	2 200		2 200		2 200
负债总计	1 000	3 000	4 000		4 000		4 000
所有者权益：							
股本（2 200万股普通股）	1 000	600	1 600	1 200（分录1）0 =（-600+600）（分录2）	2 800	-1 700 = -1 200（合并3）+500（合并1）-1 000（合并4）	1 100（600+500）
资本公积				22 800（分录1）	22 800	-3 300 = -22 800（合并1）+3 000（合并2）+19 500（合并4）-3 000（合并3）	19 500
盈余公积	4 000	11 400	15 400		15 400	-4 000（合并4）	11 400
未分配利润	10 000	28 000	38 000		38 000	-10 000（合并4）	28 000
所有者权益总计	15 000	40 000	55 000		79 000	-19 000	60 000

2016 年度每股收益

＝净利润/加权普通股股数

＝1 200÷1 200

＝1 （元/股）

提示：理解 1 200 万股的逻辑为假定从一开始就占有 A 公司 54.55% 的股份。

8.3　上市公司实务案例

本案例为不构成"业务"的实务案例①。

［实务案例］中再生通过重组秦岭水泥（股票代码：600217）"借壳上市"。

8.3.1　案例背景及重组进程

1. 案例背景。

2013 年 12 月 16 日起，控股股东冀东水泥筹划本公司重大资产重组，拟向重组方中国再生资源开发有限公司（以下简称中再生）股份购买其持有的废弃电器电子产品回收处理行业的相关资产。同时，控股股东冀东水泥以承债方式收购秦岭水泥现有全部资产。

2015 年 2 月 16 日，经中国证券监督管理委员会上市公司并购重组审核委员会 2015 年第 15 次并购重组委工作会议审核，秦岭水泥重大资产出售及发行股份购买资产暨关联交易的相关事项获有条件通过。

2015 年 4 月 1 日，秦岭水泥收到中国证监会《关于核准陕西秦岭水泥（集团）股份有限公司重大资产重组及向中国再生资源开发有限公司等发行股份购买资产的批复》，公司重大资产重组事项获得中国证监会核准。

2. 重组进程。

中登上海分公司 2015 年 4 月 20 日出具《过户登记确认书》，冀东水泥协议转让给中再生的本公司 100 000 000 股无限售流通股股份于 2015 年 4 月 17 日过户至中再生账户。该次证券过户登记手续办理完毕。

截至 2015 年 4 月 30 日，秦岭水泥重大资产重组发行股份购买资产之标的资产（洛阳公司 100% 股权、四川公司 100% 股权、唐山公司 100% 股权、江西公司 100% 股权、黑龙江公司 100% 股权、蕲春公司 100% 股权、广东公司 100% 股权和山东公司

---

① 资料来源：上海证券交易所 http://www.sse.com.cn/。

56% 股权）全部过户至秦岭水泥名下。

2015 年 5 月 8 日，中登上海分公司出具了《证券变更登记证明》，秦岭水泥向中再生等 11 方发行股份购买资产新增的股份 680 787 523 股完成登记。

2015 年 6 月 24 日，经铜川市工商行政管理局核准，秦岭水泥所持有的冀东水泥铜川有限公司全部股权（1 000 万元）过户至冀东水泥名下。

3. 交易对价。

秦岭水泥发行股份购买的资产为发行对象合计持有的洛阳公司 100% 股权、四川公司 100% 股权、唐山公司 100% 股权、江西公司 100% 股权、黑龙江公司 100% 股权、蕲春公司 100% 股权、广东公司 100% 股权、山东公司 56% 股权。

根据《评估报告书》，本次评估以收益法的评估结果作为最终的评估结论；根据中和评估出具的 8 份《评估报告书》汇总，截至 2014 年 3 月 31 日（基准日），8 家拟购买标的公司股东全部（部分）权益账面值为 54 680.36 万元，评估值为 187 216.57 万元，增值额 132 536.22 万元，增值率 242.38%。经交易双方协商确定，8 家拟购买标的的公司股东全部（部分）股权的价值为 187 216.57 万元，发行对象向秦岭水泥出售所持有 8 家标的公司的股权的总价款为 187 216.57 万元。

在合并前，中再生等 11 方持有 8 家公司股本 401 800 000 元。

4. 发行股份。

发行价格：每股 2.75 元/股

发行股份：187 216.57/2.75 = 680 787 523（股）

其中分别向中再生、中再资源、黑龙江中再生、华清再生、山东中再生、湖北再生、唐山再生、四川农资、君诚投资、刘永彬、郇庆明 11 名发行对象发行 240 060 867 股、108 273 600 股、102 778 981 股、64 704 981 股、55 234 472 股、32 918 727 股、24 857 738 股、22 340 516 股、8 976 405 股、10 320 618 股、10 320 618 股。

原流通股 660 800 000 股。

中再生协议收购冀东水泥 100 000 000 股份，以及其与其他 10 方拥有的 8 家公司股权作为对价认购本公司定向发行的 680 787 523 股后，中再生及其一致行动人中再资源、黑龙江中再生、广东华清、山东中再生合计持股 671 052 901 股，占本公司总股本的 50.02%。

8.3.2　会计处理

1. 单体报表会计处理。

秦岭水泥单体报表：

借：长期股权投资——8 家拆解厂　　　　　　　1 872 165 688.25

　　　　贷：股本　　　　　　　　　　　　　　　　680 787 523.00

　　　　　　资本公积——股本溢价　　　　　　　1 191 378 165.25

各拆解厂单体报表：

借：实收资本——中再生

　　贷：实收资本——秦岭水泥

中再生：

对各拆解厂不再直接拥有股权，原长期股权投资账面价值与评估值（公允价值）之间的差额确认投资收益；股权公允价值及新增成本（接受 1 亿股）作为对秦岭水泥的投资成本，采用成本法后续计量。其余定增对象根据持有目的确认为交易性金融资产。

2. 合并报表会计处理。

第一步：模拟发行和合并成本。

秦岭水泥向拆解厂原股东中再生等 11 家增发 680 787 523 股。

增发后中再生等持有秦岭水泥股权比例

= 680 787 523 ÷（680 787 523 + 660 800 000）= 50.74%

假定 8 家拆解厂发行本企业普通股在合并后主体享有同样的股权比例即 50.74%，8 家拆解厂原股本合计 401 800 000 元。

8 家拆解厂应发行普通股股数 X：

401 800 000 ÷（401 800 000 + X）= 50.74%

X = 401 800 000 ÷ 50.74% − 401 800 000 = 390 003 387（股）

拆解厂每股公允价值 = 评估值/股本 = 1 872 165 688.25/401 800 000.00 = 4.6594（元/股）

企业合并成本 = 模拟发行数量 × 公允价值 = 390 003 387 × 4.6594 = 1 817 200 000（元）

第二步：合并调整。

合并调整之一：抵销秦岭水泥公司发行普通股 680 787 523 股的影响。

借：股本　　　　　　　　　　　　　　　　　680 787 523

　　资本公积——股本溢价　　　　　　　　　1 191 378 165.25

　　　贷：长期股权投资——B 公司　　　　　1 872 165 688.25

合并调整之二：调整秦岭水泥资产账面价值为公允价值。

本例秦岭水泥在重组时已经将其资产剥离出去，只剩一个"壳"，没有实物资产，本例无。因此，该"反向收购"不构成"业务"。

合并调整之三：模拟发行股份（各拆解厂）。

借：长期股权投资——A 公司　　　　　　　1 817 200 000

　　贷：股本　　　　　　　　　　　　　　　　　390 003 387

资本公积——股本溢价   1 427 196 613

合并调整之四：调整（各拆解厂企业）（模拟发行的）合并成本与（取得的秦岭水泥的）可辨认净资产公允价值的差额（同时抵销模拟发行的长投及法律上母公司股东权益）。

    借：股本   660 800 000

        资本公积   280 535 319.58

        盈余公积   68 433 631.15   秦岭水泥合并时点权益

        未分配利润   −1 008 967 567.52

        资本公积   1 816 398 616.79   差额（挤出，平衡调整）

        贷：长期股权投资——A 公司 1 817 200 000   模拟发行合并成本

注：该反向收购不构成"业务"，不应确认商誉。

依据：交易发生时，上市公司未持有任何资产负债或仅持有现金、交易性金融资产等不构成业务的资产或负债的，应当按照权益性交易的原则进行处理，不得确认商誉或当期损益。

以上三笔合并调整分录会在每次合并时"滚动调整"下去。

第三步：每股收益的计算。

2015 年度每股收益

    = 净利润/加权普通股股数

    = 175 148 368.56 ÷（680 787 523.00 × 6 ÷ 12 + 1 341 587 523 × 6 ÷ 12）

    = 175 148 368.56 ÷ 1 011 187 523.00

    = 0.1732（元/股）（年报披露 0.1732 元）

2014 年度每股收益

    = 净利润/加权普通股股数

    = 168 413 165.34 ÷ 680 787 523

    = 0.2474（元/股）（年报披露 0.2728 元；由于公开资料所限，未找到调整因素）

合并是个近似的过程，某些上市公司对内部交易未实现对外销售部分不予考虑，但应披露合并报表的编制基础。这并不影响合并报表之间的勾稽关系要准确。

基本准则提供了具体准则没有规范的业务的处理原则，理论源于实务，反过来指导实务，职业判断能力的提高需要理论支撑，更需要实务中对理论在原则和边界范围之内的理解和运用。